AF341165

LE CAPITAINE

LA TOUR D'AUVERGNE

PREMIER GRENADIER DE LA RÉPUBLIQUE

OUVRAGES DU MÊME AUTEUR

De l'administration et de la comptabilité des corps de troupe, 1883, 1 volume in-8° de 87 pages.

De la tactique des feux et des armes à répétition, 1885, 1 volume in-8° de 76 pages. — Travail récompensé d'une citation au *Journal militaire* par le ministère de la Guerre.

Le 28ᵉ de ligne, historique du régiment, d'après les documents du ministère de la Guerre; 1 volume in-4° de 400 pages, avec *le Rêve* de Detaille, gravures hors texte et dessins de Chaperon, 1889. — Ouvrage récompensé d'une *Mention honorable* par l'Académie française.

Historique des nouveaux régiments, d'après les Archives du ministère de la Guerre, 1889. 1 volume in-8° de 292 pages.

Histoire militaire de la France depuis les origines jusqu'en 1643. *Petite Bibliothèque de l'Armée française.* 2 volumes in-32. — Henri Charles-Lavauzelle, éditeur.

Histoire militaire de la France de 1643 à 1871. *Petite Bibliothèque de l'Armée française.* 3ᵉ édition. 2 volumes in-32. — Henri Charles-Lavauzelle, éditeur.

Précis de l'histoire du 28ᵉ de ligne, avec une lettre de M. Melchior de Vogüé de l'Académie française. *Petite Bibliothèque de l'Armée française.* 2ᵉ édition. 1 volume in-32. — Henri Charles-Lavauzelle, éditeur.

EN PRÉPARATION

Histoire de la tactique de l'infanterie, travail récompensé d'une *Lettre de félicitations particulières* de M. le Ministre de la guerre.

Capitaine Emile SIMOND

DU 28ᵉ RÉGIMENT D'INFANTERIE

LE CAPITAINE

LA TOUR D'AUVERGNE

PREMIER GRENADIER DE LA RÉPUBLIQUE

OUVRAGE COURONNÉ PAR L'ACADÉMIE FRANÇAISE

2ᵉ Edition, revue et augmentée.

PARIS

HENRI CHARLES-LAVAUZELLE

Éditeur militaire

Boulevard Saint-Germain, 118, Rue Danton, 10

(MÊME MAISON A LIMOGES)

PRÉFACE DE LA DEUXIÈME ÉDITION

L'accueil favorable qui a honoré cet ouvrage, couronné par l'Académie française, nous a imposé le devoir de le reviser minutieusement et de le compléter. Telle est la cause du long retard de cette deuxième édition. Nous n'avons pas discontinué nos recherches dans les archives et les bibliothèques, afin de ne laisser aucune obscurité et de corriger les erreurs de détail qui avaient pu se glisser dans quelques parties.

On trouvera beaucoup de renseignements nouveaux tirés de lettres ignorées de La Tour d'Auvergne et d'autres documents également inédits. Il a été tenu compte de toutes les critiques dont une vérification consciencieuse a montré l'exactitude. Plusieurs chapitres ont été complètement refaits.

Nous exprimons notre gratitude à MM. Ernest Legouvé, François Coppée, Alfred Rambaud, Gabriel Monod, Edmond Biré, Edouard Petit, Arthur Chuquet, de la Rocheterie, enfin à tous les écrivains de la France et de l'étranger qui ont prêté l'appui de leur notoriété et de leur talent à un auteur inconnu d'eux et qui ont encouragé ses efforts. C'est à leurs bienveillantes appréciations qu'est dû le succès de la première édition.

Nous nous réjouissons surtout de la propagation de cet ouvrage dans l'intérêt de la noble figure, un moment oubliée, que nous avons essayé de bien mettre en lumière. Aujourd'hui, on apprécie mieux La Tour d'Auvergne. Les brumes de la légende se dissipent, et l'histoire projette sa clarté sur cette belle physionomie d'officier, de savant, de patriote. On s'imaginait autrefois que ce militaire célèbre et ignoré était un brave grenadier, vieux dur-à-cuire, grognard intrépide. Les artistes le représentaient en soldat, avec un fusil à la main, tant ils connaissaient peu son existence. L'imagination populaire était surtout séduite par la singularité d'un La Tour d'Auvergne, d'un descendant d'une des plus anciennes familles princières, restant et mourant simple grenadier.

Rien de tout cela n'est vrai. Mais l'histoire, en supprimant le personnage romanesque, en dévoile un autre plus grand. Au lieu d'un aristocratique grenadier, elle présente un officier de modeste extraction, qui s'est élevé par le travail, le courage et le patriotisme jusqu'au piédestal que lui a dressé la renommée. C'était un capitaine habile et sans peur, un érudit, et il ne voulut jamais être qu'un capitaine. Il refusa d'être colonel, général, député; il dédaigna les honneurs comme la fortune, et n'eut dans sa vie qu'une passion exclusive et désintéressée : la France.

La popularité, cette fois clairvoyante, persiste à porter au capitaine La Tour d'Auvergne le même attachement qu'au grenadier fabuleux. C'est que la vérité n'amoindrit pas tous les hommes. On s'intéresse au contraire de plus en plus à cet officier. Une fête a été donnée à Paris en son honneur. Un comité s'est constitué pour ériger sa statue sur une place publique de la capitale (1). C'est bien là, en effet, que le bronze doit perpétuer le souvenir de cette gloire, qui est une gloire nationale. Et ce siècle s'honorera en comprenant dans l'apothéose du travail qui magnifiera ses derniers jours, l'apothéose du patriotisme par la célébration du centenaire du sacrifice de La Tour d'Auvergne, qui termina la plus belle vie par la plus belle mort le 27 juin 1800.

---

(1) Un comité pour l'érection d'une statue à Paris s'est constitué sur l'initiative de M. le capitaine Paimblant du Rouil. Il a pour président M. le général Lambert, le héros de Bazeilles.

INTRODUCTION

S'il est un nom populaire, d'une gloire indiscutée, c'est bien celui de La Tour d'Auvergne. Cet officier a eu le rare bonheur d'entrer encore vivant dans l'immortalité, et de n'avoir, depuis sa mort, rien perdu de l'estime publique. Aucune protestation ne s'est élevée quand le gouvernement de la République lui a rendu des honneurs exceptionnels en 1889, et a fait transporter ses cendres au Panthéon, en même temps que celles de Marceau et de Lazare Carnot.

Cependant l'histoire réelle de ce fameux grenadier est ignorée. On en parle vaguement, sans détails précis, comme s'il s'agissait d'un personnage d'Homère dont l'existence ne saurait être rétablie. « La vie de La Tour d'Auvergne est imparfaitement connue dans l'armée, et l'on peut dire qu'elle est presque inconnue du reste des citoyens, par suite de la rareté des documents publiés sur lui au commencement de ce siècle, par suite encore de leur inexactitude ou de leur insuffisance. » Ces lignes sont de M. Calohar qui a publié, en 1841, la première notice biographique méritant quelque créance. La même année, M. Buhot de Kersers a fourni des renseignements plus complets, en utilisant la correspondance inédite de La Tour d'Au-

vergne. Plus tard, M. F.-V. Maisonneuve a encore apporté
son tribut de nouvelles lettres et de faits ignorés.

Un descendant d'une nièce de La Tour d'Auvergne,
M. Robert du Pontavice de Heussey, littérateur de talent,
dont la mort prématurée est infiniment regrettable, a reproché à tous les biographes d'avoir dénaturé le caractère de
l'illustre capitaine. « S'il a été admirablement compris par
l'âme populaire de la France, dit-il, le Premier Grenadier
ne l'a guère été par ceux qui, jusqu'à ce jour, se sont mê-
lés d'écrire sa vie : je ne parle pas ici des lacunes, des omis-
sions, des erreurs matérielles que ses biographes semblent
s'être transmises comme un héritage ; ce que je leur reproche, c'est d'avoir affublé La Tour d'Auvergne de leurs
propres opinions politiques. Pour ne citer que les principaux, Buhot de Kersers, qui cependant avait eu la libre
disposition des papiers et des mémoires, a voulu à toute
force faire de La Tour d'Auvergne un royaliste convaincu,
une protestation vivante de la monarchie renversée, au
milieu des camps républicains ; la correspondance du
héros prouve le contraire à chaque ligne ; Michelet n'a
vu dans cette grande figure qu'un prétexte à une thèse
éloquente, révolutionnaire et socialiste... »

M. du Pontavice de Heussey s'est montré encore plus
sévère pour un des derniers venus, M. Paul Déroulède, et
pourtant il n'a pas échappé aux erreurs qu'il reprochait
avec véhémence à tous ces écrivains. Nous en avons relevé
plusieurs dans son intéressante petite étude, préambule
d'un ouvrage malheureusement interrompu. Du moins,
elle a fourni de nouveaux matériaux pour une histoire
exacte par la publication de quelques lettres inédites. Cet
auteur a merveilleusement précisé, en quelques lignes

vigoureuses, le véritable caractère du Premier Grenadier :
« Royaliste, Girondin, Jacobin, de la Plaine ou de la Montagne ? — Non. La Tour d'Auvergne n'a rien été de tout cela ; il a été seulement un amant de la liberté dans sa plus vaste et sa plus idéale acception ; il a été surtout l'adorateur et le défenseur enthousiaste de la Patrie. »

Tous les biographes dont il vient d'être question se sont efforcés d'indiquer les principales phases de l'existence de l'illustre grenadier, mais aucun ne s'est occupé sérieusement de sa vie militaire et de ses campagnes qui constituent cependant son principal titre de renommée. C'est qu'ils ne possédaient pas de documents, car il avait caché avec un soin jaloux ses actions d'éclat, s'acharnant, par une modestie ombrageuse, à décourager ses apologistes et à faire disparaître les traces des événements qui pouvaient aider ses biographes et contribuer à sa célébrité. Ses contemporains l'on tiré malgré lui de l'ombre qu'il affectionnait, et la postérité l'a justement maintenu à son rang : le premier. Il est réconfortant de placer en regard des réputations disproportionnées avec le mérite, surtout fondées par le bruit et la réclame, le sort de cet humble officier qui ne voulait que l'obscurité pour prix de son dévouement et qui restera éternellement dans la mémoire des hommes comme une des gloires les plus pures de la France.

La carrière militaire de La Tour d'Auvergne n'a pas encore été racontée en détail, avec précision. Elle vaut d'être reconstituée avec un soin pieux, en la débarrassant des péripéties dramatiques et des anecdotes amusantes qui sont du domaine de la fantaisie. Cet intrépide officier n'a pas besoin qu'on dénature ses actes sous couleur de les

embellir et qu'on lui impute des prouesses. La vérité suffit à sa renommée. Nous nous sommes livré à de longues
recherches qui nous ont permis d'écrire son histoire
exacte. Elle nous fera évoquer des temps et des hommes
épiques. Nous rappellerons les opérations d'armées injustement laissées dans l'oubli, comme l'armée des Pyrénées-
Occidentales qui, pendant la Révolution, a livré des combats intéressants et instructifs. Quoique un siècle ne soit
pas encore écoulé depuis la disparition de La Tour d'Auvergne, on le connaît moins qu'Annibal ou que César. La
passion de l'antiquité semble nous avoir fait quelque peu
négliger l'histoire de notre propre pays et de nos grands
hommes. La vie du célèbre capitaine de grenadiers est
pourtant digne d'attention. Elle renferme beaucoup d'en-
seignements précieux, et doit être méditée par les nouvelles générations qu'un esprit de critique excessif porte
à douter du désintéressement, du patriotisme et d'autres vertus qui n'étaient pas discutées jadis. Nos aïeux
croyaient aux passions généreuses; ils s'en inspiraient, et
c'est ce qui leur a permis d'accomplir de grandes choses,
d'assurer le triomphe de progrès dont nous avons le bénéfice sans avoir eu la peine de les défendre. Nous devons à
ces devanciers notre bien-être matériel et moral. Eux ont
souffert, ont combattu, ont sacrifié leur vie afin de nous
léguer cet héritage. Pour n'être pas les indignes descendants de tels hommes, il faut s'arracher à la contempla-
tion et à l'étude stérile du *moi*, qui est haïssable, avoir
plus noble souci que la satisfaction exclusive de l'intérêt
personnel, chercher le bonheur dans le dévouement à la
félicité de nos proches, qui composent notre famille et
notre patrie, en un mot dans le Devoir.

L'altruisme florissait aux époques glorieuses de notre histoire, et l'égotisme a coïncidé avec nos jours de deuils et de désastres. C'est parce que nos ancêtres avaient le sentiment très développé de l'amour du prochain et de la solidarité qu'ils ont constitué une France riche, puissante et respectée. C'est peut-être parce que ce sentiment a décliné que nous avons subi une période douloureuse. La Tour d'Auvergne paraît avoir prévu cette décadence par une sorte de divination. « Il parlait avec enthousiasme de la vertu politique qui est l'essence des Républiques, qui consiste dans l'amour des lois et de la patrie, disait en 1800 un de ses amis intimes (1). Son vœu le plus ardent était de voir cette vertu, qui commande le sacrifice de l'intérêt privé à l'intérêt public, qui est la source de toutes les vertus particulières, circuler dans toutes les veines du corps social. Avec quelle indignation il entendait mettre en principe qu'elle n'est qu'une chimère ! Il s'alarmait souvent sur le sort de la liberté, et il ne fondait son triomphe que sur la sagesse du gouvernement, sur l'héroïsme des armées et sur l'éducation publique. » Un de ses biographes, le docteur Priou, a donné, en 1842, la même explication des actes de La Tour d'Auvergne : « C'est qu'il posséda le véritable sentiment du devoir, et qu'il fit toujours abnégation du moi humain. »

On ne remettra en honneur le devoir patriotique que défendait si ardemment le Premier Grenadier de la République, qu'en condamnant la philosophie de l'intérêt ou du plaisir, qui devient fatalement la philosophie des

---

(1) Legard, ancien membre du tribunal de Cassation. (Éloge funèbre prononcé le 22 messidor an VIII.)

appétits, en donnant en exemple les Français d'autrefois, grands surtout par le caractère, qui se sont dévoués pour leur pays et pour l'humanité.

L'existence d'un La Tour d'Auvergne ne saurait être trop approfondie et répandue. Elle sert autant la France qu'elle l'honore. Il appartient à cette race d'hommes extra-ordinaires qui, comme Bayard, ne perdent rien à être soumis à la plus sévère analyse. Sa vie brave les rigueurs de la critique. Tous les documents qu'on peut recueillir lui sont favorables. Il gagne même à sortir de la légende pour entrer dans l'histoire, parce que, en paraissant plus naturel, en dévoilant son être intime, il se rapproche de nous, émeut autant par ses défauts humains que par ses qualités divines, et, en ne cessant pas d'inspirer l'admira-tion, se fait aimer.

Dans l'armée, La Tour d'Auvergne n'a pas été seul de cette trempe. Surtout à l'époque de patriotisme enfiévré où il se distingua, les dévouements ne se comptèrent pas. Qui aurait osé parler d'égotisme? Comme l'a éloquemment ex-primé le général Foy, qui vécut dans cette atmosphère de vertu militaire et d'enthousiasme patriotique, qui connut ces hommes au corps de fer et au cœur d'or, « les officiers resplendissaient de pureté et de gloire. Vaillants comme Dunois et Lahire, sobres et durs à la fatigue parce qu'ils étaient fils du laboureur et de l'artisan, ils marchaient à pied à la tête des compagnies, et couraient les premiers au combat et sur la brèche. Leur existence était tissue de privations, car l'administration ne pouvait pas toujours fournir à leurs besoins, et ils eussent cru s'avilir en pre-nant part au pillage, tant ils avaient le cœur haut placé! Etrangers aux jouissances d'amour-propre de l'officier général, exempts de l'ivresse du soldat, ces martyrs du patriotisme vivaient de cette vie morale qui se consume dans la résignation du devoir. Une mort à peu près certaine les attendait loin de la patrie, et le nom de la plupart d'entre eux devait rester ignoré. Que de beaux caractères dans une classe qu'on ne louera jamais assez! Oh! nos ennemis l'ont mieux appréciée que nous; ils ont connu que là était l'honneur et le bouclier de la France. Vainqueurs, le premier soin a été de le lui arracher (1). »

Les témoignages des contemporains sont unanimes pour l'éloge des armées de la Révolution, qui devinrent les meilleures armées de l'Empire. La Tour d'Auvergne se comprend mieux dans un tel milieu. Il est la personnification des vertus de l'officier sans ambition, de ce prêtre du patriotisme qui consacre sa vie à l'armée, c'est-à-dire à son pays, car sa dévotion ne saurait les distinguer et les séparer, soldat semblable au religieux, qui renonce à tous les plaisirs, accepte toutes les privations et toutes les souffrances pour le triomphe de son culte.

A toutes les époques, l'armée a inspiré les mêmes fanatismes, possédé des La Tour d'Auvergne. Seulement tous n'ont pas eu le bonheur de voir leur nom sortir de l'obscurité. D'ailleurs, ils ne le souhaitaient pas, insoucieux de leur réputation comme de leur destin. Un grand poète, qui fut capitaine au 55ᵉ régiment d'infanterie de ligne et qui devint plus tard membre de l'Académie française, — j'ai nommé Alfred de Vigny, — a fréquenté et admirablement dépeint ces humbles héros du devoir : « Il me fut révélé une nature d'homme qui m'était inconnue et que le

----

(1) *Histoire des guerres de la Péninsule.*

pays connaît mal et ne traite pas bien. Je la plaçai dès lors très haut dans mon estime. J'ai souvent cherché depuis autour de moi quelque homme semblable à celui-là et capable de cette abnégation de soi-même, entière et insouciante. Or, durant quatorze ans que j'ai vécu dans l'armée, ce n'est qu'en elle et surtout dans les rangs dédaignés et pauvres de l'infanterie, que j'ai retrouvé ces hommes de caractère antique, poussant le sentiment du devoir jusqu'à ses dernières conséquences, n'ayant ni remords de l'obéissance ni honte de la pauvreté, simples de mœurs et de langage, fiers de la gloire du pays et insouciants de la leur propre, s'enfermant avec plaisir dans leur obscurité et partageant avec les malheureux le pain noir qu'ils paient de leur sang (1). »

Voilà bien le portrait de La Tour d'Auvergne et des officiers qui, à toutes les périodes de notre histoire, n'ont vécu que pour la France et sont morts pour elle. Voilà les exemples qu'il faut propager pour la garantie de l'avenir. La vertu est aussi contagieuse que le vice. S'il est vrai qu'elle soit « un produit comme le vitriol et le sucre », suivant l'assertion de M. Taine, fabriquons-en davantage. Notre pays aura la génération qu'il se sera préparée.

Cet ouvrage a été rédigé avec un scrupuleux souci de la vérité historique et n'a rien sacrifié à l'admiration. Il rendra ainsi, croyons-nous, plus intéressante et plus émouvante la vie du capitaine La Tour d'Auvergne, premier grenadier de la République, qui fut, en même temps qu'un officier sans peur et sans reproche, un citoyen digne d'être donné en modèle à tous les Français.

----

(1) *Laurette,* nouvelle.

LE CAPITAINE

LA TOUR D'AUVERGNE

PREMIER GRENADIER DE LA RÉPUBLIQUE

CHAPITRE PREMIER

Famille de La Tour d'Auvergne. — Son instruction et son éducation. — Recherche d'une position. — Comment on parvenait officier. — Fausse noblesse. — Aux mousquetaires noirs. — Régiment d'Angoumois. — Débuts dans la vie militaire. — Bagarre au théâtre de Marseille. — Occupations du jeune officier.

Théophile-Malo Corret, qui s'appela plus tard de La Tour d'Auvergne-Corret et que la postérité n'a plus désigné que sous le nom de La Tour d'Auvergne, quoiqu'il n'appartienne pas légitimement à cette ancienne et célèbre famille, naquit le 23 décembre 1743 à Carhaix, ville de la Cornouaille, en Basse-Bretagne. Bâtie sur une colline qu'entoure à demi une petite rivière aux eaux tranquilles, l'Hière, cette localité, aux maisons basses et anciennes, a l'aspect mélancolique des cités bretonnes. Habitants, demeures et paysages ont le caractère sauvage et sombre de cette contrée de granit aux forêts profondes.

Voici l'extrait des registres de l'église collégiale de

Saint-Trémeur, paroisse de Plouguer-Carhaix, diocèse de Quimper (année 1743, folio 299) qui va nous renseigner sur la famille de Théophile-Malo et démontrer qu'il n'était pas noble comme l'ont prétendu jusqu'à présent tous ses biographes :

« Théophile Malo, né le 23 décembre 1743, fils légitime de noble maître Olivier-Louis Corret, avocat à la cour, sénéchal de Trebrivan, et de dame Jeanne-Lucrèce Salaün, son épouse, a été baptisé le 23 dudit mois par le soussigné recteur. Parrain et marraine ont été messire Théophile-Mathurin Huchet, sieur de Dancheville, conseiller avocat du Roy au siège présidial de Quimper, et demoiselle Vincente Le Roux, dame de Kervasdoué. Soussignés : Vincente Le Roux ; Huchet Dancheville ; Bronnec de Botsey ; Botsey Guezno ; Treveret Pourcelet, adjoint; Pecour ; L.-J. Veller, recteur de Plouguer et de Carhaix. »

Telle est la pièce que présenta Théophile-Malo pour entrer dans l'état militaire, certifiée par L. Clerc, recteur de Plouguer et de Carhaix, le 12 janvier 1766, ainsi que par Joseph Le Guillou de Saint-Augustin, « conseiller du Roy, son sénéchal, premier magistrat civil et criminel au siège royal de Carhaix ».

Cet acte de naissance ne laisse aucun doute sur l'origine roturière de Théophile-Malo. Le père est dénommé « Olivier-Louis Corret » et qualifié « noble maître », désignation usitée à cette époque pour les notables bourgeois. Les simples gentilshommes et les anoblis prenaient légalement le titre d'écuyer, à moins qu'ils ne fussent chevaliers. Ces qualités employées indûment exposaient à des poursuites pour usurpation de noblesse, tandis que le titre de « noble maître », ou « noble homme », était fréquemment pris par

les gros bourgeois sans aucun risque, même au xviie siècle.
Le fabuliste Jean de La Fontaine eut des tracas pour ce
mot d'écuyer. Peu de temps après l'ordonnance du 8 février 1661 contre les faux nobles, les traitants découvrirent
qu'il avait été gratifié de cette appellation dans deux contrats, et ils le firent condamner, pour usurpation de titre,
à une amende de 2.000 livres. Dans une épître au duc de
Bouillon, son protecteur, le pauvre poète déclare que cette
malheureuse « écurie » le ruine, et il le supplie d'obtenir
la remise de la peine. Il a signé sans les lire les deux mau-
dits contrats :

> La cour, seigneur, eût pu considérer
> Que j'ai toujours été compris aux tailles...
> Je n'ai voulu passer pour gentilhomme...

Comment ose-t-on l'accuser d'avoir escroqué un titre,

> Lui, le moins fier, le moins vain des hommes,
> Qui n'a jamais prétendu s'appuyer
> Du vain honneur de ce mot d'écuyer.

Sans cette qualité d'écuyer, pas d'exemption d'impôts,
et nous verrons que si Théophile-Malo Corret l'usurpa
une fois, par nécessité absolue, il fut soumis à toutes les
charges des roturiers, comme son père. Une réclamation
qu'il adressa à ce sujet, lorsqu'il changea de nom, le dé-
montre. Son origine ne permettait pas à la famille Corret
de prétendre à la noblesse. Henri de La Tour d'Auvergne,
vicomte de Turenne, qui devint duc de Bouillon, prince
souverain de Sedan et de Raucourt, et qui fut le père du
grand Turenne, eut un fils naturel d'Adèle Corret. Elle était
originaire des Ardennes et semble avoir appartenu à la

suite de la duchesse de Bouillon. L'enfant, nommé Henri, se rendit en Bretagne avec la maison de la princesse Catherine-Henriette de La Tour d'Auvergne, lorsque celle-ci s'installa à Saint-Brieuc, chez son mari, Amaury de Goyon, marquis de la Moussaye. Mathurin Corret, fils d'Henri, eut un garçon et deux filles. Le fils, Olivier-Louis Corret, devint avocat et sénéchal de Trebrivan, petite localité à six kilomètres de Maël-Carhaix.

Théophile-Malo Corret, qui était très désireux de noblesse, s'est accordé une généalogie plus relevée, inscrite de sa propre main derrière un tableau peint en 1767. La voici : « Henri de Corret est fils naturel reconnu de Mlle de Corret et de Henri de La Tour d'Auvergne, duc de Bouillon, prince souverain de Sedan, père de Frédéric de Bouillon et de Henri, vicomte de Turenne, le fameux maréchal. Henri de Corret épousa Marie Dupuis de la Galauperie. Mathurin de Corret, fils de Henri, épousa en premières noces Marie de Quellinec des barons du Pont, dont il eut deux garçons et une fille; il convola en secondes noces avec Barbe Le Scaffunec. Olivier-Louis de Corret, mon père, épousa Jeanne-Lucresse Salaün du Reste, veuve de Jean-Baptiste des barons de Penandré-Kerantret. » Il y a beaucoup d'erreurs dans cette petite notice. Le fils naturel d'Adèle Corret ne fut jamais reconnu par le duc de Bouillon qui était marié. Mathurin Corret épousa Marie du Quelenec, de la famille dite de Kergo, qui n'avait aucun rapport avec les célèbres Quelenec des barons du Pont qui comptaient trois amiraux de Bretagne; ces deux familles n'avaient aucun lien commun. La mère, Lucrèce Salaün, appartenait à une famille bourgeoise qui avait ajouté à son nom patronymique celui du Reste, petit domaine. Elle était veuve d'un Penandreff de Keranstret, non baron (1).

Olivier Corret habitait à Carhaix une modeste maison à un seul étage, sur laquelle on a placé, en 1832, une plaque commémorative portant l'inscription suivante : « Théophile-Malo Corret de la Tour d'Auvergne, premier grenadier de France, est né dans cette maison le 23 décembre 1743. » Nous verrons que ce titre de « premier grenadier de France » n'est pas exact ; c'est celui de « premier grenadier des armées de la République » qui lui fut conféré par Bonaparte ; ensuite des pièces officielles et les contemporains dirent plus brièvement « premier grenadier de la République ».

« La maison où l'on a apposé une plaque rappelant la naissance du héros est une des plus simples de la ville, dit M. Ardouin-Dumazet ; comme ses voisines, elle est bâtie de robuste granit à gros grain ; des pierres énormes forment le linteau et les montants des portes et des fenêtres ; le reste est un crépi qui depuis longtemps n'a été renouvelé. Cette demeure a un caractère froid, banal, pauvre, jurant avec le pittoresque des hauts pignons, des murs ventrus, des façades sculptées qui l'avoisinent. » (*Voyages en France.*)

Olivier Corret possédait peu de fortune. Il vivait modestement de ses gains d'avocat, ayant pu se créer une clientèle de gens de bourgeoisie, d'église et de noblesse. Il devint l'homme d'affaires de dame Lucrèce Salaün, jeune

---

(1) La plupart de ces renseignements nous ont été obligeamment fournis par un érudit breton, M. Trévédy, ancien président du tribunal de Quimper, vice-président honoraire de la Société archéologique du Finistère, qui s'est livré à de nombreuses recherches sur les vieilles familles bretonnes et en particulier sur celle de La Tour d'Auvergne.

et jolie personne qui avait épousé le sire Penandreff de Keranstret, beaucoup plus âgé qu'elle, et qui était devenue veuve après dix-huit mois de mariage. Elle avait perdu son père à la même époque. Restée seule, elle se remaria avec Olivier Corret qui avait su lui plaire (9 mai 1739).

De cette union naquirent trois enfants :

Marie-Anne-Michelle, le 18 janvier 1741, qui, seule, continua la descendance ; elle épousa Limon du Timeur, avocat à Guingamp, au mois de juillet 1761, et eut une fille qui se maria avec M. Guillard de Kersausie ;

Thomas-Mathurin, né en 1742, mort en 1784 ;

Théophile - Malo, qui s'appela plus tard La Tour d'Auvergne.

Olivier Corret mourut en 1748. Lucrèce Salaün convola en troisièmes noces, en 1755, avec M. Billonnois, directeur de la poste et entreposeur des tabacs à Carhaix. Il était également veuf et père d'une fille, nommée Henriette, remarquable par sa beauté et son esprit, qui mourut en 1774, avant d'avoir été mariée. Théophile-Malo avait une affection passionnée pour elle, et éprouva un violent chagrin de sa mort. Il garda éternellement un voile de tristesse de la disparition de cet être tant aimé et sitôt disparu.

En 1755, Théophile-Malo fut placé au collège de Quimper où était entré son frère Thomas l'année précédente. Cet établissement, alors dirigé par les Jésuites, était réputé dans la Bretagne pour posséder les plus savants professeurs, surtout en langue et littératures latines. Les sciences y étaient moins en honneur. Le jeune Théophile reçut donc une instruction plus littéraire que scientifique. Il montra beaucoup d'aptitude pour le grec et le latin, et contracta un goût très vif pour l'étude des langues à laquelle il s'adonna toute sa vie. Il dut aussi s'inspirer des nombreux exemples de vertu guerrière de l'antiquité, ce qui explique son penchant pour la carrière des armes, tandis que sa mère eût préféré qu'il devînt homme d'église, sinon homme de loi comme son père.

Tous les biographes se sont trompés en disant que le jeune Corret entra au collège royal de La Flèche (1). Fondé en 1603, cet établissement fut fermé après l'arrêt de 1761 du Parlement — dont l'exécution fut suspendue un an par le roi — qui ordonna l'expulsion des Jésuites et la vente de leurs biens. Ceux de ces religieux qui dirigeaient le collège de La Flèche le quittèrent à cheval le 1ᵉʳ avril 1762, et il ne fut rouvert que par lettres patentes du 7 avril 1764. Louis XV le transforma en école préparatoire de l'Ecole militaire (du Champ de Mars). On devait y instruire 250 gentilshommes reçus de huit à neuf ans et jusqu'à treize ans s'ils étaient orphelins. Les nouveaux élèves n'entrèrent que le 1ᵉʳ octobre 1764. Or, Théophile-Malo allait avoir vingt et un ans. D'ailleurs, au commencement de 1765, il

____

(1) Nous avons nous-même répété cette erreur dans notre première édition, influencé par l'unanimité des biographes, mais en reculant cette entrée jusqu'à 1765, tandis que les autres auteurs la fixaient à 1762, ou 1763, ou 1764, à des époques où le collège était fermé. M. Trévédy a appelé notre attention sur ces invraisemblances et confirmé nos conjectures. De ses investigations personnelles il résultait que jamais Corret n'était allé à La Flèche. Les nouvelles recherches auxquelles nous nous sommes livré nous en ont donné la certitude. Aucune pièce du ministère de la guerre concernant Corret ne porte la mention de ce collège préparatoire à l'Ecole militaire, qui aurait certainement figuré sur ses états de service s'il avait appartenu au collège de La Flèche. Son âge ne lui permettait plus d'y entrer à la réouverture. Sa correspondance prouve qu'il se trouvait à Paris en 1765 et 1766. M. du Pontavice de Heussey a prétendu, lui aussi, que Corret devint élève de La Flèche en 1762, et il a ajouté : « Il y passa trois ans et fut reçu en 1765 à l'Hôtel royal militaire. » On ne restait que deux ans à La Flèche et jamais Corret n'a été élève de l'Ecole militaire.

était encore chez sa mère à Carhaix. Il se rendit à Paris
où il arriva le 3 avril, et il y demeura plus d'un an. (Lettres
à M. Billonnois, du 15 juin 1766 et du 10 mai 1768.)

Il avait terminé ses études depuis plusieurs années et
devait faire définitivement choix d'une position. Il s'efforça de se créer des relations utiles, poussé sans doute par
sa famille. M. Billonnois vint le retrouver à Paris, au mois
de juin 1766, pour l'aider dans ses démarches. Ils durent
visiter ensemble tous les compatriotes bretons en passe
d'accorder une aide, pérégrinations traditionnelles des pro-
vinciaux à la recherche d'une situation. Il est parlé, dans la
correspondance, de M. de Saint-Aubin, peintre du roi, dont
on prend une commission pour la Bretagne. Enfin, à Versailles, Corret eut le bonheur d'être recommandé à M. le
marquis de Fremeur, colonel du régiment d'Angoumois, qui
favorisa son entrée aux mousquetaires et demanda plus
tard une sous-lieutenance pour lui dans son régiment. Corret a encore signalé M. de Coigny comme un de ses protecteurs; il lui a même attribué sa nomination d'officier à
Angoumois, en quoi il s'est égaré, car elle fut obtenue du
ministre de la guerre par M. de Fremeur. « J'avais été placé
dans le régiment d'Angoumois par M. de Coigny, dit-il,
parce que mon grand-père maternel Salaün du Rest, qui
avait des rapports avec sa maison, avait signé son compte
de tutelle ou curatelle, et, étant officier au régiment de
Dauphin-Dragon, avait été chargé de l'arracher des mains
d'un seigneur qui l'avait enlevé à ses parents à l'âge de
treize ans. » (Lettre à son neveu Guillard de Kersausie, du
4 janvier 1797.) Il est peu aisé de savoir de quel membre de
la famille de Coigny il est ici question, car elle eut au
moins trois ou quatre officiers dans l'armée jusqu'à la Révo-

lution. Il ne s'agit certainement pas de l'ancien colonel général des dragons, qui devint lieutenant général en 1780, puis maréchal de France en 1816, après avoir émigré.

A l'époque où Corret cherchait à entrer dans l'armée, il était fort difficile de parvenir officier, surtout à son âge. L'Ecole militaire de Paris, fondée en 1751, ne recevait que de huit à onze ans, à l'exception des orphelins admis jusqu'à treize ans, et il fallait justifier de quatre générations de noblesse.

Il y avait la ressource de l'engagement volontaire comme simple soldat, mais que de souffrances, étant donnée la triste composition de la troupe, recrutée dans les dernières classes, surtout parmi les gens sans profession, les vagabonds et les miséreux que la faim ou la paresse ou le vice poussaient à se vendre aux racoleurs! Puis l'avancement était très lent et incertain. La durée du service étant de dix à douze ans en moyenne et les bas-officiers restant au service jusqu'à la dernière limite, on ne devenait caporal ou sergent qu'après plusieurs années. Les caporaux, engagés de 18 à 20 ans, étaient âgés de 30 à 35 ans, les sergents de 35 à 50. Avec des protections, les enfants de la bourgeoisie avançaient plus vite, mais il était rare d'arriver officier par cette filière. « Si, de mille soldats, un devient officier, ce n'est pas un exemple à citer », écrivait Puységur en 1788. A vingt-trois ans, Corret ne voulait pas affronter de telles épreuves pour un succès trop problématique.

Les pages du roi et des grands seigneurs obtenaient une sous-lieutenance ou une compagnie, mais il aurait fallu être admis jeune dans cet emploi qui ne s'accordait qu'aux enfants de bonne noblesse, riches et protégés.

Des gentilshommes parvenaient bien à se faire nommer sous-lieutenants ou capitaines d'emblée, voire colonels, sans aucune condition. C'eût été folie qu'espérer telle faveur lorsqu'on n'était qu'un simple bourgeois et lorsque tant de puissantes familles de l'aristocratie réclamaient tous les grades comme un droit, ce qui entraînait la royauté à augmenter sans cesse le nombre des officiers. On comptait, en 1787, 36.000 officiers, dont 13.000 seulement pouvaient être gardés en activité, faute de places.

Il y avait un dernier moyen : acheter une charge militaire, la vénalité des grades étant admise. Mais les demandes étaient si nombreuses que les prix étaient devenus exorbitants. Un régiment valait de 25.000 à 75.000 livres dans l'infanterie, de 50.000 à 120.000 livres dans la cavalerie; une place de capitaine coûtait jusqu'à 40.000 livres.

Corret n'était pas noble, n'était pas riche et n'était que médiocrement protégé. On devine les nombreuses démarches et sollicitations auxquelles il dut avoir recours, et on s'explique pourquoi il resta à Paris plus d'un an pour triompher de tant de difficultés. Ses peines reçurent enfin leur récompense. M. de Fremeur lui indiqua un bon expédient : l'entrée dans la Maison du roi qui lui permettrait d'arriver officier sans passer par une école militaire. Le colonel le recommanda à M. de Montboisier qui était à la tête d'une compagnie de mousquetaires.

Pour entrer dans ce corps privilégié, il fallait encore faire preuve de noblesse. En cette extrémité, Corret eut recours à toutes les personnes en relation avec sa famille, et il obtint le certificat suivant :

« Nous, gentilshommes de la province de Bretagne, évêché de Tréguier, certifions que écuyer Théophile-Malo de

Corret, fils de Olivier-Louis et de dame Jeanne-Lucrèce Salaün, est gentilhomme de ladite province. En foi de quoy nous lui avons signé le présent certificat, pour lui servir ainsi qu'il appartiendra.

« A Morlaix, ce cinquième mars mil sept cent soixante et sept.

« DU MESCOUEZ PASTOUR, CHRÉTIEN DE CHEF DE LÉTANG, DE PÉAN fils, CHRÉTIEN DE LA MUSSE. »

Ce certificat de complaisance lui accordait la particule et le titre d'écuyer auxquels il n'avait aucun droit. Cette attestation, nécessaire pour entrer dans toutes les écoles militaires et surtout dans la Maison du roi, ne se refusait pas aux jeunes gens de famille honorable qui se destinaient à l'armée. Elle était sans conséquence. Les intendants des provinces, chargés de la vérification, ne se montraient pas sévères et fermaient les yeux sur les fraudes d'état civil. C'est ainsi qu'une autre célébrité de la Révolution, l'officier du génie qui fit la *Marseillaise*, entra à l'école de Mézières avec un certificat de noblesse et sous le nom de Rouget de Lisle, quoiqu'il ne fût, comme Corret, que le fils d'un avocat, et s'appelât tout simplement Rouget. Il en résulta que le tiers pénétra dans les emplois considérés comme privilégiés et fournit un certain nombre d'officiers. Mais ceux-ci dépassèrent rarement le grade de capitaine, les grades plus élevés étant l'apanage des grands seigneurs. Si faibles que fussent les avantages obtenus par le tiers état, ils irritèrent la noblesse qui protesta contre les fraudes, contre le libéralisme des intendants, et qui exigea que tous les grades d'officiers lui revinssent. Ces récriminations amenèrent l'impopulaire ordonnance de 1781 qui décida que les places de sous-lieutenant seraient

exclusivement données aux gentilshommes prouvant
quatre générations de noblesse paternelle.

Corret dut s'estimer heureux d'être admis, le 3 avril
1767, à la deuxième compagnie des mousquetaires, qui
étaient tous de bons gentilshommes, appartenant à d'importantes familles. Mais il ne fut incorporé qu'à titre provisoire, comme surnuméraire. C'était déjà un beau succès,
car toutes les places s'arrachaient à coups de recommandations. Corret fut soutenu par MM. de Fremeur et de
Mandeville, ainsi qu'il appert de plusieurs pièces.

La particule, que lui avait octroyée le certificat de complaisance, ne parut pas suffisante à Corret pour figurer
honorablement en si noble compagnie, et il se présenta
sous le nom de *Corret de Kerbeauffret*, qui fut accepté aux
mousquetaires et inscrit sur les pièces militaires le concernant. Kerbeauffret était une petite métairie non noble,
située aux environs de Carhaix ; elle avait appartenu à son
aïeul, puis était passée en d'autres mains par voie d'acqui-
sition. Cette inscription inexacte sur les pièces de Corret
et sur le rôle de la compagnie se fit d'autant plus facilement qu'elle ne dépendait que de M. de Montboisier, capitaine-lieutenant.

On comprenait sous le titre de *Maison du Roi* : les
quatre compagnies des gardes du corps ordinaires du roi,
qui, avec les cent Suisses, aussi gardes du corps ordinaires, les gardes de la porte ordinaires et les gardes de la
prévôté de l'Hôtel du roi, ou hocquetons ordinaires de Sa
Majesté, formaient la garde *du dedans du Louvre*, chargée
du service dans les appartements ; puis, d'autre part, la
compagnie des gendarmes de la garde, la compagnie des
chevau-légers de la garde, les deux compagnies de mous-

quetaires et la compagnie des grenadiers à cheval de la garde qui, avec les régiments des gardes françaises et des gardes suisses, composaient la garde *du dehors du Louvre*, fournissant le service extérieur. On appelait *Maison rouge* les gendarmes, les chevau-légers et les mousquetaires, parce qu'ils étaient complètement habillés de rouge. La compagnie de grenadiers et les deux compagnies de mousquetaires ont été licenciées en 1775.

Il n'y avait point d'écoles militaires sous Louis XIV. « La Maison du roi et la gendarmerie en tenaient lieu, dit le général Susane. Les compagnies de mousquetaires surtout étaient la pépinière d'où sont sortis, pendant plus de cent ans, les intrépides et fidèles officiers de Louis XIV, de Louis XV et de Louis XVI, qui, de Sénef à Fontenoy, de l'Escaut au Mincio, des bords du Danube aux rives de l'Hudson, ont assez versé de leur sang pour faire largement oublier les désordres de leurs non moins braves, mais trop turbulents ancêtres. » Les deux compagnies de mousque-taires (organisées pour combattre à pied et à cheval), seules de toutes les troupes de cavalerie de la Maison du roi casernées à Paris, étaient installées dans deux hôtels construits pour elles : la 2e compagnie au faubourg Saint-Antoine et la 1re compagnie rue du Bac. La 1re compagnie, dite des *mousquetaires gris*, avait été créée en 1657 et avait possédé le fameux d'Artaignan, héros d'un roman d'Alexandre Dumas; il y devint capitaine et fut tué devant Maëstricht en 1673. La 2e compagnie, dite des *mousquetaires noirs*, avait été créée en 1665 et compta dans ses rangs, de 1771 à 1773, le jeune et brillant marquis de la Fayette qui allait se distinguer dans la guerre d'Amérique.

Les dénominations de ces deux compagnies venaient de

la couleur de leurs chevaux. Elles avaient pour officiers de très hauts personnages, riches et bien en cour. La 2e compagnie, où entra Corret, avait pour capitaine-lieutenant le comte de Montboisier, lieutenant général des armées du roi et gouverneur de Bellegarde en Roussillon. Les deux sous-lieutenants étaient le marquis de la Grange, maréchal de camp, et le marquis de Janson, brigadier. Les huit maréchaux de logis avaient rang de mestre de camp; les brigadiers, les sous-brigadiers et les porte-drapeaux avaient rang de capitaine et de lieutenant. Les mousquetaires noirs étaient vêtus d'un magnifique habit écarlate bordé d'argent, aux boutons de même métal. Ils avaient aussi une soubreveste, surtout sans manches, ouvert sur les côtés, en forme de courte chasuble, de couleur bleue, bordée de rouge, avec double bande d'argent, avec croix blanche et avec quatre fleurs de lis dont les branches étaient ornées de flammes rouges et argentées. Le ceinturon était doré. L'équipage du cheval était en drap écarlate bordé d'or. Ce magnifique costume coûtait près de 4.000 livres.

Le roi était le capitaine des compagnies de mousquetaires, comme de toutes les compagnies de sa garde, mais il les voyait rarement; le véritable chef était le capitaine-lieutenant. Les mousquetaires servaient d'école militaire à la noblesse. Beaucoup de lieutenants généraux y avaient débuté. Huit maréchaux en étaient sortis : d'Armentières, de Noailles, de Fitz-James, de Mouchy, de Duras, de Contades, de Soubise et d'Harcourt.

L'avancement, réservé aux grands seigneurs, y était très difficile. Les brigadiers avaient en général trente ans de services, et il fallait environ vingt ans pour conquérir ce grade.

Les simples mousquetaires, comme les autres « maîtres » de la Maison du roi, pouvaient obtenir une sous-lieutenance dans un régiment, mais ils n'avaient aucun rang ; ils jouissaient seulement de quelques privilèges. Seules, les familles riches plaçaient leurs enfants dans les mousquetaires, car elles étaient obligées d'assurer 1.500 livres pour la subsistance et de verser 1.900 livres pour les frais d'équipement, les tambours, le manège, l'escrime, la comédie et autres dépenses diverses.

En temps de paix, ces jeunes gentilshommes, ardents au plaisir, menaient joyeuse vie et dépensaient sans compter, ne témoignant leur courage fougueux que par des duels qui faisaient plus d'honneur à leur mépris du danger qu'à leur raison. Cette existence ne pouvait convenir à Corret qui avait des goûts studieux et modestes, qui était tenu, de plus, à une sévère économie par la modicité de ses ressources.

Il échappa aux difficultés de la situation en sollicitant tout de suite un congé de semestre qu'il obtint au mois de juin. Il ne fit donc que figurer dans ce corps, pour avoir un titre qui lui permît de gagner une sous-lieutenance. En concurrence avec ces mousquetaires de bonne noblesse, très protégés, il ne pouvait espérer aucun avancement. Il lui était impossible de les suivre dans leurs prodigalités, et son caractère répugnait à leurs folies galantes. Le souci de son avenir s'accordait avec toutes les autres raisons pour lui faire quitter la Maison du roi à la première occasion.

M. de Fremeur ne cessa de s'occuper de son protégé. Après deux demandes au ministre de la guerre, il obtint la nomination de Corret comme sous-lieutenant dans son

régiment, le 1er septembre 1767 (1). M. de Montboisier
n'oublia pas les recommandations, et accorda au jeune
officier un congé de mousquetaire, en y joignant de bonnes
notes pour son nouveau corps. « Les témoignages que
M. de Mont-Boissier (*sic*) a bien voulu accorder à l'honneur
de ma conduite et de mon exactitude, écrivit Corret,
m'ont pénétré bien sensiblement. Il m'y donne la qualité
de mousquetaire et non de surnuméraire. Il n'aurait pas
été possible de désirer un congé plus favorable après dix
ans de service. » (Lettre à M. Billonnois, 10 mai 1768.) Ce
congé, établi dans la forme ordinaire, est signé par le
comte de Montboisier, qui certifie que M. de Corret de
Kerbeauffret est entré « mousquetaire le 3 avril 1767 »
dans sa compagnie et qu'il y a servi « avec honneur et
exactitude jusqu'au 1er septembre 1767 ». Il ne donne pas
d'autres appréciations.

Angoumois, où entra Corret, était un régiment d'infanterie qui avait été créé en 1684. Il s'était distingué dans les
campagnes de la fin du règne de Louis XIV et dans celles
du règne de Louis XV. Pendant la guerre de Sept ans, il
avait été envoyé en Amérique et partagé entre Saint-
Domingue et la Louisiane. Il était rentré en France en
1766, et avait tenu garnison à Nîmes, puis à Saint-Hippo-

---

(1) Le marquis de Fremeur l'avait demandé dès le 18 juin, comme le
prouve cette lettre adressée par lui à Choiseul, ministre de la guerre,
le 15 août 1767 : « Le sieur Charru de Binancourt étant décédé à
Saint-Domingue, le sieur de Fremeur a proposé à Monseigneur, pour le
remplacer, le sieur Théophile-Malo Corret de Kerbeaufret, mousquetaire noir. Son extrait de baptême et son certificat de noblesse, qui
avaient été remis au sieur de Fremeur par M. le comte de Montboisier,
sont annexés au mémoire de proposition que le sieur de Fremeur
avait eu l'honneur d'adresser à Monseigneur le duc de Choiseul le 18
juin 1767.   « FREMEUR. »

lyte (Gard), où le joignit Corret le 27 septembre 1767. Ce
même jour, le jeune officier prêta le serment réglemen-
taire, comme en fait foi un certificat du commissaire des
guerres.

Corret passa sous-lieutenant de grenadiers le 16 avril
1771, lieutenant en second le 21 mai suivant et lieutenant
en premier le 8 avril 1779. C'était un bel officier, de fière
tournure , d'une taille élevée, bien proportionné et vigoureux, noté par ses supérieurs comme « plein de zèle et
d'activité ». « Sous le tricorne, crànement posé, les boucles
luxuriantes et brunes s'échappent et viennent former la
queue au-dessous de la nuque, dit M. du Pontavice de
Heussey ; et c'est une belle et bonne figure ouverte, enso-
leillée, franche, énergique et joyeuse, ombragée d'un front
carré, serré et vaste, que l'Idée a déjà creusé de son coup
de pouce entre les deux tempes ; sous d'épais sourcils,
les yeux bleu foncé, rieurs, véridiques et intrépides,
semblent vous fixer ; le nez est accentué, fort et droit ; la
bouche rouge, aux lèvres charnues, admirablement décou-
pées, recèle en ses sinuosités une bonté presque céleste ;
cependant que les arêtes fortement marquées des com-
missures dénotent une volonté presque indomptable : de
l'ensemble de cette physionomie se dégage un parfum de
jeunesse, de noblesse, de mâle vigueur, de désintéressement et de courage qui captive la sympathie des plus
indifférents. L'élégant uniforme blanc à parements bleus,
qui recouvre le corps souple et robuste, est celui des officiers du régiment d'Angoumois ; la main droite, gantée à
la mousquetaire, s'appuie sur un jonc à pomme d'or ; la
gauche, nue, nerveuse et fine, se cache à demi dans les
plis du gilet. Ce portrait, daté de 1767, est celui du jeune

lieutenant Th.-Malo de Corret de Kerbeauffret. » Il n'y a qu'une légère erreur dans cette jolie description d'un ancien tableau pieusement conservé par la famille : les revers étaient de couleur vert de Saxe et non bleus. La tenue de l'infanterie avait été déterminée de 1701 à 1722. Les régiments qui n'étaient pas étrangers avaient pris l'habit blanc, qu'ils ne quittèrent plus jusqu'au mois de février 1793. Ils se distinguaient entre eux par la forme des poches et des parements, ainsi que par le métal et la disposition des boutons, mais surtout par la couleur des doublures, vestes et culottes. Les troupes avaient la longue guêtre, montant au-dessus du genou, de drap noir en hiver, de toile blanche en été. Angoumois porta, au commencement du xviiie siècle, la culotte blanche, la veste bleue et l'habit blanc à la française avec collet rouge, avec pattes de poche ordinaires, garnies de trois boutons blancs, et avec manches garnies de trois autres boutons aux parements. En 1763, il prit les revers couleur vert de Saxe, et, en 1775, les revers cramoisis avec les boutons jaunes. En 1776, il revint aux boutons blancs, et il eut le collet bleu céleste.

Les bureaux de la guerre se plaisaient aux changements incessants et injustifiés, dont souffraient les officiers sans fortune. Les règlements de 1779 et de 1786 arrêtèrent les plus minutieux détails de l'habillement. La doublure, la veste et la culotte devinrent définitivement blanches dans toute l'infanterie. Angoumois reprit le vert foncé pour ses revers, à partir de 1779, et ne le quitta plus. Les officiers avaient exactement l'uniforme de leur troupe, mais en drap plus fin et avec des boutons argentés ou dorés.

Ajoutons au portrait enthousiaste de son arrière-petit-neveu que Corret avait un menton caractéristique, creusé au-dessous de la lèvre inférieure et faisant une saillie accusée au bas du visage, indice de résolution. Cette particularité s'accentua avec l'âge. Elle frappe dans les gravures qui le représentent sur le tard. C'est bien la figure d'un Breton tenace, dont les idées ne se modifient pas aisément.

Corret séjourna avec son régiment à Collioure et Perpignan (1767), à Marseille et Antibes (1768), à Grenoble (1769), à Mont-Dauphin (1771), à Embrun (1772), et revint à Marseille au mois de mai 1773. Les changements de garnison étaient très fréquents pour habituer les troupes à la marche et pour les faire profiter à tour de rôle des agréments des grandes villes. Ils étaient surtout un fâcheux expédient du ministère de la guerre pour diminuer son budget, parce que les dépenses d'étapes étaient payées par les provinces comme avances sur leur taille. Les finances de l'Etat n'en pâtissaient pas moins, surtout celles des officiers. Corret écrivait à M. Billonnois le 10 mai 1768 : « Voilà la quatrième garnison que j'accomplis depuis mon arrivée au corps, et une quatrième incommodité qui va me faire éprouver le peu de finance dont je suis encore ressaisi. » Quatre changements de garnison en sept mois ! Les bureaux de la guerre se souciaient peu de la maigre bourse des officiers. Il est vrai que ceux-ci pouvaient solliciter des gratifications en invoquant leur gêne, et, tous les ans, à la suite de l'inspection générale, il en était accordé cinq à six dans chaque régiment, variant de 150 à 400 livres, mais certains caractères y répugnaient.

Angoumois partit le 13 mai 1768 pour Marseille où il devait arriver le 8 juin au plus tôt. Ainsi, sur huit mois de service, Corret en passa deux à trois sur les grandes routes. Ces déplacements continuels étaient une des principales occupations de l'ancienne armée. Certains généraux les désapprouvaient. Après son inspection générale du régiment d'Angoumois, en 1771, le lieutenant général comte de Montbarey, déclara que ce corps était bon, mais qu'il n'était cependant pas « au point qu'il le désirerait et où il aurait été sans les changements fréquents de garnison et le séjour de Marseille où l'on ne peut être occupé que de la discipline et où l'instruction souffre nécessairement ».

Malgré la situation précaire des officiers, aggravée par les dépenses imposées, les postulants ne manquaient pas. La noblesse ne considérait comme digne d'elle que le métier des armes, et il y avait cent demandes pour une vacance. Corret en donnait des exemples dans la même lettre : « Le protégé de M. de Mont-Bareil (*sic*), notre inspecteur, est M. de Castellane : il était comte de Lion et a quitté 4.000 livres de bénéfice pour borner son ambition à une chétive sous-lieutenance. Elles sont aujourd'hui si briguées, et même les places de porte-drapeau, que nous avons engagé plusieurs gentilshommes cadets de famille dans l'espérance qu'on leur a donnée de leur accorder un jour ces dernières places ».

Les plaisirs des garnisons étaient pourtant monotones. Corret en était déjà un peu las, et cherchait des distractions en dehors du monde militaire : « Priez Mme de Pennanguer, demandait-il, de vouloir bien écrire à M. son père pour l'engager, ou par son moyen ou celui de MM. Cornic ou de quelques autres négociants en relations avec des négociants de Marseille, de m'y procurer quelque connaissance..... Les militaires n'ont jamais d'agrément dans les garnisons qu'autant qu'ils y sont reçus dans les maisons ».

Les officiers avaient heureusement des congés de semestre accordés tous les ans, ce qui leur permettait de ne passer dans le régiment que six mois au plus sur douze, de réaliser des économies, de se distraire, de se créer des relations au dehors et de vivre de la vie de famille. Ils avaient ainsi une existence autant civile que militaire.

Corret a pris son métier à cœur. Il compte parmi ceux qu'on appelle les « zélés », les « fanatiques ». Il enregistre les moindres incidents et les transmet à sa famille comme de graves événements. Il est tout à l'ivresse des premiers galons et des premières épaulettes. Il est heureux d'être le collègue d'officiers aristocratiques dont quelques-uns portent un nom célèbre, maintes fois glorifié par les fastes militaires. En vrai Breton, il est superstitieux et note les coïncidences qu'il croit providentielles : « Je montai ma première garde et fus reçu officier le dimanche 3 avril, jour de Pâques. Il est des époques dans la vie qui sont faites pour n'être point oubliées. Toutes celles qui me sont arrivées le 3 avril semblent avoir pour moi quelque chose de marqué. J'arrivai à Paris le 3 avril 1765, fus reçu dans les mousquetaires le 3 avril 1767, reçu officier dans le régiment d'Angoumois le 3 avril 1768, et reçus mon congé de mousquetaire le 3 avril, jour de ma réception dans le régiment. » Il se montre fier des éloges accordés à sa conduite : « Nous avons passé la revue de l'inspecteur le 29 dernier (29 août 1768). Il a eu la bonté de ne pas paraître mécontent de la manière dont j'avais instruit la troisième classe du régiment, composée de 90 recrues qui

m'avaient été confiées. » Il obtint toujours des notes excellentes. « D'un zèle à toute épreuve, sage, rangé, plein de
bonnes qualités », disait de lui le lieutenant général
inspecteur en 1774.

Son ardeur belliqueuse se révèle à la passion avec
laquelle il suit la campagne de Corse contre Paoli ; il en
narre toutes les péripéties à sa famille.

Ses occupations militaires ne lui font pas oublier un
instant sa Bretagne et ses parents aimés. Il ne cesse de
témoigner son affection à M. Billonnois, à sa mère et surtout à sa chère Henriette. « J'embrasse Henriette dans
toutes mes lettres, mais elle n'y est pas plus sensible
qu'au souvenir que je conserve toujours d'elle ; elle com-
mence par me gronder et me faire des reproches pour se
mettre à l'abri des miens : je l'embrasse de tout mon
cœur et sans la moindre rancune. » Dans une autre lettre
à M. Billonnois, du 19 septembre 1768, il dit : « Je conserve
toute la reconnaissance possible de l'invitation, que vous
avez eu la bonté de me faire, de passer mon semestre chez
vous ; je profiterai de vos offres avec plaisir. Je n'attends
pour me mettre en route que les secours qui sont indispensables pour mon voyage. » 14 congés de semestre
avaient été accordés aux officiers d'Angoumois.

Au mois de janvier 1774, le lieutenant Corret se trouva
compromis dans une bagarre au théâtre de Marseille. Le
mieux est d'en donner le récit, tel qu'il le fit à son beau-
frère Limon du Timeur. Sa lettre révèle son état d'esprit à
cette époque. Les défauts et les préjugés qu'il ne dissimule
pas étaient ceux de son entourage ; il n'avait pas encore
assez l'expérience de la vie et la connaissance des hommes
pour échapper à cette influence.

« Marseille, 20 janvier 1774.

» Je vous aurais fait part plus tôt de l'événement arrivé au parterre de Marseille le 12 de ce mois, si je n'avais voulu, auparavant, attendre la décision de la cour pour vous en marquer le résultat. Mais, présumant aujourd'hui qu'elle peut tarder encore quelque temps, je vais tâcher de vous dire, le plus succinctement que je pourrai, les choses telles qu'elles se sont passées. Le spectacle d'avant celui de mercredi, plusieurs de nos camarades étant dans la loge affectée aux officiers de la garnison, un d'entre nous s'étant levé pour recevoir un chevalier de Malte, du régiment de Bourbon, et lui offrir sa place, et étant resté deux ou trois minutes le dos tourné au parterre, et cela pendant un entr'acte, le parterre, qui, depuis le commencement du spectacle, avait été fort bruyant et qui s'était déjà attaqué à différents particuliers des premières et des secondes loges, n'ayant plus d'objets d'amusement, crut pouvoir exercer ses clameurs sur l'officier de notre loge qui était resté un moment le dos tourné. Quelques insolents eurent même l'idée d'oser prononcer le mot d'*à bas l'uniforme*, qu'aucun de ces messieurs n'entendit cependant distinctement. Le lendemain, plusieurs officiers étrangers à notre corps nous ayant rappelé que les brouhahas du parterre étaient adressés aux officiers de notre loge, les uns disant avoir entendu, les autres ayant seulement cru entendre : *A bas l'uniforme*, etc., pour ne laisser aucun nuage sur la conduite que nous aurions tenue si quelqu'un de nous avait entendu le propos du parterre, nous revînmes à nous en assurer nous-mêmes au spectacle suivant. Pour cet effet, étant entrés ce jour-là au parterre, qui était fort nombreux, nous crûmes devoir laisser dans notre loge quelques officiers, et leur recommander de se tenir, dans les entr'actes, dans la même position qui, suivant le rapport, avait excité l'animadversion du parterre. Par ce moyen, nous nous flattions de découvrir les insolents moteurs de l'insulte qu'on nous avait rapporté nous avoir été faite. **Notre** présence ayant contenu, pendant les premiers actes, le parterre, qui pouvait être composé de **cinq ou six** cents personnes, intrigua le capitaine de quartier **chargé** de la police. Ce monsieur, se trouvant à côté d'un officier du régiment, lui demanda quel était le dessein de **nos** messieurs, et s'ils venaient pour troubler le spectacle. A cela, l'officier du régiment lui répliqua :

— « Monsieur, nous ne venons pas pour troubler le spectacle, ce n'est pas notre dessein ; mais comme Messieurs les préposés à la police s'en acquittent si mal, **nous** venons ici, Monsieur, pour y veiller et pour tâcher de découvrir les insolents qui, à ce que l'on nous a rapporté, ont osé manquer aux égards qu'ils devaient à nos personnes et à notre état. »

» L'officier de police n'ayant répondu à cela, tout allait être tranquille ; nous étions convenus de remonter à notre loge et de n'employer aucune voie de fait. Mais, au moment où l'officier du régiment venait de parler, une **rumeur** sourde s'était élevée dans le parterre ; plusieurs voix ayant crié de *nous serrer*, un jeune homme du parterre, qui se trouvait à côté de l'un de nos messieurs, ayant dit d'un ton fort élevé que, le dimanche d'auparavant, nous n'eussions pas osé élever la voix ; d'un autre côté, nous voyant pressés de toutes parts, plusieurs de nous, les plus resserrés, tirèrent leurs épées pour se mettre en défense et ne pas se laisser accabler par le nombre. A la vue de nos épées, tout

le monde ayant pris la fuite, nous restâmes seuls au parterre. Dans ces entrefaites, le capitaine de quartier (qui est
un bourgeois de la ville), s'étant porté sur le théâtre, pria
tout le monde de se remettre, et qu'on allait continuer la
pièce, ajoutant, avec beaucoup d'indiscrétion, que nous
nous plaignions de ce que plusieurs faquins du parterre
avaient ôsé mâcher quelques paroles mal articulées, que
nous n'avions pas entendues, mais qu'on nous avait dit
avoir rapport à nous, et que c'étaient ces insolents que nous
cherchions à découvrir, pour en demander raison à la
police. Le capitaine de quartier étant sorti du théâtre, nous
remontâmes à notre loge, priant de continuer le spectacle
qui ne fut plus interrompu. Nous y restâmes jusqu'à la fin
de la petite pièce, et pendant l'intervalle de près d'une
heure et demie. Le spectacle étant fini, nous nous retirâmes
immédiatement après que tout le monde fut sorti ; nous
n'attaquâmes personne, mais nous nous tînmes sur la défensive, prévenus qu'il s'était attroupé trois ou quatre
mille personnes dans la rue, menaçant de fondre sur
nous à la sortie de la comédie. Nous trouvâmes, en effet,
un nombre prodigieux de jeunes gens armés qui parais-
saient nous attendre ; mais notre contenance suffit seule
pour leur en imposer ; six grenadiers, qui avaient été employés dans la comédie, nous ayant suivis, nous entrâmes
dans nos forts sans aucun incident.

» Voilà, dans la plus exacte vérité, le détail et le récit de
ce qui s'est passé. Un seul homme s'étant foulé le pied par
son trop d'empressement à sortir, l'accident de cet homme,
l'animosité de tous les habitants de Marseille, ont donné
lieu à des procédures de toutes les espèces. Nous avons, en
conséquence, été décrétés au nombre de treize officiers, du

nombre desquels sont deux capitaines, et, le reste, lieutenants et sous-lieutenants. Comme cette affaire, envisagée
par la justice sur un point de vue différent de celui sous
lequel nous le regardons, peut avoir des suites et même
retomber sur nos biens, je vous envoie, mon cher frère,
ci-joint, une reconnaissance que vous ferez valoir et servir
pour me tirer d'embarras, au cas où je m'y trouverais, et
pour vous en prévaloir, en temps et lieu, avec un blanc-
seing pour agir pour moi de telle manière que vous le jugerez à propos. Comme, suivant toute apparence, le régiment
ne sera pas longtemps ici, quand vous recevrez cette lettre,
je vous prie d'adresser à M. Brémond fils, contrôleur du
bureau des lettres, celles que vous m'enverrez, vous priant
de joindre à votre première lettre de change pour me
remplir de mon second quartier de pension. Quelque événement qui m'arrive, mon très cher frère, ne vous attristez
pas sur mon sort. J'ai pour garants de la manière dont je
me suis conduit dans l'affaire que je vous ai détaillée,
MM. de Pluvier et de Kervili, qui attesteront, en Bretagne
et ailleurs, que je n'ai aucun reproche à me faire et que j'ai
suivi le torrent. Au tribunal de la raison, nous avons peut-
être tort, mais à celui de l'honneur nous gagnerons toujours notre cause et ce sont les principes inflexibles de
celui-ci qui doivent diriger tout homme qui en est jaloux.
Adieu, je vous embrasse de tout mon cœur et suis, jusqu'au
dernier soupir, votre affectionné frère.

» Théophile-Malo de CORRET.

» P. S. — Ne lisez pas cette lettre, je vous prie, devant
ma mère. »

Ce fâcheux événement valut au régiment d'Angoumois d'être envoyé à Avignon, et une instruction judiciaire fut ouverte. Dans d'autres lettres à son beau-frère, Corret donna des détails complémentaires. Il avoua que c'était lui qui avait tenu au capitaine de quartier les propos rapportés dans son récit. « Comme l'on n'est pas dans l'usage d'autoriser le tapage dans notre métier, surtout ceux d'apparat comme celui que nous nous sommes malheureusement vus forcés de faire, nous nous attendons à être punis de quelques mois de citadelle, ou de punition de corps, qui serait plus douce. » Il était consolé par cette considération que, dans cette affaire, il ne s'était rien passé « que de conforme aux règles de l'honneur, et l'honneur permet souvent ce que la raison et la prudence défendent ». Il insiste à plusieurs reprises sur ce point. Il y attache plus d'importance qu'à la punition grave qu'il peut encourir. Son caractère chevaleresque se révèle en ce souci. Il tient à répéter que lui et ses camarades ne se sont point « écartés un seul moment des principes et des règles de l'honneur dont tous les hommes doivent faire profession, surtout les militaires ».

Il éprouve déjà quelques désillusions, car certains officiers, abandonnant la cause commune, ne cherchent qu'à esquiver une punition en rejetant toute la faute sur quelques-uns de leurs camarades. Cette conduite l'indigne, mais l'écœure surtout à un tel point qu'il ne fait que l'indiquer, comme s'il n'osait parler d'une chose si déloyale, et il ne veut pas qu'on la divulgue : « L'air de jeunesse et d'étourderie que l'état-major des citadelles de Marseille a donné à notre affaire pour sauver la tête, c'est-à-dire les deux capitaines du régiment qui semblaient être les conducteurs de l'entreprise, cet air de jeunesse, dis-je, pourrait m'être très désavantageux. Je vous dirai, quand tout sera passé, tout ce que j'ai découvert des manœuvres qu'on a ourdies pour en élever quelques-uns sur la ruine des autres : ceci entre vous et moi. MM. de Pluvier et de Kervili, volontaires au régiment, s'il m'arrivait d'être plus puni que soixante-cinq autres, découvriraient, à Guingamp, à mes parents, que je ne l'aurais été que parce qu'une lâche désertion de mes devoirs, envers moi-même et envers mes camarades, ne m'aura pas fait chercher à me disculper à leurs dépens. » Non seulement il ne recule pas devant les responsabilités qu'il a encourues, mais il accepte même celles d'officiers plus coupables qui, après l'avoir excité et poussé, ont peur et se dérobent. Tout plutôt qu'un manquement à l'honneur! Il s'affirme tel qu'il sera toute sa vie.

Le lieutenant Corret avait quelque raison de craindre pour sa liberté et son bien. L'affaire avait pris pendant un instant une inquiétante tournure. La *Gazette* avait exagéré les torts des officiers, et les Marseillais, facilement irritables, s'étaient beaucoup émus. Il y eut enquêtes sur enquêtes, procédure de la sénéchaussée, jugement du Parlement d'Aix qui cassa le décret de la sénéchaussée de Marseille pour défauts de formalité et partialité. En fin de compte, quatre officiers seulement furent mis aux arrêts de rigueur à la citadelle d'Avignon. Justice fut rendue au lieutenant Corret qui, malgré sa fière attitude, ne fut pas puni. Il paya seulement sa part d'une indemnité accordée à un instrumentiste qui avait eu, dans l'échauffourée, une jambe cassée.

De pareils incidents n'étaient pas rares, par suite du

dédain arrogant des officiers envers les habitants, lequel maintenait un perpétuel état d'antagonisme. Appartenant presque tous à la noblesse, les premiers n'avaient aucun égard pour les gens qui ne portaient pas l'épée. La troupe, sans avoir le même motif d'orgueil, affichait pourtant les mêmes préventions et affectait les mêmes allures. Plus d'une fois, des régiments traitèrent leurs villes de séjour en villes conquises. Les querelles étaient surtout fréquentes dans les théâtres où les officiers, presque tous abonnés, parlaient en maîtres, voulaient imposer leurs goûts et faisaient souvent scandale.

Dans la bagarre de Marseille, il faut reconnaître le noble sentiment qui inspira Corret et plusieurs de ses camarades ; ils ne voulurent pas souffrir la plus légère offense à l'uniforme de leur corps, qu'ils considéraient sacré comme le drapeau de leur régiment. Ils eurent tort seulement de maltraiter — plus peut-être que ne l'avoua Corret, puisqu'il y eut une jambe cassée — des spectateurs innocents d'une injure qu'ils ignoraient et qui semble douteuse puisque les officiers d'Angoumois ne s'en aperçurent point. Leur colère vint trop tard, provoquée par des excitations dont le mobile semble plutôt blâmable.

D'Avignon, Angoumois se transporta à Montauban au mois de mai 1774. Le lieutenant Corret continua le train régulier de l'existence de garnison à la monotonie de laquelle il remédia par l'étude. Les loisirs étaient nombreux, car les exercices étaient rares et courts. Ceux qui voulaient échapper à l'affaissement intellectuel, cherchaient des occupations et des distractions. Les uns s'adonnaient à la littérature, les autres aux sciences. Ces derniers étaient moins nombreux. La mode était aux écrits badins ou pu-

rement littéraires. Deux officiers du génie, Rouget de Lisle
et Carnot, composaient des poésies frivoles ou sentimen-
tales. Ce dernier était membre de l'aimable société des
Rosati d'Arras, qui lui fit connaître M. de Robespierre,
avocat, aussi adonné aux Muses légères. Carnot se livrait
en même temps à des travaux techniques et scientifiques :
mémoires sur l'économie politique, sur la fortification, sur
la discipline, sur les questions militaires à l'ordre du jour.
Le capitaine du génie Choderlos de Laclos écrivait ses
Liaisons dangereuses; mais cet écrivain, célèbre par un ouvrage immoral, s'occupait de sujets plus sérieux. Lorsque Carnot publia à Dijon, en 1784, un éloge de Vauban
que couronna l'académie de cette ville, Laclos adressa à
l'Académie française une réfutation qui attira une réponse
de l'auteur. Le capitaine de hussards marquis de Boufflers,
plus tard maréchal de camp et académicien, versifiait
agréablement comme Carnot, et on lui attribua même
une poésie de ce dernier : *Jamais et pourtant.* Bien d'autres
officiers, comme le marquis de Clapiers de Vauvenargues,
Claris de Florian, aussi académicien, le chevalier Bertin,
etc., prouvèrent victorieusement que l'action n'est pas l'ennemie de la pensée (1). On peut être bon écrivain en même
temps que bon militaire. En 1789, l'Académie française
comptait neuf officiers depuis le grade de maréchal jusqu'à
celui de capitaine. Le lieutenant Bonaparte au lieu de gas-

---

(1) « Lisez ou faites-vous lire souvent les livres qui parlent des grands
capitaines, même ceux qui ont écrit de notre temps... Plust à Dieu
que nous qui portons les armes prinsions cette coutume d'écrire ce que
nous voyons et faisons, car il me semble que cela serait mieux acco-
modé de notre main (j'entends du fait de la guerre) que non pas des
gens de lettres, car ils déguisent trop les choses, et cela sent son clerc. »
(Montluc.)

piller ses loisirs, les consacrait à des études historiques et littéraires. Le cerveau qui travaille incessamment est celui qui peut le mieux et le plus vite concevoir et par conséquent commander. Les meilleurs généraux ont été des intellectuels et très souvent des écrivains. « Frédéric, le premier homme de guerre du XVIIIe siècle, dit M. Camille Rousset, en est aussi le premier historien : nouvel et illustre exemple de l'alliance féconde que les plus grands capitaines ont su faire entre la culture générale de l'esprit et la connaissance particulière du métier des armes. » (Préface des *Œuvres de Frédéric le Grand*.)

Le lieutenant Corret n'a pas fait exception à cette règle. Toute sa vie, il s'occupa d'histoire, d'archéologie, de linguistique et de numismatique. Il apprit l'italien, l'espagnol, l'allemand, l'anglais et les éléments de presque toutes les langues connues. Il parvint à parler et à écrire couramment l'allemand, l'espagnol et l'italien. La bibliothèque municipale de Quimper possède un manuscrit qui lui est attribué et qui porte ce titre : *Ebauches sur les différents alphabets et mots de l'univers*. Il entretenait une correspondance avec un de ses compatriotes, le savant Le Brigant, qui s'occupait des antiquités et des idiomes celtiques ; il resta en communication constante avec lui, adopta ses idées et se passionna pour les mêmes recherches scientifiques. Il écrivit un ouvrage, intitulé *les Origines gauloises*, pour « démontrer les rapports physiques et moraux des Bretons de l'Armorique avec les anciens Gaulois, établir l'identité de la langue de ces deux peuples sur la conformité qui règne encore entre le bas-breton et la langue en usage dans les diverses contrées de l'Europe et de l'Asie, où les Gaulois portèrent leurs armes victo-

rieuses et formèrent des établissements ; extraire des monuments de l'histoire ancienne tous les passages cités
comme gaulois, les expliquer et les éclaircir par le bas-
breton ; chercher, dans les étymologies puisées dans notre
langue, la solution d'un grand nombre de problèmes intéressants de l'histoire et de la théogonie des païens ; ressus-
citer la langue des Celtes, nos ancêtres, cette langue dont
l'usage et même l'intelligence paraissent perdus, partout
où elle fut connue ; rétablir, enfin, sur la liste des nations,
les Gaulois, ce peuple célèbre qui semblait en avoir été
effacé, tandis qu'il existe encore avec gloire dans les Bretons de l'Armorique et dans les Gallo-Francs, les Français,
leurs originaires descendants. » Tel était son plan, exposé
par lui-même ; mais, ajoutait-il, « l'exécution de cette pénible et grande entreprise se trouvant au-dessus de mes
forces, je me vois réduit à l'indiquer, à me borner seulement, dans cette discussion historique, à écarter de la
route qui mène à nos antiquités les ronces et les épines que
le temps y a fait naître. Mes découvertes n'offriront donc
ici que des matériaux arrachés, à force de travail et de
patience, des ruines d'un grand édifice... » Il disait ailleurs que c'était surtout à Le Brigant, « à ce savant animé
du même esprit qui l'attache à sa patrie, de s'emparer de
cette matière intéressante. »

En résumant son ouvrage des *Origines gauloises*, nous
signalerons les erreurs, aujourd'hui démontrées, des théories qu'il avait adoptées, mais il eut du moins le mérite de
découvrir, à la suite de longues recherches, des analogies
qui ont été confirmées dans notre siècle. Ce travail considérable, entrepris avant sa trentième année, prouvait son esprit
investigateur, son ardeur de travail et son goût d'érudition.

De Montauban, Corret se rendit avec son régiment à Huningue, au mois d'octobre 1777. Il partagea l'enthousiasme qui éclata dans tout le pays lorsque l'illustre Franklin, délégué par les Etats-Unis, vint solliciter l'appui de la France contre l'Angleterre. Il demanda l'autorisation d'aller servir en volontaire sous les ordres de La Fayette et de Rochambeau, et ne put l'obtenir. Sa fougue, qui l'eût porté à de grandes actions, se dépensa en d'obscurs et fâcheux incidents. La blessure qu'il aurait peut-être reçue en combattant pour l'indépendance des Etats-Unis et qui aurait servi sa réputation en favorisant son avenir, l'atteignit dans un duel mystérieux. Et il faillit en mourir misérablement, avant d'avoir donné la mesure de sa valeur.

CHAPITRE II

A Huningue, le lieutenant Corret eut un duel dont il a été impossible de découvrir le motif, sans doute grave, car il y eut un combat acharné. Il reçut au bas-ventre un terrible coup d'épée dont il ne guérit jamais. La plaie se ferma d'abord trop vite, ce qui provoqua un dépôt et le réduisit à toute extrémité. « Mes maux, hélas! ne me donnent pas de relâche un seul instant, écrivait-il. Mes forces sont anéanties, et le peu de vie dont je jouis encore ne mérite plus, en vérité, d'en porter le nom. » Il ajoutait qu'il avait vu plus d'une fois la mort de près, et qu'elle ne l'effrayait nullement. Sa conduite allait prouver la sincérité de cette déclaration faite crânement au bord de la tombe. Par une singularité du sort, quoiqu'il se soit exposé dans une multitude de combats avec témérité, il n'a plus reçu qu'une seule blessure, mais une blessure mortelle.

S'il est, dans sa correspondance, prodigue de détails sur son état, il ne dit pas un seul mot de la cause du duel, qui restera probablement toujours secrète par le soin qu'il a mis à la cacher. On a supposé que cette affaire se rattachait peut-être aux événements de Marseille, mais Corret n'eût pas attendu si longtemps une réparation des officiers dont

la conduite l'avait indigné. La bagarre du théâtre eut lieu
le 12 janvier 1774, et le duel, le 30 août 1778. C'est d'autant
plus inadmissible qu'il n'eût pas dissimulé un motif d'ordre si peu intime.

Corret recourut à la science des plus habiles médecins et
chirurgiens de Bâle qui lui donnèrent force pilules, mais
qui ne le débarrassèrent pas de violentes douleurs à la
hanche. Sur leur conseil, il se rendit à Plombières, dont
les eaux agirent efficacement. Ses modiques appointements ne purent suffire à tant de dépenses. Il écrivit à
M. Limon du Timeur, régisseur de la petite propriété dont
il avait hérité : « Je suis chez de très bonnes gens, entre
les mains desquels j'ai remis dix louis en arrivant. J'ai
emprunté une grande partie de cette somme à deux officiers
du corps, ayant payé fort cher les médecins et les chirurgiens de Bâle et terminé tout ce qui avait rapport à ma
maladie à Huningue où j'ai été obligé d'avoir pendant
vingt-deux jours trois personnes continuellement auprès de
moi : si vous pensez que vingt louis ne suffisent pas pour
achever mon rétablissement, il faudra nécessairement que
je fasse un constitut sur mon bien... Je suis un homme
ruiné dans ce pays-ci de toutes les manières. Je paye 4 livres 10 sols par jour ma chambre et mon auberge sans
compter les remèdes, les médecins et la garde. J'ai été
assez heureux pour trouver ici trois ou quatre officiers qui
veulent bien partager avec moi l'ennui qu'inspire mon
état... »

Son beau-frère, qui avait de la fortune et qui sut l'augmenter par l'habile direction de ses affaires, lui témoignait
de l'affection et ne cessa de l'obliger, sans aucune garantie,
connaissant son impeccable loyauté.

La fortune de Corret était modeste. D'après les renseignements recueillis, elle ne dépassait pas quinze cents livres de revenu, et elle diminua de plus en plus à la suite des emprunts continuels auxquels l'obligèrent l'insuffisance de ses appointements, ses nombreux actes de générosité et les soins pour sa blessure. Les officiers étaient peu payés, quoique beaucoup mieux qu'à notre époque, si l'on tient compte du renchérissement de la vie devenue trois à quatre fois plus coûteuse au xixe siècle. Les traitements des capitaines s'élevaient à 1.500 et 2.000 livres par an depuis 1763; en 1791, ils varièrent de 1.500 à 2.500 livres suivant la classe; il y eut cinq classes. Les lieutenants recevaient de 1.080 à 1.230 livres depuis 1776. Les pensions de retraite étaient assez fortes. En 1788, un capitaine d'Angoumois, ayant 27 ans de services et deux blessures, obtint 2.000 livres, mais, à 25 ans de services, il n'aurait eu droit qu'au quart, 500 livres.

Lorsqu'il était à toute extrémité, Corret avait le constant souci de dissimuler son état à sa mère et à sa sœur qu'il adorait, pour leur éviter un chagrin. Plus que de la sienne il s'inquiétait de la maladie de cette dernière, alitée en même temps que lui. Ses lettres le montrent aimant, désintéressé et dévoué jusqu'au sacrifice. Dès qu'il fut un peu rétabli, il rejoignit son bataillon qui était détaché à Belfort. Il dut retourner aux eaux en 1779, et il obtint un nouveau congé avec solde de présence.

Deux années auparavant, il avait sollicité du duc de Bouillon, Godefroy, l'autorisation de prendre le nom glorieux de La Tour d'Auvergne, qui était celui du grand Turenne. Il invoquait, pour obtenir cette faveur, la naissance de son bisaïeul Henri Corret, fils naturel d'Adèle Cor-

ret et de Henri de La Tour d'Auvergne, duc de Bouillon (1).
Comme il sera fréquemment question de la famille de
Bouillon dans cet ouvrage, il est utile de rappeler en quel-
ques mots l'histoire de ses principaux membres.

La maison de La Tour, qui a obtenu par alliance la principauté de Sedan et le duché de Bouillon à la fin du xvi⁰
siècle, est une des plus anciennes de la province d'Auvergne. Elle s'est apparentée aux plus grandes familles
de France et d'Europe. Le premier membre dont l'histoire
conserve le souvenir est Bertrand de La Tour, mort vers
1212. On cite surtout parmi ses successeurs : Bertrand III,
qui fut un des seigneurs envoyés en Angleterre pour la
garantie du traité de Brétigny, en 1360 ; Bertrand V, comte
d'Auvergne et de Boulogne, seigneur de Montgascon par
sa mère, lequel servit contre les Anglais sous les ordres du
connétable de Richemont; Bertrand VI, qui prit part au
siège de Château-Gaillard en 1449 et qui céda à Louis XI le
comté de Boulogne en échange du comté de Lauraguais.
Une des petites-filles de ce dernier épousa Laurent de Médicis, neveu de Léon X, et eut pour fille Catherine de
Médicis, comtesse d'Auvergne et de Lauraguais, dame de
La Tour, qui épousa Henri II.

Un des descendants de cette maison, Henry de La Tour
d'Auvergne, vicomte de Turenne et de Castillon, comte de
Montfort et de Négrepelisse, seigneur et baron de Mont-

----

(1) Henri de La Tour d'Auvergne, vicomte de Turenne, né en 1611,
maréchal de France en 1644, maréchal général en 1660, mort à Salzbach
en 1675, fut le deuxième fils que Henri de La Tour d'Auvergne eut
de son second mariage avec Isabelle de Nassau, fille de Guillaume Iᵉʳ,
prince d'Orange. L'autre fils issu de cette union fut le second duc de
Bouillon. Henri Corret était leur frère naturel.

gascon, etc., servit Henri IV qui, pour le récompenser et se l'attacher, lui fit épouser, en 1591, Charlotte de la Mark, héritière de la principauté de Sedan et du duché de Bouillon. Très ambitieux et très intrigant, le nouveau duc de Bouillon, nommé maréchal en 1592, ne tarda pas à se faire reconnaître comme chef du parti protestant. En 1601, il participa à la conspiration de Biron, et s'enfuit en Allemagne lorsqu'elle fut découverte. Dès que Henri IV marcha contre lui, il implora son pardon. Le roi, malgré les conseils énergiques de Sully, qui voulait l'annexion du duché, se contenta de mettre une garnison française à Bouillon.

Sous la régence de Marie de Médicis, le duc de Bouillon prit sa part de la curée à laquelle présidait le premier ministre Concini. Il obtint du premier coup 200.000 livres et deux millions en moins de six ans. Il contribua quand même à toutes les révoltes. Il mourut en 1623. C'est ce duc qui eut un enfant naturel d'Adèle Corret.

Son fils, Frédéric-Maurice, hérita de son humeur turbulente. Il accueillit le comte de Soissons, chef d'une branche de Condé, et tous deux tentèrent, avec l'aide de l'Espagne, de renverser le cardinal de Richelieu par une nouvelle guerre civile. Ils battirent l'armée royale à la Marfée en 1641, mais Soissons fut tué. Bouillon fit aussitôt sa soumission et obtint des conditions avantageuses. Il fut encore de la conspiration de Cinq-Mars, et eut la vie sauve moyennant l'abandon des principautés de Sedan et de Raucourt, qui sont restées définitivement à la France. Quoique cette cession eût été convenue dès cette époque, le traité qui la consacra ne fut signé que le 20 mars 1651, et le duc obtint de Louis XIV, en échange des principautés, les duchés-pairies d'Albret et de Château-Thierry, les comtés d'Au-

vergne et d'Evreux, avec deux autres terres domaniales.
C'était un beau dédommagement auquel n'avait jamais
songé Richelieu et auquel il n'eût pas souscrit. Frédéric-
Maurice, objet de ces faveurs royales, avait été encore mêlé
aux troubles politiques de 1649 ; il fut un des trois lieutenants généraux du prince de Conti, commandant l'armée
de la Fronde, et entraîna son frère Turenne dans l'insur-
rection. Il se soumit en 1651, et fut aussitôt récompensé
par le contrat d'échange du 20 mars Il mourut l'année suivante. Le Parlement trouva que Mazarin avait exagéré
ses bontés envers le duc, et il introduisit des modifications
lorsqu'il eut à enregistrer les lettres patentes d'avril 1651,
confirmant le contrat. Le pouvoir royal tenta d'annuler
ces restrictions par des lettres de jussion, en se basant sur
les avantages que la France retirait de l'échange. Le Parlement tint bon. Le roi ordonna aux commissaires, nommés
par les lettres patentes, de recommencer l'évaluation —
faite déjà deux fois, en 1649 et 1651 — des domaines qu'il
avait concédés, « nonobstant qu'il n'eût été encore procédé
à la vérification pure et simple du contrat ». Ces termes
indiquent l'indignation de voir battre en brèche le
pouvoir absolu. Il fallut plus de vingt ans pour terminer
cette nouvelle expertise, dont les résultats furent présentés
le 12 avril 1674. Elle démontrait, comme les deux précé-
dentes, que le roi avait été trop généreux et que le Parlement avait quelque raison de résister. Le duc Godefroy-
Maurice, fils de Frédéric-Maurice, en appela naturellement
de cette dernière évaluation comme il avait été fait des
deux autres. Le conseil ordonna la revision par un arrêté
du 18 juillet 1676. Dévoué à Louis XIV, le duc fut nommé
chambellan et recouvra, comme récompense, le duché

de Bouillon qui avait été vendu par son père aux Etats de Liège et pris par la France en 1676, à la suite de la guerre de Hollande. Malgré l'appui royal, Godefroy-Maurice ne put obtenir la ratification du contrat de 1651. Il mourut en 1721. Il avait épousé Anne Mancini, nièce de Mazarin.

Le duc Henry-Charles-Godefroy résolut d'en finir, et fit désigner des commissaires de la chambre des comptes de Paris le 5 août 1770. Ceux-ci procédèrent avec la même prudence et la même lenteur, que dictait sans doute la sagesse, et la Révolution arriva sans qu'une solution fût intervenue. Ce grand procès, commencé en 1651, ne devait se terminer qu'en 1797, et grâce à l'appui accordé au dernier prince par Corret, devenu La Tour d'Auvergne, qui allait provoquer la décision favorable que les puissants ducs de Bouillon, appuyés par Louis XIV, Louis XV et Louis XVI, n'avaient pu arracher. Le petit lieutenant, sans noblesse et sans fortune, qui sollicitait la faveur du duc Henri-Charles-Godefroy sous Louis XVI, ne prévoyait pas, dans ses rêves les plus orgueilleux, cette extraordinaire interversion des rôles! On verra plus loin comment cet officier devint, sous le Directoire, le protecteur du dernier descendant de cette illustre famille.

En 1777, le lieutenant Corret fit auprès du duc Henry-Charles-Godefroy et de son intendant d'actives démarches qui obtinrent plein succès. Le duc lui écrivit :

<blockquote>« A Caen, le 23 octobre 1777.</blockquote>

» Je serai très content, Monsieur, d'être à portée de vous être utile; j'en saisirai toutes les occasions avec bien du plaisir. Je n'avais pas besoin du certificat que vous m'avez adressé et que je vous renvoie ci-joint, pour m'assurer de tous les détails dans lesquels vous êtes entré avec moi et avec M. Marchand, mon intendant, qui m'a rendu un compte exact des pièces que vous lui avez communiquées pour en faire l'examen. En conséquence, vous pouvez, Monsieur, d'après cette lettre, prendre mon nom et les armes de ma maison, qui sont La Tour d'Auvergne et le gonfanon, en ajoutant dans l'écusson la barre, comme enfant naturel de ma maison. Je prendrai toujours l'intérêt le plus vif et le plus sincère à ce qui pourra vous concerner, soyez-en bien persuadé, et que personne ne vous honore, Monsieur, avec une plus particulière distinction que moi.

« GODEFROY, duc régnant de Bouillon. »

Louis XIV n'avait cédé le duché de Bouillon à Godefroy-Maurice que « pour le posséder sous sa protection » [1]. Quoique désormais privés d'indépendance, les ducs n'en conservaient pas moins orgueilleusement les usages d'une cour et les formules usitées par le roi de France. Henry-Charles-Godefroy, qui signait Godefroy duc régnant, possédait une cour souveraine à Bouillon pour juger les différends entre les habitants. Il avait encore à Paris, où il résidait le plus souvent, un conseil d'appel et de revision pour examiner en dernier ressort les arrêts de sa cour. Il le présidait, ayant avec lui sept conseillers, un

---

(1) Les traités de 1815 ont enlevé le duché de Bouillon à la France et l'ont ajouté au territoire du grand duché de Luxembourg donné au roi des Pays-Bas. En 1816, le prince de Rohan-Guéménée a été reconnu héritier des ducs de Bouillon. Il a vendu ses droits sur le duché aux Pays-Bas en 1821. Les habitants de l'ancien duché se sont réunis à la Belgique après la révolution de 1830, et le roi des Pays-Bas a accepté cette réunion en 1839.

secrétaire, trois procureurs et deux huissiers. Tout cela pour un duché qui avait au plus quatre lieues de long sur deux de large et qui comprenait vingt et une paroisses ou communes.

Corret n'avait jamais, jusqu'à ce moment, porté le nom de La Tour d'Auvergne, qui lui fut donné, pour la première fois, par le duc de Bouillon dans la suscription. Une autre lettre, confirmant celle qui précède, l'autorisa à se faire inscrire dans l'état militaire sous le nom de La Tour d'Auvergne-Corret, et à prendre les armes de la maison de Bouillon avec la barre d'illégitimité. Enfin, il reçut un diplôme définitif, daté du 20 mai 1780. Dès lors, il signa La Tour d'Auvergne-Corret et, par abréviation, fut généralement appelé La Tour d'Auvergne, nom sous lequel il est devenu célèbre. Il fut seul reconnu par le duc, quoiqu'il eût un frère et une sœur, mais il n'avait réclamé que pour lui. Thomas Corret demeura oublié, et, pour Mme du Timeur, l'omission fut réparée en 1786, à l'époque du mariage de sa fille.

Cette vanité de changer le nom de son père, nom honorable, contre un autre plus renommé, en invoquant une bâtardise, paraît d'abord choquante. Mais, si l'on se reporte à l'époque où le lieutenant Corret formula cette requête, si l'on tient compte du milieu dans lequel il vivait, des idées qui régnaient, de la nécessité de posséder des titres de noblesse pour parvenir, de sa fierté de se placer sous le patronage vénéré du grand Turenne, sentiment naturel chez un homme plein d'ardeur militaire, on comprend et on excuse, si on ne les approuve pas, les mobiles de son action.

Le lieutenant d'Angoumois ne tarda pas à profiter de

cette reconnaissance pour lier des relations plus intimes
avec le duc de Bouillon, protecteur influent. A la fin de 1779,
il sollicita un nouveau congé qu'il obtint. Chaque année,
une ordonnance envoyée aux régiments avant l'hiver
fixait le nombre et les conditions des semestres. C'était un
moyen, pour les officiers pauvres, de réaliser des économies ;
ils pouvaient ainsi subsister avec leurs faibles appointements et payer les dettes contractées au régiment. « Une
très grande partie des officiers particuliers attend avec
impatience le moment de son semestre, dit le prince de
Montbarey dans ses mémoires, parce que, sans l'économie
qui en résulte pour eux, leurs appointements ne pourraient
suffire à leurs dépenses. » L'Etat en profitait pour obliger
les officiers à « faire des recrues », c'est-à-dire à racoler des
hommes par tous les expédients pour combler les vides des
régiments. Le prix était déterminé chaque année. Il fut
alloué par recrue 110 livres en 1786, 116 livres 3 sols en
1789. Quand les semestriers ne ramenaient pas le nombre d'hommes indiqué, les lieutenants généraux inspec-
teurs les punissaient en leur réclamant une certaine
somme et pouvaient même leur infliger un mois de prison.
Dans le régiment du Maine, il fut retenu, en 1788, 100 livres pour chaque recrue manquant. L'ordonnance exigeait
une soumission particulière de MM. les officiers qui s'ab-
sentaient de faire un certain nombre de recrues, de deux à
quatre et même plus, suivant l'incomplet. La moitié environ des officiers de chaque régiment s'absentait de cette
façon, généralement d'octobre à avril, après avoir signé un
engagement. La plupart se débarrassaient du soin de cette
corvée sur des racoleurs, dénommés par le peuple « ven-
deurs de chair humaine », dont Mercier a narré les ruses

et les fourberies dans son *Tableau de Paris*. Les officiers qui ramenaient beaucoup de recrues obtenaient des gratifications. En 1783, un capitaine d'Angoumois en demanda une parce qu'il avait fait « 200 recrues, toutes de bonne espèce et solides », en sept à huit ans. Un autre en avait fait 100 en trois ans. L'inspecteur général proposa six officiers pour une gratification, dont trois comme récompense des recrues amenées.

La Tour d'Auvergne-Corret profita souvent des semestres pour aller à Paris et dans son pays natal, chez des parents et des amis. On le verra, dans le cours de cette histoire, s'absenter constamment, échappant ainsi à la gêne qui résultait pour lui des grosses dépenses de l'équipement, du costume militaire et de l'existence de garnison en commun avec des camarades riches et dépensiers. En 1779, il resta quelque temps chez son beau-frère Limon du Timeur, qui demeurait à Guingamp.

De là, au mois d'avril 1780, il se rendit au château de Navarre, près d'Evreux, où résidait à ce moment le duc de Bouillon, qui y menait un train fastueux. Mansard avait construit cette belle demeure de 1686 à 1690, et Le Nôtre en avait dessiné le parc. Dans les dernières années de l'Empire, Joséphine de Beauharnais y a habité. Il ne reste aujourd'hui que d'insignifiants vestiges de ce petit Versailles tombé entre les mains d'industriels qui y ont établi des usines et qui ont transformé en pâturages la plus grande partie du parc.

Le lieutenant d'Angoumois trouva le duc de Bouillon entouré d'une cour nombreuse et d'un brillant état-major. Le duc, qui l'avait déjà reçu une fois à Paris, l'accueillit à merveille et lui prouva qu'il s'intéressait beaucoup à son avenir, en lui donnant de bons conseils et en lui remettant plusieurs lettres de recommandation. La Tour d'Auvergne avait songé à s'expatrier, à l'imitation de beaucoup d'autres officiers, pour servir dans une armée étrangère où il aurait obtenu un plus rapide avancement. Il était fréquent de voir des officiers passer d'un pays dans l'autre, parfois par humeur guerrière, pour faire campagne, parfois pour compléter leur instruction militaire, mais, le plus souvent, pour obtenir des avantages matériels et des grades. En 1756, le comte de Chabo écrivait au ministre de la guerre qu'il y avait dans la généralité de Caen trente-huit officiers réformés, parlant des langues étrangères, qui allaient être entraînés à l'étranger et qu'on pourrait garder moyennant 10.000 livres. Le maréchal de Villars avait combattu les Turcs dans les rangs de l'armée autrichienne. Le maréchal de Lowendal, né à Hambourg, avait servi en Pologne, en Danemark, en Hongrie, en Autriche, en Prusse et en Russie, avant de venir en France. Il avait pris part à toutes les guerres européennes, et connaissait toutes les troupes. Le maréchal de Saxe avait appartenu aux armées de Saxe, de Pologne et d'Autriche. Le comte de Saint-Germain, après avoir été lieutenant de dragons en France, servit en Allemagne le prince palatin, l'empereur, l'électeur de Bavière; après quoi il rentra dans l'armée française, qu'il quitta derechef pour celle de Danemark. Il vivait dans la retraite lorsque Louis XVI le choisit comme ministre de la guerre. Championnet passa quelque temps dans l'armée espagnole; Augereau, dans celle de Prusse. Le maréchal Luckner abandonna la Prusse pour la France. Ce ne sont que les exemples les plus célèbres; il faudrait un volume pour rappeler les pérégrinations d'une foule d'officiers de l'ancien régime, entraînés dans tous les pays par leurs goûts aventuriers. Certains avaient figuré dans toutes les armées de l'Europe. Guibert raconte qu'il rencontra en Autriche un colonel français qui, en roulant de régiments en régiments, avait fait le tour du monde. Aujourd'hui, le patriotisme, plus éclairé et plus sévère, condamnerait avec une impitoyable rigueur ces tours d'Europe, considérés comme de honteuses désertions, mais ils étaient alors admis par les mœurs militaires. La Tour d'Auvergne ne songeait d'ailleurs qu'à mettre son épée au service de l'Espagne, alliée de la France dans la guerre d'Amérique. Et il entendait ne le faire qu'avec l'approbation du prince de Montbarey, ministre de la guerre.

Il y avait pléthore de cadres dans l'armée de Louis XVI, et l'avancement était devenu de plus en plus lent et de plus en plus difficile pour ceux qui n'avaient pas de puissantes protections et n'appartenaient pas à la haute noblesse. La guerre d'Amérique n'avait pas amené les débouchés sur lesquels comptaient les officiers, qui étaient réduits à végéter dans les grades subalternes. L'existence de garnison accablait de tristesse et de découragement ceux qui manquaient de fortune, qui n'avaient pas de goût pour les plaisirs faciles et qui étaient entrés dans l'armée par passion militaire, en rêvant gloire et combats, avec l'hallucination du bâton de maréchal que chaque soldat était supposé avoir dans sa giberne. Les occupations étaient monotones et vulgaires ; la société des camarades était peu distrayante pour un esprit cultivé. Saint-Simon avait déjà noté que les officiers ne parlaient « que jeu, que femmes ; les vieux, que fourrages et qu'équipages ». La Tour d'Auvergne était lieutenant depuis neuf ans, et ne se voyait pas près d'atteindre le grade de capitaine. Il n'avait aucun espoir de se distinguer, de conquérir par son courage ce que son savoir ne pouvait lui obtenir, car on ne faisait aucun cas des laborieux, dans l'armée, où l'on estimait les travaux intellectuels n'être pas le lot des gens d'épée. Les officiers qui étudiaient et écrivaient formaient une petite minorité. Ils devaient s'en cacher pour éviter les brocards.

Le duc de Bouillon s'intéressa beaucoup au sort de La Tour d'Auvergne, et se montra plein de bonté. Il le réconforta et le dissuada de se rendre en Espagne. Le lieutenant écrivit à son beau-frère : « Il a rejeté fort loin le projet que j'avais de m'expatrier et de me faire employer par M. de Montbarey. Il m'a cependant accordé des lettres de recommandation pour ce ministre, mais il désire que je continue à servir dans le régiment d'Angoumois, en attendant qu'avec le diplôme et les lettres de naturalité de sa principauté, qu'il me fera expédier aujourd'hui, il soit à même de me placer ailleurs de la manière la plus conforme à ses goûts ; ajoutant à ces faveurs une lettre pour le marquis d'Usson, mon colonel, dans laquelle il articule que, n'ayant pu me déterminer à quitter le régiment auquel j'ai toujours été attaché et où j'ai fait mes premières armes, étant d'ailleurs à la veille d'y être capitaine, il demande pour moi le suffrage et les égards que sa recommandation peut être susceptible d'inspirer, surtout pour quelqu'un de son nom. »

L'officier se grise quelque peu d'être fêté par ce monde aristocratique : « J'ai dîné aujourd'hui (25 avril) à Navarre avec le prince de Montbazon ; nombreuse et brillante compagnie. J'y ai vu entre autres une jeune personne de seize à dix-sept ans, Mlle de Châtillon, de la plus exquise beauté, qui sort du couvent et qui a toujours été élevée à Paris. Le

prince m'a présenté à M. le prince de Montbazon et à toute
sa cour, sous la dénomination de La Tour d'Auvergne, jadis
Ardennois, a-t-il ajouté, enté sur un Breton. »

Sur ces entrefaites, il eut un vulgaire accident de cheval.
Il en eut « autant de confusion que de contusion, ne pouvant marcher qu'avec une difficulté prodigieuse » et s'as-
seoir qu'avec peine. Triste posture sous les yeux de la belle
demoiselle de Châtillon qui semblait avoir produit sur lui
une vive impression.

Les femmes n'ont guère occupé La Tour d'Auvergne. Il
n'en parle jamais dans sa correspondance. Il a fait exception pour Mlle de Châtillon dont la beauté dut beaucoup le
frapper pour lui arracher cette mention élogieuse. En tom-
ba-t-il amoureux ? Il se peut. Mais il était pauvre, sans avenir, chargé de vingt années de plus qu'elle ; il eût été pré-
tentieux d'aspirer à sa main. Il étouffa cet amour, si
vraiment il le ressentit, ce que l'on ignore, car il a toujours
caché ses tendres sentiments. Il ne s'est décidé à aucune
confidence, même à ses parents les plus proches et les plus
aimés, par une sorte de pudeur exagérée, singulière chez
un officier, surtout à cette époque.

On doit supposer, par ses lettres et par les souvenirs de
ceux qui l'ont connu, que l'amour a tenu une très petite place
dans sa vie. Il a certainement éprouvé une passion. On en
a la preuve dans une liasse de lettres conservées par la
famille et sur lesquelles un écrivain qui les a examinées,
a fourni quelques renseignements intéressants. « C'étaient
des lettres d'une forme particulière, écrites en latin, sans
suscription, et d'un ton mystique et fort enveloppé, qui
ne permettait pas de découvrir au premier coup d'œil à
qui elles pouvaient être adressées, si même elles l'avaient

jamais été à quelqu'un. Toutefois, elles s'adressaient bien certainement à une femme, et quoique écrites en latin, ce qui m'en rendait l'interprétation plus difficile, je compris de suite la portée de quelques paroles que j'avais recueillies à Carhaix de la bouche de son vieux parent Veller, au sujet d'une jeune fille dont il nous avait parlé..... Quelques explications éclaircirent bientôt le fait, et je vins à savoir que cette mystérieuse correspondance était l'intime confidence d'un chaste cœur de jeune homme, qui, aux premiers ans de la vie, effrayé du trouble que les pensées d'amour avaient jeté tout à coup dans son esprit, s'était replié sur lui-même et avait refoulé jusque dans les détours les plus éloignés de son âme tous les sentiments qui avaient un instant menacé de faire éruption..... Je ne saurais aujourd'hui rien dire de plus de cette curieuse correspondance, que je ne fis qu'entrevoir ; mais j'ai su depuis qu'elle contenait, dans une langue morte et purement scientifique, tout ce que le noble citoyen avait éprouvé pour une jeune fille à laquelle il ne voulut jamais rien dire de ses tourments, mais à laquelle pour lui-même il adressa mystiquement, en une langue connue de lui seul, tous les sentiments qu'il avait éprouvés dans cette circonstance. » (Maufras de Châtellier.) Celle qui inspira cet amour n'en a jamais rien su, comme l'héroïne du sonnet d'Arvers, poète qui a éloquemment traduit la plainte de bien des cœurs.

Une lettre de La Tour d'Auvergne donne quelques indications assez vagues sur un projet d'union qu'il eut en 1775 ou 1776. Mme du Timeur ayant témoigné le désir de le voir se marier, il répondit à son beau-frère : « Cette idée ne m'a passé qu'une seule fois par la tête, il y a cinq ou six ans. Je doute, à vous dire vrai, qu'elle y prenne désormais consistance, mon désir le plus vif et le plus empressé étant aujourd'hui de voir établir ma nièce, et regardant cet événement comme le plus agréable que je puisse apprendre. » (Lettre du 19 septembre 1782.)

Cet amour mystérieux fut le seul rayon de soleil de cette existence tout entière consacrée à l'étude et au devoir militaire.

CHAPITRE III

En quittant le château de Navarre, La Tour d'Auvergne se rendit à Paris et remit à son colonel, M. d'Usson, et à M. de Sartine, alors ministre de la marine, les lettres de recommandation du duc de Bouillon, lesquelles n'eurent aucun effet. Les gens en place en reçoivent tant! Il visita son frère Thomas qui vivait inoccupé, en misanthrope. Il tint à voir aussi un vieil oncle, retiré à l'asile des *Dames de l'Enfant Jésus*, dont la pension était payée par la famille. Quoique dans un état continuel de gêne, le lieutenant ne manquait jamais de lui offrir des secours avec délicatesse. Malgré ses efforts généreux et ses ruses ingénieuses, l'oncle n'acceptait pas toujours, humilié d'être l'obligé de cet officier à la maigre bourse. Ce pauvre homme mourut en 1783.

Après avoir rempli ses devoirs de famille, La Tour d'Auvergne s'achemina à petites journées vers Belfort, lieu de garnison de son bataillon. Il voyageait dans une voiture qu'il avait été obligé d'acheter, sa blessure ne lui permettant pas de monter à cheval, lorsqu'il apprit que des détaments nombreux étaient demandés à l'infanterie pour former la garnison des vaisseaux qui allaient combattre les Anglais en Amérique. A cette nouvelle, il vendit sa

voiture au plus vite et prit la poste, malgré le supplément
de dépense qui allait l'obérer davantage et malgré la fatigue qui pouvait aggraver son état maladif. Il comptait être
des heureux qui partaient ou permuter avec un officier
désigné. Espoir tôt déçu. « Arrivé ici, écrivait-il le 16 mai
1780, j'ai appris mon sort et que je n'étais pas du nombre
des partants, dont bien me fâche, mais personne n'aurait
voulu entendre à des arrangements avec moi. » Les camarades avaient aussi vif désir que lui de faire campagne.

C'était encore une occasion perdue. Il en demeura un
peu découragé. Son mérite, son savoir, son courage et
même ses protections ne le menaient à rien. Pour mettre
le comble à ses ennuis, sa blessure se rouvrit, et, n'ayant
plus assez d'argent pour retourner à Plombières, dont les
eaux lui étaient très favorables, il dut rester à Luxeuil,
station balnéaire moins coûteuse.

Il fut question à ce moment d'un mariage pour la nièce
de La Tour d'Auvergne qui, consulté, exposa sans détours
son avis sur les conditions à exiger et sur l'importance des
titres nobiliaires. Cette opinion surprend de la part d'un
esprit aussi ouvert, mais la vérité oblige à reconnaître qu'il
était, à cette période, sous l'influence de tous les préjugés
de l'aristocratie à laquelle il n'appartenait pourtant qu'à
moitié. « Quant à moi, disait-il à Mme du Timeur, sa sœur,
élevé par état à avoir pour la distinction des rangs une
vénération particulière et à respecter les préjugés et l'opinion qui aujourd'hui régissent la plupart des hommes,
j'avoue que, si j'avais été le tuteur de ma nièce, je sens bien
que j'aurais fait germer de bonne heure dans son cœur les
principes dont je suis imbu, ceux de ne jamais sacrifier les
convenances de la nature et de l'opinion à celles de la for-

tune, surtout dans la position où il a plu à la Providence de
la placer, tant pour sa fortune actuelle que pour ses alen-
tours, ses espérances à venir et beaucoup d'autres avantages
réels... Vous conviendrez qu'un beau nom que vous join-
drez à celui de votre fille, mettant un jour vos enfants à
portée de tout, en leur ouvrant une route facile aux honneurs, leur ouvrira aussi bientôt celle de la fortune et
satisfera tous les désirs qui pourraient vous occuper à vos
derniers moments... Je vous prie de croire que l'amitié
qui parle hasarde des conseils, mais ne prétend jamais
donner des leçons. Le temps et le mérite de votre fille feront
peut-être triompher ma cause, et puisque vous vous êtes
réservé un an pour vous décider à prendre un parti, je ne
doute pas que ce terme soit plus que suffisant pour vous
faire triompher vous-même de n'avoir rien précipité sur
un événement qui demande d'être digéré, puisque le bonheur de vos jours et de votre fille en dépend. » (Lettre de
Luxeuil, 6 août 1786).

M. Limon du Timeur était plus libéral et ne professait
pas ce superbe mépris des richesses. Appartenant comme
l'officier à une bonne et vieille famille bourgeoise, il s'é-
tonna et s'offusqua de ces visées un tantet prétentieuses (1).
Ce dissentiment troubla quelque temps les relations amicales des deux beaux-frères, puis tout fut oublié de part et
d'autre. La famille finit par se ranger à l'avis du lieutenant,
car sa nièce se maria cette même année (1786), avec M.

---

(1) Les Limon portaient, comme les Corret, le titre bourgeois de « noble
homme ». Le Timeur, dont ils avaient le nom, est une ferme de la commune de Bourbriac, qu'il ne faut pas confondre avec le Tymeur, mar-
quisat de la commune de Poullaouen. (Note de M. Trévédy.)

Guillard de Kersausie. Cette union avait de quoi satisfaire grandement l'orgueil aristocratique de Corret (1).

La Tour d'Auvergne obtint du duc de Bouillon qu'il signât au contrat de mariage. Rien ne montre mieux la vanité qu'avait à ce moment le lieutenant de son titre nobiliaire de fraîche date, que ce passage singulier d'une lettre qu'il envoya à l'occasion de cette cérémonie :

« Mon beau-frère est libre de prendre la qualité d'avocat ; c'était celle de mon père et je m'en fais honneur ; mais je crois qu'il ferait bien (sauf meilleur avis) de n'en prendre d'autre que celui de noble sieur... » Il ajoutait : « Vous ne me dites pas un mot de nos partages. Où en sont-ils ? Vous n'avez sûrement pas manqué de les faire à l'instar du premier, c'est-à-dire nobles... »

Le lieutenant d'Angoumois ne manquait pas d'affirmer à toute occasion le prix qu'il attachait à son aristocratie récente et l'orgueil qu'il en tirait. Après avoir reçu le diplôme qui lui accordait le nom de La Tour d'Auvergne, il s'était empressé de le faire vérifier et enregistrer par le Conseil du roi ; puis, il avait réclamé le privilège d'exemption d'impôts dont jouissait la noblesse. Cette demande n'ayant pas été accueillie tout d'abord, il écrivit fièrement

---

(1) La Tour d'Auvergne a toujours écrit *Kersosie* le nom de son neveu, quoique l'orthographe usitée soit *Kersausie*. D'après M. Trévédy, on devrait écrire *Kersauzic* (maison du petit anglais) et non *Kersausie*, comme l'ont fait tous les auteurs et les membres de cette famille euxmêmes. Il n'y a pas d'*e* muet en breton. On prononçait *Kersausi* et on a fini par écrire, fautivement, comme on parlait.

Kersauzic est le nom d'un modeste manoir de la paroisse de Carnoet, canton de Callac (Côtes-du-Nord). Les Guillard de Kersauzie appartiennent à la vieille aristocratie bretonne. Les archives témoignent de plus de cinq générations de noblesse. Les Kersauzie ont comparu à des réformations et montres de 1448 à 1562 ; ils ont été maintenus au conseil, puis à l'intendance en 1700.

à l'intendant de la Bretagne, où se trouvaient ses propriétés : « Tous ceux qui, comme vous, Monsieur, ont la distinction des rangs en recommandation et celle du nom, parce que vous jouissez de ces avantages, ne mettront jamais en doute si le nom de Turenne est taillable en France. »

Son état de santé s'étant un peu amélioré, il rejoignit son régiment, qui alla à Strasbourg au mois d'octobre 1780.

Il obtint un nouveau congé qu'il se proposa d'abord de passer en Allemagne, mais il fut défendu de sortir du royaume à cause de la guerre d'Amérique. Il s'apprêtait à se rendre en Bretagne chez sa sœur, quand il apprit qu'une expédition franco-espagnole s'organisait pour arracher l'île de Minorque aux Anglais, sous le commandement du lieutenant général de Crillon, passé au service de l'Espagne depuis 1762. C'était une nouvelle espérance de faire campagne. Aussitôt il écrivit au général de Falkenheim qui allait commander le corps français : « Je vous supplie de me permettre d'aller passer mon semestre dans votre camp... Vous connaîtrez par la lettre ci-incluse la manière dont M. de Livron, mon inspecteur, pense sur mon compte... Ne condamnez pas, je vous supplie, mon zèle à l'inaction. Employez-moi comme il vous plaira... Si vous allez en Amérique, je suis prêt à tout quitter pour vous suivre. » La Tour d'Auvergne était plein d'illusions. Il ne s'imaginait pas que des milliers d'officiers sollicitaient la même grâce, soutenus par des protections plus influentes que les siennes. Lorsque seulement un petit lot de favorisés, sur 13.000 officiers, obtenait de partir, il fallait, pour compter au nombre des élus, avoir des alliés à la cour et au ministère. M. de Falkenheim le lui avoua avec beaucoup de franchise : « Je serais flatté de vous avoir pour aide de camp,

mais le nombre en ayant été fixé à quatre dès le premier
moment où il a été question du corps auxiliaire que je
commande, et le ministre m'en ayant donné deux de son
choix, j'ai destiné les deux autres à deux de mes neveux,
et ce ne sera même que pour la durée de leur semestre.
Ce n'est qu'à cette condition qu'ils m'ont été accordés.
C'est donc avec regret que je me vois forcé de me refuser
à ce que vous désirez de moi. » (Paris, 3 septembre 1781.)

Le général faisait du népotisme, mais comment le lui
reprocher quand l'exemple venait de haut? Il prit tout de
même plus d'aides de camp qu'il n'en annonçait, plus
qu'il n'en voulait, sans doute. Avec les deux barons Le
Fort, ses neveux, il emmena le prince de Ruffec, M. de
Fontète, le comte d'Argout et M. de Vaux.

Beaucoup d'autres se fussent découragés, mais La Tour
d'Auvergne était breton. Dès qu'il eut reçu cette réponse,
il recourut à son espoir suprême, au duc de Bouillon, et lui
demanda des lettres de recommandation pour le duc de
Crillon et M. de Falkenheim (14 septembre). Il s'adressa,
en même temps, à toutes les personnes qui lui semblaient
en état de l'aider, entre autres au mestre de camp baron
Félix de Wimpfen, commandant le régiment de Bouillon,
qui allait à Minorque. Celui-ci, momentanément détaché au
ministère de la guerre, pour la rédaction des ordonnances
sur les manœuvres et du Code militaire, et qui se préparait
à partir, répondit : « Le ministre ne peut autoriser votre
démarche, parce que beaucoup d'officiers et de gens de cour
ont brigué le même avantage et qu'il s'est obstiné à les
refuser. Si on pouvait donc lui citer un seul exemple, il
serait perdu, et l'on crierait avec raison à l'injustice. »
Dans une autre lettre, du 2 octobre, il lui donna de sages

conseils ; il lui démontra qu'il n'avait rien à gagner à Mahon, car il n'y aurait qu'un long blocus, sans assaut, et qu'il serait obligé de rentrer avant la fin, ayant dépensé beaucoup d'argent sans aucun résultat. Il termina par une jolie appréciation du caractère du duc de Crillon, à l'instar de La Bruyère, qui n'eût peut-être pas désavoué ce morceau d'observation exacte et de tour expressif : « Si vous êtes tellement enflammé et que rien ne puisse vous arrêter, en ce cas, je vous conseille très fort de devancer l'armée française, parce que cela vous donnera au moins le temps de vous mettre sous la sauvegarde de M. le duc de Crillon qu'on assure être de ces hommes généreux, bienfaisants, affables, enfin de ces grands caractères faits pour commander et pour être adorés, et vous savez que ne sont pas ces cœurs, ces âmes, ces génies rares qui sont si rigoristes et tellement esclaves de la règle, qu'ils croient tout perdu s'ils s'en écartent en la moindre chose. Au contraire, l'histoire nous les représente tous très faciles en affaires, parce que la supériorité de leur esprit, de leur talent et de leur courage, ne leur permet souvent pas d'apercevoir de petits inconvénients que les hommes systématiques, ordinaires, regardent comme des monstres effroyables, parce qu'ils manquent d'yeux et de moyens, et qu'une vue basse prend à une certaine distance le plus petit objet pour un obstacle et agit en conséquence. » Prévoyant, avec sa perspicacité habituelle, que ses sages conseils n'auraient pas de prise sur la résolution du lieutenant, il ajoutait qu'il y a « des conduites qui tiennent au caractère. » « Vous pouvez, malgré mes bonnes raisons, hasarder le coup sans que je vous désapprouve et assurément je serais enchanté de vous trouver à Minorque. »

La clairvoyance de M. de Wimpfen ne s'égara point. La Tour d'Auvergne, enflammé par son projet, était hors d'état d'écouter les paroles de prudence. Impatienté de ne pas recevoir une réponse immédiate du duc de Bouillon, il partit et lui écrivit : « Je viens d'apprendre que votre régiment est destiné à l'expédition de Minorque : ma bonne fortune m'a donné un semestre cette année, et ma vocation m'appelle à rechercher toutes les occasions d'aller au-devant de votre attachement par les voies qui s'accordent le plus avec ma façon de penser. Dans ces sentiments, Monseigneur, brûlant d'être témoin des opérations de la campagne qui va s'ouvrir, d'acquérir sous vos drapeaux une grande gloire à travers de grands périls, après avoir communiqué mon projet au général baron de Wimpfen, et bien sûr de votre approbation, je me suis décidé à partir, en faisant, comme si vous me l'aviez permis, une démarche que j'aurais peut-être faite trop tard, si j'avais attendu ici l'agrément de Votre Altesse. N'étant pas employé dans l'armée de Minorque, et ne voulant pas me mettre au risque de perdre mon état, mon projet se borne à choisir le camp du général Falkenheim pour lieu de mon semestre, ne pouvant nulle part faire étude plus réfléchie de mon métier... » Il sollicitait du duc de Bouillon des lettres de recommandation pour MM. de Crillon, de Falkenheim, Félix de Wimpfen, mestre de camp de Bouillon et frère du maréchal de camp. Il ajoutait : « J'espère surtout obtenir les grâces du duc de Crillon, auquel je désire particulièrement m'attacher, et qui peut, un jour, me donner un grade à la guerre, qui me serait confirmé en France. »

La Tour d'Auvergne s'embarqua le 17 octobre pour Minorque, où il reçut bientôt l'approbation du duc de Bouillon qui se déclarait « heureux de saisir toutes les occasions de lui être utile et de le servir », et qui lui annonçait le don de son portrait qu'il avait plusieurs fois sollicité. Le duc le recommanda chaleureusement au général de Crillon : « Je l'aime tendrement, et je serai infiniment touché des bontés que vous voudrez bien accorder à cet officier ». Après une telle présentation, le général en chef ne pouvait être que favorable au lieutenant français, et il s'efforça de lui rendre service.

Dès son arrivée, La Tour d'Auvergne s'installa au camp de l'armée franco-espagnole, qui faisait le siège de Port-Mahon, capitale de l'île. Il prit part à toutes les affaires, où il montra une intrépidité qui lui mérita l'admiration des troupes. Il passa ses nuits au bivouac, malgré sa blessure.

Il ne cessa de faire des reconnaissances hardies et de prendre des notes. Il a laissé, sur le siège de Mahon, un intéressant manuscrit que nous allons résumer brièvement.

Depuis 1736, dit-il, l'Angleterre avait dépensé pour les fortifications de l'île, environ un million et demi de livres sterling. Le fort Saint-Philippe, bâti sur la rive gauche, à l'entrée du port Mahon, était situé sur le roc et avait des approches difficiles. Les assiégeants, ne pouvant creuser des tranchées, employèrent des masses de sacs à terre disposés sur l'emplacement des parallèles. Ces sacs seuls coûtèrent plus de cinq millions à l'Espagne. Les glacis et chemins couverts du fort étaient creusés dans le roc, palissadés, minés et garnis de batteries défendant les abords. Chaque ouvrage était entouré d'un fossé de vingt pieds de profondeur, taillé dans la pierre, avec une galerie couverte et à créneaux. Le corps de la place, environné d'un chemin couvert, était défendu par des contre-gardes et des demi-lunes. Les murs, de 60 pieds, étaient précédés d'un fossé de 36 pieds. 300 pièces d'artillerie étaient en batterie dans le fort.

Les Espagnols débarquèrent à l'improviste dans la nuit du 19 au 20 août 1781, et faillirent prendre le général Murrai installé avec sa famille dans l'île de l'Hôpital; il n'eut que juste le temps de gagner le fort. On trouva dans le port 100 navires de toute jauge, parmi lesquels 14 corsaires. Le général anglais ferma l'entrée du port en y coulant 16 gros navires, dont 4 ou 5 frégates. La division (4 régiments) sous les ordres du baron de Falkenheim, débarqua au mois de novembre, et campa du côté opposé à Mahon, sans se mêler à l'armée espagnole. Celle-ci comptait 14.000 hommes et resta toujours en front de bandière.

La réputation de La Tour d'Auvergne s'établit vite, et le général en chef voulut récompenser sa belle conduite. Le 25 décembre, il lui offrit, au rassemblement quotidien pour l'ordre, devant les officiers généraux, l'état-major et les chefs des troupes, le commandement en second des volontaires de Crillon « qu'il se faisait, disait-il, un plaisir d'honorer par ce choix ». Le lieutenant surpris répondit, « avec sa modestie ordinaire, qu'il était venu pour s'instruire et non pour prendre un commandement qu'il jugeait devoir appartenir de préférence aux braves et intelligents officiers espagnols qu'il voyait combattre journellement ». (Témoignage du duc de Crillon.)

Un document officiel, établi par le Conseil d'administration du régiment d'Angoumois en 1789 et certifié par le commandant en chef de l'expédition, donne le détail des actions d'éclat accomplies par La Tour d'Auvergne. En

voici la reproduction : « A fait la dernière campagne de
Mahon, où il fut employé comme volontaire dans toutes
les occasions périlleuses et glorieuses du siège, notamment
pour brûler, sous le feu du canon et de la mousque-
terie de la place, une frégate anglaise, et, dans une autre
occasion, pour mettre le feu à un bâtiment munitionnaire
des ennemis. Dans une sortie des Anglais, il contribua à
repousser la tête de leurs colonnes et fit prisonnier, sous
les yeux de M. le duc de Crillon, un bas-officier qu'il présenta sur-le-champ au général (1). Dans une autre sortie,
où les Anglais furent également repoussés et conduits
baïonnette dans les reins jusqu'à leur première batterie,
s'étant aperçu qu'un volontaire de l'armée était resté blessé
et sans secours sur le glacis de la place, il retourna, au
milieu du feu des ennemis, le chercher, le trouva blessé
très dangereusement, sur la crête du glacis, l'enleva et le
transporta sur ses épaules jusqu'aux postes avancés des
Espagnols. Sa conduite lui ayant attiré l'estime et le suffrage des deux armées, il fut choisi pour commander en
second les volontaires de Crillon, sous les ordres du prince
de Sangro, aujourd'hui lieutenant général. Il refusa cette
place importante, ne croyant pas, étant au service de la
France, pouvoir ni devoir accepter de commandement
dans un corps étranger à sa nation. Il continua de servir

---

(1) « Un soldat vous remettra un fusil anglais que nous prîmes sur
un caporal de cette nation qui nous tomba entre les mains lorsque
nous repoussâmes, sous les yeux de M. de Crillon, un parti sorti du
fort Saint-Philippe, le 30 novembre, à neuf heures du soir. Le général,
témoin de cet événement, me galantisa de l'armement complet de ce
soldat anglais, en me disant qu'il m'armait chevalier. Ce fusil m'a servi
dans toutes mes excursions sur le fort Saint-Philippe. » (Lettre de La
Tour d'Auvergne à son beau-frère.)

comme volontaire dans l'armée espagnole jusqu'à ce que, rappelé en France par ordre de sa cour, il s'y soumit et revint, le 23 janvier 1782, après avoir été nommé par le général duc de Crillon, son aide de camp. »

Tant de prouesses ne lui valurent, en effet, qu'une disgrâce. Ce fut comme un coup de massue. Il reçut inopinément le billet suivant du général de Falkenheim :

« Mahon, 13 janvier 1782.

» Je dois vous prévenir, Monsieur, que, suivant la lettre du 20 décembre que je viens de recevoir de M. le marquis de Ségur, il désapprouve tellement la démarche que vous avez faite de passer dans cette île, malgré les ordres du roi que je vous ai signifiés dès votre arrivée à Toulon, que, si vous prolongez votre séjour dans cette île, le ministre ne pourra s'empêcher d'en rendre compte à Sa Majesté, qui nommera à votre emploi. »

C'était la menace d'une destitution brutale pour récompense de ses peines et de son courage. D'où venait ce brusque revirement du ministère de la guerre, qui avait sinon autorisé, du moins toléré sa participation au siège de Mahon? Simplement des récriminations des seigneurs de la cour qui avaient demandé à prendre part à l'expédition et qui jetaient les hauts cris de ce qu'on avait accordé à quelqu'un ce qu'on leur avait refusé. La prédiction du baron Félix de Wimpfen se réalisait. « Mon plus grand malheur aujourd'hui, écrivit La Tour d'Auvergne, vient de ce que le général de Crillon a été trop prodigue de ses bontés envers moi, qu'il a trop cherché à me faire ressortir; l'envie et ses effets ont été les taxes que j'ai payées en cette occasion pour tant de faveurs; elles ont fait mon bonheur

et troublent aujourd'hui celui de toute ma vie. En effet, j'ai
partagé avec le général et ses soldats tout le pénible et le
dur du siège, et me voici rappelé et renvoyé à mon régiment au moment où il n'y avait plus que des succès et
de la gloire à espérer. »

D'autres, irrités et indignés, auraient brisé leur épée.
La Tour d'Auvergne accepta cette décision, refusa même
d'attendre le résultat de nouvelles instances que voulait
tenter le duc de Crillon, ayant cette énergie, plus rare que
le courage militaire, de subir stoïquement l'injustice pour
demeurer fidèle à la discipline et à son pays.

Dès qu'il eut reçu la lettre du général de Falkenheim, il
fit ses préparatifs de départ, et, le lendemain, 14 janvier,
s'embarqua pour la France. Il écrivit à son beau-frère: « Je
ne me permets aucune réflexion sur tout ce que cette lettre
(de Falkenheim) renferme de dur pour moi ; les plaintes
dans mon état sont toujours déplacées ; je gémis seulement très amèrement sur la rigueur de mon sort d'avoir
passé ici tout le pénible du siège, et, au moment où, après
trois mois complets de service sans distraction, à bien
dire, d'un seul jour, je m'attendais à en recueillir quelque fruit, je reçois l'ordre de retourner en France... Moi,
qu'on avait oublié ici pendant près de trois mois, je suis
devenu, au bout de ce temps-là, l'objet du ressentiment
de la cour... Vous connaissez mon extrême sensibilité, et
ce que je dois souffrir au moment où je vous écris ; mais
ne croyez pas pour cela mon âme abattue par ce revers ; il
me semble, au contraire, que je trouve dans mon malheur
même de nouvelles forces. J'aurais trop à rougir si je
croyais avoir à me justifier d'une imputation de désobéis-
sance... Quand on se trompe, on commet une méprise et

rien de plus; c'est le cas où je me suis trouvé vis-à-vis de Falkenheim, qui, me mandant que ses neveux n'avaient pu obtenir de passer avec lui que parce qu'ils avaient un semestre, semblait m'indiquer que je pouvais, par les mêmes raisons, suivre la même route qu'eux. Je pars pour Versailles avec des lettres du général (duc de Crillon) de a plus pressante recommandation pour M. de Ségur, auquel il me demande pour aide de camp... Ma santé est meilleure qu'elle n'a jamais été, quoique, sur quatre nuits, j'en aie passé régulièrement trois au bivouac depuis plus de trois mois. »

Il partit plein de reconnaissance pour le duc de Crillon, qui, désolé de la déconvenue de ce brave officier, voulut le retenir, lui offrant « de prendre sur lui son séjour jusqu'à la consommation du siège » et de faire demander cette grâce par la cour d'Espagne à celle de France. La Tour d'Auvergne remercia et refusa, ne voulant pas qu'on pût jamais lui reprocher « de n'avoir pas déféré sans réplique et sans remise aux ordres de son roi ».

Il emporta du moins deux lettres enthousiastes du duc de Crillon, l'une pour le marquis de Ségur, l'autre pour son protecteur.

« Vous m'avez fait, mon cher duc, l'honneur de me recommander M. de La Tour d'Auvergne, disait le général au duc de Bouillon. J'ai celui de vous recommander aujourd'hui mon ami et un des hommes que j'aurais le plus d'envie de servir. Les qualités honnêtes de son âme égalent sa valeur, qui est la plus brillante, la plus froide et la plus éclairée; et, sans avoir acquis les talents des héros de votre sang, dont il porte le nom, il annonce en tout qu'il est digne de le porter. Je vous remercierai toute la

vie de me l'avoir fait connaître, mais je vous serais encore
plus obligé d'obtenir de la cour la permission de revenir
me joindre comme mon aide de camp ; j'écris par le même
courrier au ministre de la guerre pour le lui demander
comme une grâce... » (janvier 1782).

Le duc de Crillon ne négligea rien pour obtenir le retour du lieutenant auquel il s'était attaché. Connaissant
l'influence des bureaux de la guerre, il lui remit une autre
lettre pour M. de Saint-Paul, chef de bureau, dans laquelle
il demandait à ce dernier d'aider de tout son pouvoir
l'officier à revenir auprès de lui. Non content, il écrivit encore à la duchesse, sa femme, cette lettre spirituelle, d'un
ton charmant, datée du 18 janvier 1782 : « Je ne veux
jamais, ma chère femme, manquer une occasion de te dire
que je t'adore et que je vivrai toujours pour toi et nos
chers enfants, que j'embrasse tendrement comme leur
bonne et jolie maman... M. de La Tour d'Auvergne-Corret,
un descendant du côté gauche du père du grand maréchal
de Turenne, est digne de tous les côtés de lui ressembler
et de porter son nom. Il est venu faire ici le rôle d'un de
nos anciens paladins français, ayant profité de son semestre pour venir le passer à s'instruire et à se faire connaître, avec l'intention de rejoindre son régiment à l'expiration de son congé... » Le duc exprimait son chagrin de le
voir partir et d'être privé « d'un aussi brave homme, aussi
froid et aussi clairvoyant dans les occasions, et dont
l'exemple faisait honneur à nos Français, en répondant en
tous les points aux qualités admirables et infatigables de
la nation espagnole... Tu me feras le plus grand plaisir
de l'assister de tous les moyens qui seront en ton pouvoir
auprès des ministres pour obtenir qu'il vienne me rejoin-

dre. Il est au désespoir, mais il te verra, et, si j'étais à sa place, ce moment me consolerait de tout. »

La Tour d'Auvergne avait en main beaucoup d'atouts ; il avait même les femmes dans son jeu, ce qui, à cette époque, était essentiel. Le ministre de la guerre, M. de Ségur, en savait quelque chose, lui qui n'avait remplacé le prince de Montbarey, en 1780, que par la faveur toute-puissante de la reine. Il semblait donc que le lieutenant dût triompher de tous les obstacles. Il échoua, au contraire, piteusement. La malchance l'accompagna pendant toute sa carrière, et lui fit employer les procédés qui, souverains jusqu'alors, devaient, pendant une courte période, de 1780 à 1787, échouer contre la fermeté intraitable et l'esprit très militaire du nouveau ministre. M. de Ségur, après avoir été soutenu par Marie-Antoinette, n'hésita pas à lui résister, et à ne plus vouloir l'immixtion des dames de la cour et celle de la « société de la reine » dans les affaires de son département. C'était jouer de malheur. La Tour d'Auvergne, malgré les savantes batteries du duc de Crillon, ne put entamer l'inflexibilité du ministre. Il écrivit, désolé, à sa famille : « Toutes mes protections, les ducs de Crillon et de Bouillon, l'ambassadeur d'Espagne, M. le marquis de Livron mon inspecteur, M. du Frémeur, les duchesses de Crillon et de Narbonne, les enfants même de M. de Ségur, ont usé leur constance auprès de ce ministre pour en obtenir de reprendre ma station devant Mahon, d'aller rejoindre le général comme son aide de camp ; il s'est montré inexorable. J'ai tenté même tous les moyens extrêmes, ceux de ma démission ; ils n'ont pas mieux réussi. » Il lui fallut rejoindre le régiment d'Angoumois à Strasbourg, par ordre du roi, sans avoir la liberté de jouir du reste de

son semestre. Il devait bientôt plus amèrement regretter sa
rentrée en France à la réception d'une lettre du comte
d'Aranda, ambassadeur d'Espagne à Paris, qui lui annonçait que le fort Saint-Philippe, sous les murs duquel il
s'était distingué, avait capitulé le 4 février 1782, trois
semaines après son départ.

Il vit son frère en passant à Paris, et donna à Mme du
Timeur des détails sur les singulières façons de cet original : « J'ai trouvé mon frère ici le même que je l'avais
laissé il y a deux ans ; même logis, mêmes goûts, mêmes
habitudes, disant et répétant sans cesse qu'il a besoin de
son temps, que si ceux qui en ont de reste voulaient bien
lui en faire présent, que sa reconnaissance envers eux
serait grande. J'ignore absolument à quoi il emploie ce
temps. Ne voulant pas me mêler de ses actions en aucune
manière, je ne suis entré à cet égard dans aucun détail sur
lui. Sa conduite est celle d'un anachorète ; il a une hor-
reur pour le sexe qui ne se peut concevoir ; il ne parle plus
à sa vieille hôtesse que pour lui remettre chaque mois le
loyer de sa chambre. » Il n'y avait pas de sympathie entre
les deux frères, dont le caractère et le tempérament étaient
aussi dissemblables que possible. La Tour d'Auvergne,
homme d'action en même temps que d'étude, ne pouvait
estimer le misanthrope toujours enfermé, inutile à tous. Il
évitait d'en parler à ceux qui ne le connaissaient pas.
Dans les actes que fit établir le duc de Bouillon, toute la
famille du lieutenant est mentionnée, à l'exception de ce
frère, qui mourut au mois de février 1784.

La Tour d'Auvergne, avant de rejoindre son corps, se
rendit à Bouillon, où il prêta serment devant la Cour
assemblée extraordinairement pour reconnaître les lettres

de naturalité qui lui avaient été accordées par le duc.

Rentré à Strasbourg, il chercha dans le travail un dérivatif à ses ennuis. Il se livra au dessin et composa un projet de monument pour Turenne. « Je m'applique également à la fortification, et j'ai poussé cette partie très loin, ainsi que l'étude de la langue allemande à laquelle je me suis livré avec ardeur. J'ai composé une dissertation très étendue sur le rapport de la langue bretonne avec la langue allemande. » (Lettre du 25 janvier 1785.) Il ne se vantait pas; il apprit vite l'allemand, grâce aux bonnes leçons du philologue Oberlin, bibliothécaire de Strasbourg, avec lequel il se lia d'une solide amitié dont les liens ne s'affaiblirent jamais. Précisément ce savant était aussi un adepte de Le Brigant, avec qui il était en correspondance depuis longtemps. La Tour d'Auvergne, encouragé par les conseils de sa remarquable érudition, reprit ses travaux philologiques. Il parvint à écrire l'allemand de façon courante, comme en témoigne une de ses lettres tout entière rédigée en cette langue et qui est d'une belle écriture, correcte et franche. (De Paris, 9 décembre 1783. *Manuscrits de la Bibliothèque Nationale.*)

La Tour d'Auvergne songeait toujours à partir en campagne. Après la capitulation de Port-Mahon, il demanda au duc de Crillon de le prendre avec lui pour le siège de Gibraltar qui allait commencer, et fit appuyer sa supplique par M. de Narbonne. Le duc lui répondit qu'il n'avait pu obtenir l'autorisation de l'avoir dans son armée. La Tour d'Auvergne s'adressa également au commandeur de Rozan; celui-ci lui donna plus de détails et lui certifia la bonne volonté du général en chef, lequel avait tenté tout ce qui était en son pouvoir : « Mais le ministre (français) n'a

jamais répondu aux instances qu'il a faites pour vous
avoir auprès de lui. Soit qu'il ne dût pas vous instruire
des oppositions qu'il a rencontrées, soit qu'un homme qui
peut tout en Espagne n'aime pas à se rappeler qu'un
ministre français lui refuse par bouderie une semblable
minutie, il ne vous a pas écrit qu'il a fait toutes les démarches possibles et plus, si vous les aviez connues, que vous
n'en eussiez demandé. Je sais, Monsieur, que si vous voulez entrer au service de l'Espagne, vous n'avez qu'à parler,
et que le duc vous fera ouvrir la carrière militaire comme
vous le désirez, en vous mettant à même de mériter par
des services les grades qui mettent dans le cas de déployer
le zèle et l'intelligence dont il a reconnu que vous étiez
doué. Je ne vois qu'en Espagne où vous puissiez remplir
votre destinée, où du moins la carrière vous soit ouverte.
Si vous voulez m'employer à cette négociation, mon cher
La Tour d'Auvergne, je ferai de mon mieux sans vous compromettre. » Le lieutenant répondit aussitôt que, malgré
tous ses déboires, l'attachement qu'il avait pour son pays
« ne s'éteindrait jamais ». Il voulait seulement faire campagne avec l'agrément de la cour. Il avait un congé de
semestre. « Si ce terme pouvait paraître suffisant, si
S. A. R. le comte d'Artois, daignant s'intéresser à mon
sort, voulait bien se charger d'obtenir cette faveur pour
moi, je pourrais satisfaire mon inclination, sans me détacher du service de France. Mais si les circonstances s'op-
posent à ce que cet expédient réussisse, je suis déterminé,
dans cette extrémité, et mon parti est pris irrévocablement,
d'abandonner mon emploi dans le régiment où je suis, me
livrant avec une confiance sans réserve à ce que l'attachement du général peut lui suggérer en ma faveur. »

Pour s'expliquer une telle résolution de la part d'un homme qui était ardemment attaché à son pays, il faut se rappeler l'état d'exaltation où la guerre d'Amérique avait jeté tous les esprits. Des milliers de volontaires étaient allés dans le nouveau monde à la suite de La Fayette. Lorsque l'Espagne déclara à son tour la guerre à l'Angleterre, ce fut un véritable délire, surtout dans l'armée. Tous les officiers voulaient partir. Le ministère était assiégé, et l'on comprend que Ségur ait pris le sage parti de ne plus répondre aux sollicitations, de si hauts personnages qu'elles vinssent. L'Espagne vit accourir sous ses drapeaux, comme les Etats-Unis, beaucoup de Français ardents à venger les désastres et les hontes de la guerre de Sept ans. La décision de La Tour d'Auvergne se justifie en un pareil moment. C'était toujours servir la France qu'aller arracher Gibraltar à l'ennemie séculaire et combattre dans une armée franco-espagnole.

Heureusement pour lui, son offre ne fut pas acceptée assez tôt. L'expédition de Gibraltar échoua, malgré les 20.000 hommes et les 40 vaisseaux avec lesquels la France et l'Espagne firent le blocus. L'attaque commença le 12 septembre 1782. Les positions anglaises se trouvèrent battues par 200 bouches à feu et 10 batteries flottantes qui les cernaient par terre et par mer. Le comte d'Artois vint pour participer à l'honneur d'une capitulation qu'on croyait certaine. Il suffit d'un boulet rouge qui atteignit une batterie flottante et mit le feu aux poudres pour faire échouer ce grand effort. Il se produisit une terrible explosion. On abandonna ce siège qui avait coûté 2.000 hommes.

Dans toutes ses lettres, La Tour d'Auvergne marqua sa désolation de voir s'achever cette guerre sans y prendre une nouvelle part. Il écrivit de Bade à sa sœur, le 30 juillet 1782 : « Il ne m'est plus permis de douter que l'envie de M. le duc de Crillon de m'appeler auprès de lui n'ait été traversée... Il est difficile, dans quelque état que l'on se trouve, de vouloir s'élever au-dessus de la classe ordinaire sans rencontrer des ennemis et des persécuteurs ; cela est dans l'ordre. Les rigueurs que j'ai éprouvées ne seraient guère faites pour inspirer cette émulation généreuse qui produit de grandes choses, ni animer de l'amour de la patrie et de la gloire, mais je sens cependant qu'elles n'affaibliront jamais en moi les sentiments que j'ai toujours eus pour l'honneur et pour mes devoirs. »

Toute sa vie, il obéit à ces seules inspirations, sans se soucier de l'opinion, dédaigneux des vilenies, et suivit la route qu'il s'était tracée, avec la force que donne une conscience irréprochable.

Sa correspondance montre l'intérêt passionné qu'il porta aux opérations de la guerre d'Amérique. Tous les navires français engagés avaient reçu à bord des détachements d'infanterie de divers régiments, qui avaient grandement contribué aux succès sur mer. Des états de prise, conservés au ministère de la guerre, attestent cette coopération importante de l'armée de terre, en fixant la répartition des sommes qui revinrent aux combattants à la paix. Des officiers touchèrent des sommes assez élevées, de 300 à 600 livres et même plus. Les sergents reçurent à peu près le quart du gain des officiers ; les caporaux, la moitié de celui des sergents ; les soldats, la moitié de celui des caporaux. Les détachements d'Angoumois, embarqués de 1780 à 1782 sur le *Northumberland*, la *Bourgogne* et le *Scipion*, participèrent au succès du marquis de Vaudreuil et du comte de Grasse, et restèrent longtemps en mer. Le détachement du *Northumberland*, parti en 1780, ne débarqua à Brest qu'au mois de juin 1783. En 1786, ces troupes reçurent leurs parts de prises. Les officiers du *Scipion* eurent 574 livres, 13 sols, 11 deniers; les sergents, 141 l., 17 s., 6 d.; les caporaux 94 l., 11 s., 8 d.; les fusiliers, 47 l., 5 s., 10 d. Les parts obtenues sur les autres navires furent moins fortes.

M. de Grimoard, qui avait soutenu avec le vaisseau le *Scipion*, une lutte honorable contre deux vaisseaux anglais de premier rang, passa sous silence le détachement d'Angoumois qu'il avait à son bord et qui avait subi des pertes sérieuses, ayant bravement combattu. La Tour d'Auvergne s'en montra indigné ; il attribua cette omission « aux sentiments de jalousie réciproque qui animent la marine et les troupes de terre ». Il ajouta que de tels procédés nuisent en définitive à l'armée tout entière en même temps qu'à la France, parce qu'ils entretiennent « l'aigreur et la division ».

Il s'exprimait toujours avec cette liberté, incapable de dissimuler ses sentiments, ses révoltes contre l'injustice. Il eut probablement à souffrir de cette indépendance, car plusieurs fois il semble craindre que le secret de ses lettres soit violé. Le *cabinet noir* de Louis XV ne cessa pas de fonctionner sous Louis XVI.

Le régiment d'Angoumois se transporta à Perpignan au mois de novembre 1783. La Tour d'Auvergne suivit son bataillon qui fut détaché à Collioure.

Il continua ses études variées sur les antiquités, la numismatique, la littérature, la linguistique et l'art militaire. Il existe un manuscrit de 175 pages, in-16, tout entier écrit de sa main et portant le titre suivant : « Catalogue des personnes, des familles impériales pour lesquelles on a frappé des médailles, depuis Pompée jusqu'à la prise de Constantinople, avec les légendes, la liste des médailles connues de chaque règne, en or, etc. ; le degré de leur rareté et la valeur des têtes rares, par M. de La Tour d'Auvergne, capitaine au régiment d'Angoumois, de l'Académie de Madrid et du Musée de Paris. » Il a laissé un autre manuscrit qui est un *Traité des armes*, enseignant la manière de « combattre différentes gardes en Europe et de se servir de l'épée de pointe en attaquant et se défendant ». (Petit in-4º broché de 73 pages). Il fut nommé associé correspondant du *Musée de Paris*, le 6 novembre 1783, et membre correspondant de l'Académie de l'histoire et des sciences de Madrid, le 6 mai 1786. La société dite du *Musée de Paris*, fondée en 1780, était composée de savants, de gens de lettres et d'artistes. Elle formait quatre sections, comprenant: 1º 60 membres ; 2º des associés en nombre illimité ; 3º 18 muséennes ou associées honoraires ; 4º des correspondants en nombre illimité. Elle avait pour but de développer toutes les connaissances humaines par des communications, par des réunions hebdomadaires, par des assemblées publiques (six par an), et par la publication de mémoires (1). L'Académie d'histoire de Madrid existe encore aujourd'hui.

On peut juger de la diversité des études de La Tour d'Au-

---

(1) Le *Musée de Paris* tint ses réunions à l'*Hôtel Impérial,* rue Dauphine, puis au couvent des Cordeliers, rue de l'Observance, actuellement rue Antoine-Dubois, à l'emplacement de l'Ecole pratique de Médecine. (*Guide des amateurs et des étrangers à Paris,* par Thiéry, Paris, 1787.)

vergne et de son esprit curieux, féru de science, par l'énumération des écrits qui sont parvenus jusqu'à nous. Sa famille a gardé un *Cayer d'études* contenant des traductions d'Horace et de Virgile, surtout de Tite-Live qu'il affectionnait.

Tant d'intelligence, de science, de courage ne le servirent guère. Il passa capitaine à l'ancienneté le 29 octobre 1784, après dix-sept ans de service. C'est qu'il avait l'âme trop haute pour recourir aux intrigues et aux bassesses coutumières des ambitieux. Ceux-ci « savent les moyens de se procurer des protecteurs, dit M. A. Babeau, de se ménager des influences, de se faire bien venir des personnes puissantes. Un officier veut se concilier les bonnes grâces de la femme d'un ministre; il lui envoie une boîte de fleurs artificielles. « Mme des Marets les a trouvées parfaitement belles », lui écrit le ministre. Un commis du bureau des guerres est un homme influent; personne ne peut être plus utile pour une nomination. La cour est assiégée comme le ministère... Tout le monde s'en mêle : évêques, abbés, jolies femmes, princesses ou autres. Fénelon intervient en faveur d'un sien cousin, colonel de cavalerie, qui a vingt-deux ans de service et voudrait être maréchal de camp. Le valet de chambre d'un ministre est une autorité à laquelle on peut même avoir recours. Le marquis de Mirabeau, voulant obtenir un régiment, offre 10.000 francs au valet de chambre du cardinal de Fleury, s'il peut lui en procurer un. Ce qu'il y a de plus édifiant, c'est que celui-ci refuse ce présent, parce que, dit-il, son influence ne va pas jusque-là. » (*La Vie militaire sous l'ancien régime.*)

La Tour d'Auvergne avait compris que son caractère indépendant et fier nuirait à son avancement. Dans une lettre adressée au mestre de camp de Wimpfen, au mois de septembre 1781, il disait : « D'un procédé franc, sans nulle souplesse, je sens bien que j'aurai de la peine à vaincre les obstacles, à arriver aux honneurs et aux grades de la guerre, surtout lorsque je désire n'y être poussé par d'autres faveurs que par mon mérite. » De telles natures sont les plus précieuses en campagne, car elles ont l'initiative, la hardiesse et le sentiment du devoir qui excitent aux grandes actions; mais, en temps de paix, ces qualités portent quelquefois un peu d'ombrage à certains chefs qui goûtent surtout chez leurs subordonnés une soumission passive, et qui estiment particulièrement ceux qui se font apprécier par un zèle d'ostentation, par leurs relations et par une cour assidue. Cependant, c'est le cas de répéter avec Montesquieu : « Quand, dans un Etat, il y a plus d'avantage à faire sa cour qu'à faire son devoir, tout est perdu. » Cela est encore plus vrai dans une armée dont la discipline et la valeur morale ne se maintiennent que par l'équité.

« Sous Louis XVI, ajoute M. Babeau, la faveur aurait eu moins de pouvoir dans les bureaux, et le maréchal de Ségur se serait retiré du ministère parce que la reine aurait fait nommer, contre son gré, un inspecteur général. » Il y eut moins de faveur sous Louis XVI, mais la part en fut encore considérable. Les mémoires de Ségur nous révèlent la puissance de la « société de la reine » et celle des dames de la cour. Louis XIV donna des grades à la roture, mais Louis XVI n'eut pas un seul officier général qui n'appartînt à la noblesse. Dans toute l'infanterie, il n'y avait que six colonels non titrés, nobles cependant; tous les autres étaient chevaliers, barons, vicomtes, comtes, marquis, ducs et princes. L'avancement se trouvait enrayé, tous ces colonels et ces généraux ayant été nommés très jeunes, « à la bavette », comme on disait à ce moment, et conservant toutes les places. Pour satisfaire les ambitions influentes, la royauté fut entraînée à augmenter constamment la quantité des officiers supérieurs et généraux dont beaucoup restèrent sans emploi, mais non sans traitement, et accrurent les charges déjà trop lourdes du Trésor. En 1775, l'état-major comprenait 1.029 officiers, et le nombre ne cessa d'augmenter.

Si tous les grades avaient été uniquement donnés à une naissance illustre! Mais beaucoup s'étaient obtenus par l'argent. Jusqu'à la Révolution, la vente des charges militaires subsista. Un régiment et une compagnie étaient des propriétés qu'on achetait, qu'on revendait, dont on trafiquait et dont on tirait des bénéfices comme d'une ferme. En 1776, Saint-Germain fit signer une ordonnance portant « suppression de la finance de tous les emplois militaires ». Deux ans après, Louis XVI n'en vendit pas moins quarante offices de capitaines de cavalerie. La Constituante supprima définitivement la vénalité de tous les grades. Au mois de juin 1791, on remboursa aux officiers le prix des régiments qu'ils avaient équipés à leurs frais.

Tandis que d'anciens officiers, intelligents et instruits, se consumaient dans les grades subalternes, des jeunes gens parvenaient, en peu de temps, par la naissance, par l'argent et par la faveur, aux échelons les plus élevés de la hiérarchie militaire. L'âge de l'entrée au service n'était pas fixé. Custine fut nommé sous-lieutenant à sept ans, capitaine à dix-huit. De Ségur, plus tard ministre, obtint le grade de colonel à dix-neuf ans. Le maréchal de

Saxe disait : « Tout jeune seigneur regarde comme un mépris que la cour fait de sa naissance si on ne lui confie pas un régiment à l'âge de dix-huit ou vingt ans. » La cour faisait des colonels de quatorze à dix-sept ans, parfois même de sept ans; ce fut le cas du duc de Fronsac.

Voilà les chefs qu'on donnait à des officiers comme La Tour d'Auvergne. On s'explique leur découragement. Celui-ci avait quarante et un ans quand il fut nommé capitaine. Sa carrière militaire était finie. A quoi pouvait-il prétendre à cet âge?

Ni ses actions d'éclat, ni ses talents militaires, ni sa science n'avaient pu le rendre l'objet d'une distinction. Plus tard, lorsque les grades et les honneurs longtemps recherchés par un légitime désir, lui seront prodigués, c'est lui qui les refusera.

CHAPITRE IV

Nouveau duel. — Voyage en Espagne. — Il est décoré de l'ordre de Charles III et refuse une pension. — Détails de son existence. — Sollicitude pour ses soldats. — Nouvelles déceptions. — Démarches pour obtenir la croix de Saint-Louis. — La Révolution française. — Conflits. — Intervention pacifique de La Tour d'Auvergne. — Troubles à Bayonne. — Agitation dans l'armée. — Sa fermeté et son patriotisme au moment de l'émigration.

Le régiment d'Angoumois alla tenir garnison à Bayonne en 1785. La Tour d'Auvergne partit brusquement de cette ville pour se rendre à Lorient, où il demanda raison à un officier d'un manque d'égards envers une de ses parentes, d'un degré pourtant assez éloigné. On reconnaît encore à ce trait son esprit chevaleresque. Son premier duel, qui avait eu des conséquences si déplorables, qui lui avait coûté tant de souffrances et tant d'argent, aurait dû, semble-t-il, le rendre plus circonspect. Il ignora toujours la prudence et ne cessa d'avoir, jusqu'à ses derniers jours, la même fougue généreuse. La rencontre eut lieu à Vannes, et, cette fois, ce fut lui qui blessa dangereusement son adversaire. Au siècle dernier, les duels étaient fréquents. Dans l'armée, le mal sévissait à l'état endémique. Pour le motif le plus futile, parfois simplement pour le plaisir, on mettait flamberge au vent. Le sentimental Florian, pour sa part, se battit quatre fois à l'école d'artillerie de Bapaume.

En 1785, M. du Timeur, désirant que sa femme pût

porter aussi le nom de La Tour d'Auvergne-Corret, pria le capitaine d'Angoumois de faire les démarches nécessaires. Celui-ci obtint le consentement du duc de Bouillon, et recommanda d'ajouter au nouveau nom de sa sœur : « issue d'un fils naturel de La Tour d'Auvergne », « pour ne pas être atteint du soupçon de vouloir marcher de pair avec la branche légitime de Bouillon ». Dans une autre circonstance il agit avec la même franchise et le même respect des droits. Il parut, dans le *Moniteur* du 19 messidor an VIII, un compte rendu de son ouvrage *les Origines gauloises* où on le signalait comme un descendant de Turenne. Il s'empressa d'écrire au journal qu'il n'était sorti « que d'une branche bâtarde de la maison de Bouillon ».

Son nouveau nom ne fut pas accepté tout d'abord par son régiment et par les bureaux de la guerre. En 1784, sur l'état d'inspection générale, sur le procès-verbal de la nouvelle composition du régiment réorganisé, ainsi que sur quelques autres pièces officielles, on le dénomma « sieur Théophile Corret ». Il réclama sans succès parce que le ministère s'en tint strictement à son acte de naissance. Il fit de nouveau appel au duc de Bouillon qui, avec son obligeance ordinaire, lui donna l'attestation suivante, datée du 9 avril 1785 : « Nous, souverain duc de Bouillon, sur le compte qui nous a été rendu par M. de La Tour d'Auvergne-Corret de ses sollicitations auprès du ministre de la guerre pour faire réformer l'omission qui se trouve dans sa commission de capitaine au régiment d'Angoumois, expédiée le 28 octobre dernier, sous le nom simplement de Corret de Kerbeaufret, et du refus qu'il a essuyé par suite de l'usage établi dans les bureaux de ne jamais s'écarter de l'énonciation des extraits baptistaires fournis lors de l'entrée au service de France, sur lesquels sont expédiés les premiers brevets accordés aux officiers, voulant, autant qu'il est en notre pouvoir, réparer cette erreur et assurer d'autant plus à M. de La Tour d'Auvergne-Corret le nom que nous lui avons permis de porter et qu'il doit prendre dans toutes les occasions, lui avons, par le présent, renouvelé l'assurance de nos intentions qui sont aussi invariables que notre affection et notre tendre amitié pour lui. » Ce n'est pas même le nom de Corret de Kerbeauffret qu'admettait l'administration militaire, comme le croyait le duc, mais bien celui de Corret tout court qui figurait seul sur l'extrait baptistaire que nous avons reproduit. La particule et le nom de Kerbeauffret n'existaient que sur certains états du régiment d'Angoumois, à l'instigation de l'intéressé. Enfin, après tant de peines, la ténacité du capitaine reçut sa récompense : les pièces officielles le dénommèrent La Tour d'Auvergne-Corret.

Il profita de son semestre de 1786 pour se rendre à la cour d'Espagne où il reçut un accueil des plus flatteurs. Bien recommandé à Madrid, les meilleures familles lui firent fête. Il resta en correspondance avec beaucoup d'Espagnols jusqu'en 1790, entre autres avec don Pedro de Granel de Peralta, poète et érudit, membre de l'Académie de Madrid ; le comte del Campo de Alaugé, lieutenant général gouverneur de Madrid ; le prince de Masseran, etc. Malgré les témoignages d'estime qu'on lui prodigua, il se déclara pourtant mal satisfait, dans une lettre du 25 mars : « Je crains d'en être pour des promesses, pour mon voyage d'Espagne et ma campagne de Mahon. Je sens cependant que je n'étais pas en état de faire d'aussi grands

sacrifices à la nation espagnole... Il manque à ma satisfaction d'avoir quelque assurance positive de retirer des
fruits un peu plus solides de mon voyage que ceux de
purs agréments de société. » D'après ces termes ambigus,
on pourrait supposer qu'il espérait être indemnisé des dépenses, bien lourdes pour sa bourse, occasionnées par sa
campagne de Mahon ; mais une telle interprétation ne saurait être admise, lorsqu'on connaît son caractère et lorsqu'on examine tous les détails de sa vie. Il avait toujours
la main ouverte pour les infortunes; quoique souvent
obéré, il n'avait jamais manqué d'aider pécuniairement
son vieil oncle placé dans un asile religieux, ainsi que son
frère. Sur la fin de sa vie, encore plus pauvre, il paya une
pension à une vieille femme tombée dans la misère. Les
malheureux ne s'adressèrent jamais inutilement à lui. S'il
s'agissait au contraire d'accepter les cadeaux le plus délicatement offerts, le plus justement gagnés, il était d'une
fierté ombrageuse, intraitable. Il ne voulut jamais recevoir aucun don, pas même des gouvernements qu'il avait
servis, pas même des parents qui lui étaient le plus chers.
Sa conduite en toute circonstance ne permet donc pas de
croire qu'il ait espéré une récompense pécuniaire des services rendus à l'Espagne. Il n'a voulu parler que d'une récompense honorifique.

Effectivement, à la suite de son voyage, le roi d'Espagne
lui accorda, le 5 mai 1786, la croix de Charles III. Le
comte de Florida Blanca, premier ministre, s'empressa de
le lui annoncer. Les transmissions par les bureaux de la
guerre étaient lentes, car ce n'est que le 13 février 1788
que le comte de Brienne, ministre de la guerre, lui en
donna avis. Il avait informé Sa Majesté, disait-il : « Elle

veut bien vous autoriser à porter en France la décoration
de cet ordre. Je vous prie de ne point douter du véritable
plaisir que j'ai à vous annoncer une grâce si bien méritée. »
En même temps, le duc d'Alcudia, ministre de la guerre
en Espagne, informa La Tour d'Auvergne qu'il jouirait
d'une pension de 4.000 réaux (1.000 livres); mais celui-ci
écrivit aussitôt pour refuser la pension, qu'il ne toucha
jamais (1).

Le désintéressement du capitaine était d'autant plus
méritoire que, depuis les grosses dépenses occasionnées
par sa maladie et par sa campagne de Minorque, il se
trouvait dans une grande gêne. Il parlait à son beau-frère
de vendre ses biens pour se libérer des nombreuses dettes
qu'il avait contractées envers lui, et il s'accusait d'abuser
de son obligeance.

En 1788, La Tour d'Auvergne fut détaché avec une

---

(1) Quelques écrivains, entre autres M. Buhot de Kersers, ne veulent pas croire à cette pension refusée, d'après les termes de la lettre dans laquelle La Tour d'Auvergne se plaint de ne pas recueillir des *fruits plus solides* de son voyage. Nous avons expliqué cette lettre, qui est d'ailleurs du 25 mars, tandis que la décoration a été accordée au mois de mai. Plusieurs pièces du régiment d'Angoumois, aux archives du ministère de la guerre, mentionnent cette pension et le refus, qui, en outre, ont été certifiés par le conseil d'administration du régiment et par le duc de Crillon lui-même à la suite des états de service de l'officier :

« Le sieur de La Tour d'Auvergne-Corret ayant sollicité de la cour d'Espagne que la pension de 1.000 livres attachée à la croix de Charles III ne lui fût pas accordée, il obtint cette demande le 13 février 1788.

» Approuvé l'écriture cy-dessus comme copie de l'original que je me souviens avec plaisir luy avoir remis, écrit entièrement de ma main et conforme mot à mot à cette copie.

» A Bayonne, ce 6 avril 1789.

» Balbe Berton, duc de Crillon et de Mahon. »

partie de sa compagnie au fort de Socoa. Descolins, ingénieur en chef du département de l'Aube, a fréquenté à ce moment La Tour d'Auvergne et a donné au *Moniteur* des renseignements intéressants sur son genre de vie : « J'étais chargé de la conduite des travaux de la rade de Saint-Jean-de-Luz. Le régiment d'Angoumois, où la Tour d'Auvergne était capitaine, y fut employé pendant deux années, et il commandait le détachement de trois cents hommes qui étaient casernés au fort de Socoa, où se faisaient les travaux (1).

« J'y passais avec lui la plus grande partie des journées et des nuits, suivant le cours des marées ; c'est là qu'il fallait voir cette attention multipliée qu'il avait pour la santé de ses soldats ; comme il avait soin de les faire sécher et changer de hardes lorsqu'ils revenaient du travail mouillés par les vagues, de leur procurer le petit verre d'eau-de-vie, mais avec modération, pour les réchauffer, afin de leur éviter des maladies. C'était son occupation de tous les jours.

» L'eau de la citerne était trop crue, et il n'y avait qu'une petite source à un demi-quart d'heure du fort, dont l'eau n'était pas suffisante pour les soldats, qui étaient obligés d'aller courir au loin, ou d'attendre longtemps leur tour pour en avoir. Il ne cessait, chaque jour, de me parler d'y faire arranger une fontaine, comme je le désirais moi-même. J'obtins quelques fonds, et l'on s'y mit

---

(1) La Tour d'Auvergne n'était que capitaine en second et n'avait sous ses ordres qu'une partie de sa compagnie, exactement un sous-lieutenant et 21 soldats. Il appartenait à la compagnie de la Chauvetière, 2e compagnie de fusiliers du 1er bataillon. Peut-être y avait-il au fort des détachements d'autres troupes ?

aussitôt. Il voulut deux bassins, l'un pour l'eau à boire, et l'autre pour laver, afin de séparer les eaux qui auraient servi à cette opération. Nous réunîmes dans un réservoir les différents filets d'eau, dont plusieurs se perdaient. Il y travaillait souvent de ses mains, pour hâter la jouissance de ses soldats. Il avait ombragé cette fontaine d'une manière agréable dans le vallon solitaire où elle se trouvait, et il allait souvent s'y livrer à l'étude et à la méditation.

» Il se baignait souvent à la mer, à l'entrée du port de Socoa; deux de ses soldats se trouvant un jour entraînés par la marée, il s'élance à leur secours; il y est entraîné lui-même. Un jeune tambour, bon nageur, se précipite et le sauve; ses camarades sont également mis à terre par les marins; mais les spectateurs ont été pendant quelques instants, qui leur ont paru bien longs, en proie à une horrible inquiétude. Ah! brave jeune homme! tu sais comme tu fus porté en triomphe par tous tes camarades! comme tu fus béni d'avoir sauvé leur commandant, mais plus encore leur ami! Il méritait ce titre, car il leur consacrait la plupart de ses moments; les autres étaient employés à l'étude, ainsi qu'à faire des notés sur les médailles qu'il me montrait souvent et qui lui servaient à son ouvrage des *Origines gauloises.* »

Cet ouvrage parut à Bayonne sous ce titre : *Nouvelles recherches sur la langue, l'origine et les antiquités des Bretons, pour servir à l'histoire de ce peuple,* par M. L. T. D. C., capitaine au 80° régiment d'infanterie, de l'Académie de Madrid et du Musée de Paris, 1792; Bayonne, chez P. Fauvet (in-8°). Il ne reste que de rares exemplaires de cette édition, car l'auteur, dont les idées se modifièrent à la suite d'études plus approfondies, détruisit tous ceux qu'il put retrouver. La deuxième partie de l'ouvrage se compose d'un « Glossaire polyglotte ou Tableau comparatif d'un grand nombre de mots grecs, latins, français, espagnols, italiens, allemands, irlandais, anglais, etc., qui, pour la forme et le sens, ont encore conservé de nos jours le plus grand rapport avec le celto-breton de l'Armorique, et paraissent avoir appartenu primitivement à cette langue ». Les idiomes cités dans ce glossaire sont au nombre de 41. A la fin du volume se trouve un *Précis historique sur la ville de Keraës* (Carhaix) *et sur l'étymologie de son nom.*

La Tour d'Auvergne, tout à ses fonctions militaires qu'il remplissait avec un zèle infatigable, absorbé aussi par ses travaux d'érudition, resta deux années sans demander de semestre. Peut-être n'eut-il pas assez de soins d'hygiène ou se surmena-t-il? En 1789, sa santé devint mauvaise et nécessita du repos. Le médecin et le chirurgien-major de l'hôpital de Bayonne adressèrent au colonel d'Angoumois, le 1er mai, un certificat attestant que cet officier avait eu, pendant six mois, différents engorgements lymphatiques sous la mâchoire inférieure et sur les glandes maxillaires, qu'il n'avait été guéri que difficilement par plusieurs traitements et par les douches des eaux de Bagnères. Ils ajoutaient que sa convalescence était retardée « par l'air crasse, humide et salé » de Bayonne, enfin qu'il lui était indispensable d'aller respirer l'air de son pays natal en pratiquant l'exercice du cheval et en buvant « des eaux stimulantes et apéritives » pour recouvrer sa première santé. Cette infirmité de la mâchoire lui causa de grandes souffrances pendant les campagnes de la Révolution et entraîna la chute de presque toutes ses dents. Il eut un congé de semestre, daté du 15 juin, et se rendit en Bretagne.

Ce voyage lui permit de rendre un important service à ses compatriotes. Sa ville natale le chargea de la représenter dans un conflit qui pouvait amener la destruction d'une ville et la guerre civile dans la province. Au mois d'octobre 1789, des députés du comité de Brest étaient envoyés dans différentes villes pour se procurer des grains. Le ravitaillement était urgent, car cette ville se trouvait dans la disette. Ils furent mal reçus par les habitants de Lannion qui les insultèrent et faillirent les massacrer. Brest fit marcher contre Lannion 2.400 hommes des milices nationales, avec de l'artillerie. Les villes de Guingamp et de Lannion dépêchèrent des courriers pour arrêter ces troupes. Les représentants de dix à douze villes, parmi lesquels se trouvait La Tour d'Auvergne, accoururent à Lannion et imposèrent leur médiation aux deux partis. Un conflit sanglant fut évité, et la lieutenance prévôtale de Saint-Brieuc instruisit l'affaire, qui se termina par l'arrestation et la condamnation des principaux fauteurs de désordre.

En 1790, le capitaine projeta de retourner en Espagne où l'attiraient les relations qu'il s'était créées à Madrid, ainsi que le désir de se perfectionner dans la connaissance de la langue espagnole. Dans sa demande de permission, il expliqua qu'ayant été bien traité de la cour de Madrid, il souhaitait d'être à même « d'y cultiver les bontés » que l'on avait pour lui et de se rendre notamment auprès du duc de Crillon-Mahon qui lui portait un intérêt particulier. Il reçut un passeport avec un congé de trois mois le 3 novembre.

Le duc de Crillon lui témoigna la même estime et l'engagea à passer au service de l'Espagne, à son exemple; il lui assura qu'il obtiendrait rapidement grades et honneurs par sa protection. Mais il n'y avait plus de guerre. Le capitaine ne songeait plus à s'expatrier. Il ne voulait pas abandonner cette France qu'il aimait, cette armée où il n'avait eu que déceptions et tristesses et à laquelle il était pourtant attaché par toutes les fibres de son être. Il préférait renoncer à ses rêves de gloire.

Son dévouement inaltérable, certifié par les éloges unanimes de ses chefs, n'était pourtant pas récompensé. Ses services et son mérite restaient toujours méconnus. Non seulement il n'était passé capitaine qu'à l'ancienneté, après dix-sept ans de services, mais on ne lui donnait même pas à son tour la croix de Saint-Louis, cette attestation d'une honorable carrière militaire, qu'obtenaient tous les officiers à moins de fautes graves. En principe, elle devait être accordée par rang d'ancienneté, ou comme récompense d'une action d'éclat. Sous Louis XVI, elle était généralement donnée aux capitaines à vingt-trois ans de services, chaque campagne de guerre comptant pour deux années, ainsi que chaque année de service comme bas-officier ou soldat. Depuis 1779, l'ordre comprenait : 40 grands-croix, avec pension de 4.000 livres; 80 commandeurs, dont les 60 plus anciens seulement étaient pensionnés à 3.000 livres; des chevaliers, en nombre illimité, dont les six plus anciens avaient 2.000 livres de pension, les huit suivants 1.500, les dix-sept suivants 1.000, enfin les vingt-deux suivants 800. D'autres chevaliers avaient des pensions variant de 200 à 600 livres. Les mêmes passe-droits se produisaient pour cette décoration que pour l'avancement, ce qui inspirait cette observation

à Guibert en 1773 : « La croix de Saint-Louis a perdu toute
considération, mais elle est encore un appât pour les officiers ; ils ne s'en trouvent pas honorés, mais ils veulent
l'avoir parce que les autres l'ont. » (*Examen critique*.) Les
cahiers de la noblesse avaient demandé, en 1789, pour
mettre un terme aux injustices qui décourageaient tant
d'anciens et braves officiers, que cette décoration fût accordée de droit à vingt années de services. Le 1er janvier
1791, un décret de l'Assemblée nationale changea le nom
de la croix de Saint-Louis et ordonna que la « décoration
militaire » serait accordée à tous les officiers à vingt-
quatre ans de services révolus. Elle fut supprimée par la
Convention le 15 octobre 1792.

La Tour d'Auvergne avait, en 1790, vingt-trois ans de
services et une campagne. Malgré ses faits d'armes et les
excellentes notes de toute sa carrière, il n'obtenait pas de
ses généraux indifférents qui, ne le connaissant pas particulièrement, se souciaient peu de lui, qu'on lui accordât ce
témoignage de satisfaction.

En 1786, dix-neuf capitaines d'Angoumois avaient la
croix de Saint-Louis, sept seulement ne l'avaient pas. La
Tour d'Auvergne, qui aurait dû justement la recevoir après
ses actions d'éclat à Minorque, attendit avec patience de
l'avoir par son ancienneté à défaut du choix. Lorsqu'il vit
qu'on n'en tenait pas plus compte que de son courage, de
sa science, de son travail incessant, il se décida à ce qui
répugnait tant à sa noble fierté et à son sentiment de
l'équité : il fit agir des influences lui aussi. Des protections,
il pouvait en avoir comme d'autres, grâce aux bontés dont
l'honoraient le duc de Bouillon, le duc de Crillon et quelques personnages d'importance. Pour obtenir cette distinc-

tion, il se résignerait à solliciter; il ne voulait pas qu'on supposât qu'il ne la méritait pas. Ses proches, ses amis, non initiés aux abus et aux intrigues qui amoindrissaient cette armée, croiraient peut-être qu'il avait commis quelque action blâmable pour n'avoir pas cette marque de bonne conduite donnée à tous les vieux officiers. Il fallait qu'il l'obtînt.

Ses démarches ne furent pas infructueuses. Plusieurs personnes de haute qualité intercédèrent pour lui; entre autres, l'archevêque de Bordeaux, Champion de Cicé. C'est probablement à son ami Claude Le Coz, ancien condisciple du lycée de Quimper, que le capitaine dut cette recommandation. En effet, l'archevêque de Bordeaux était né à Rennes, et Le Coz, ayant adopté les principes de la Révolution, devint évêque constitutionnel de cette ville en 1791 et fut, peu après, nommé député d'Ille-et-Vilaine à l'Assemblée législative. L'archevêque Champion de Cicé, membre de la Constituante et garde des sceaux depuis le 4 août 1789, écrivit à M. de La Tour du Pin, ministre de la guerre, au mois de septembre 1790 :

« M. de La Tour d'Auvergne, Monsieur, capitaine au régiment d'Angoumois, désirerait obtenir la croix de Saint-Louis. Il paraît avoir les services nécessaires, étant depuis très longtemps dans ce régiment, après avoir servi dans les mousquetaires. Il s'est très bien montré au siège de Mahon et a mérité que le roi d'Espagne le décorât de la croix de son ordre. J'ai cru pouvoir me charger de vous présenter cette demande d'un petit-neveu de Turenne dont on me parle de la manière la plus avantageuse et, si vous la trouvez juste, j'en apprendrai le succès avec bien de la reconnaissance.

» Ne doutez pas des sentiments avec lesquels je fais profession de vous honorer, Monsieur, et de vous être plus parfaitement attaché que je ne puis vous l'exprimer. »

Le ministre répondit le 6 octobre : « L'intérêt que vous me témoignez prendre à cet officier et l'avantage qu'il a d'appartenir à la maison de Turenne sont des titres bien respectables sans doute, mais il est des règles établies auxquelles il n'est pas possible de le soustraire. Elles exigent que les demandes des officiers particuliers soient formées par les officiers supérieurs de leur régiment et ne peuvent, d'après les principes de discipline et de subordination, être admises sans leur participation ; il est donc de nécessité absolue que M. de La Tour d'Auvergne-Corret invite son colonel à présenter la sienne. Je souhaite qu'il n'y trouve point d'obstacle, et je vous prie d'être assuré que je me ferai un plaisir, sitôt qu'elle me sera parvenue, de la mettre sous les yeux du roi. »

M. de La Tour du Pin ne pouvait que se montrer favorable à un officier portant un tel nom, car sa famille, établie en Dauphiné, avait même origine que la maison de La Tour d'Auvergne, comme l'ont prouvé Baluze, Justel, Chorier et de Courcelles.

Désormais assuré du succès, La Tour d'Auvergne s'empressa de faire établir un mémoire de proposition le 3 mars 1791. Il l'accompagna d'une demande que le lieutenant-colonel appuya en ces termes : « Cet officier a servi avec la plus grande distinction, comme il est constaté par le certificat que lui a donné M. le duc de Crillon-Mahon, tout entier écrit de la main de ce général. D'ailleurs, on ne peut rien ajouter à la manière dont M. de La Tour d'Auvergne s'est toujours conduit dans le régiment d'Angou-

mois où il jouit de l'estime la plus méritée. Je me trouve
heureux, en lui rendant cette justice, de pouvoir prier
Monsieur du Portail (des bureaux de la guerre) de lui accorder la grâce qu'il demande ». Le colonel de Caldaguès
approuva de sa signature, et les généraux confirmèrent les
titres incontestables du capitaine à cette décoration. Tous
ses chefs n'avaient jamais eu que des éloges à lui décerner. « Cet officier se conduit avec la plus grande distinction
dans toutes les parties de son état », disait le prince de
Nicolay, colonel d'Angoumois en 1790. Le lieutenant général comte de Jumilhac attestait « le zèle et l'exactitude
que cet officier avait toujours mis dans sa façon de servir ».

Les lenteurs habituelles des bureaux retardèrent la récompense attendue. Le capitaine impatient écrivit, le
28 mai 1791, à un ami, son « cher d'Haugéranville »,
pour qu'il veillât à la « conservation de ses noms » et
recommandât « aux bons offices de M. Denié la prompte
expédition de son affaire ». Il craignait qu'on ne lui refu-
sât encore son nouveau nom de La Tour d'Auvergne sur
le brevet. Certain du résultat, il priait son ami d'envoyer
sa croix directement au commandant de la place de
Bayonne. « Alors je serai bien sûr de n'éprouver aucun
retard pour la recevoir. » Il ne se rendait pas bien compte
du temps nécessaire pour qu'une demande aboutît. Il n'obtint sa décoration que le 6 octobre 1791, après vingt-quatre
ans et demi de service et une campagne de guerre.

On s'imagine les révoltes sourdes de cette nature généreuse et passionnée contre tant de dénis de justice. La Tour
d'Auvergne s'était vainement, pendant vingt-quatre ans,
donné corps et âme à cette armée ; ses chefs ne s'étaient

pas souciés de ses efforts et de son mérite, n'ayant pour
lui que la même considération banale et le même intérêt
officiel qu'ils accordaient aux plus insouciants ou aux plus
nuls officiers. A quoi bon, dès lors, tant de peines, tant
de travail, tant de science, tant de dévouement? Pourquoi
avait-il renoncé sans compensation aux plaisirs légitimes,
à la fortune, au bien-être que lui auraient certainement
acquis, dans toute autre carrière, son savoir, son intelligence et son activité? On comprend qu'après ce dernier
déboire, particulièrement sensible à son amour-propre,
il ait songé un instant à quitter l'armée. Sans la Révolution, peut-être se serait-t-il retiré, ainsi que l'indique la
lettre suivante, envoyée le 20 janvier 1790 à l'ancien mestre
de camp du régiment de Bouillon, le baron de Wimpfen,
maréchal de camp, nommé député aux Etats généraux :

« Monsieur,

» Tandis que vous occupez à juste titre la renommée en
travaillant à une régénération heureuse dans notre Constitution et à donner à l'armée un régime sage qui va rétablir
la confiance, puissiez-vous, dans le nombre des hommages
que vous recevrez du militaire français, distinguer celui
de M. de la Tour d'Auvergne-Corret!

» Prêt à s'éloigner d'une carrière qui n'a offert jusqu'ici
à son cœur affligé que des dégoûts insupportables, il a senti
son âme se relever du sein même du malheur et des con-
trariétés, depuis que vous annoncez que les vertus patriotiques et les services vont enfin être reconnus pour des
titres à la considération et à l'avancement.

» Comme vous faites profession ouverte, mon général,
d'estimer l'honneur et le courage, puissiez-vous, quand

vous parviendrez au commandement de l'armée où la voix générale vous appelle, vous souvenir de ce volontaire français que vous avez honoré de votre estime à Mahon et que vous vous êtes plu à y protéger et à y favoriser!

» Il brûle de servir encore à vos côtés et sous vos ordres. En bien méritant de votre part, il est bien sûr que l'oubli auquel il se voit condamné depuis si longtemps, cessera enfin d'être le seul fruit du patriotisme le plus pur et de son dévouement connu à un pays qu'il n'a jamais pu se résoudre à abandonner, quelques rigueurs qu'il y ait éprouvées. »

Cet appel d'un officier qui cherchait un appui, une consolation, qui avait besoin qu'on s'intéressât à son sort, est profondément émouvant; il dépeint bien, en quelques lignes, l'état d'esprit désolé de ce méconnu.

M. de Wimpfen, qui avait su l'apprécier, lui répondit : « Vous avez bien raison de penser que j'ai pour vous l'estime que votre caractère chevaleresque inspire à tout bon Français. Je désirerais plus que vous-même me trouver à portée de servir avec vous. Je ne pourrai qu'y gagner de toutes manières, et vous devez penser que mon intérêt seul me conseillerait de vous appeler si les circonstances me remettaient dans une activité où il y aurait quelques lauriers à cueillir, si déjà d'autres sentiments ne m'y engageaient. »

L'aurore de la Révolution, qui avait éveillé en La Tour d'Auvergne l'espérance d'une ère de justice, agita toute l'armée où la noblesse avait jusqu'alors dominé. Les soldats s'unirent au peuple. A la grande fête de la Fédération du 14 juillet 1790, chaque régiment délégua un officier, un bas-officier et deux soldats pris parmi les plus anciens, et ces délégués, fêtés par la population de Paris, endoctrinés par les clubs, répandirent dans la troupe des idées nouvelles d'indépendance et de réforme. Les officiers ne cachaient pas leur hostilité contre la Constitution. De là, des haines et des révoltes graves, à Brest, à Sarreguemines, à Metz, dans la plupart des grandes villes. A Nancy, M. de Bouillé ne soumit la garnison rebelle que par un combat meurtrier qui dura trois heures. Dans ces périodes troublées où les officiers s'effaraient et semblaient n'avoir plus de guide, le ferme esprit de La Tour d'Auvergne comprit, dès le premier jour, où était le droit et où était le devoir. Le droit était avec son pays qu'il ne devait jamais abandonner, jamais trahir ; le devoir était de demeurer fidèle à la discipline et au drapeau.

Dans les luttes intestines qu'il déplorait, il intervint toujours pour réconcilier, prêchant l'union au nom du patriotisme. Son caractère inspirait tant de confiance qu'on le choisit souvent comme arbitre des partis. L'indiscipline qu'il craignait pour l'armée et les troubles civils qu'il redoutait pour son pays firent taire en son cœur ses justes ressentiments. Loin de se montrer un révolté, il ne cessa d'être un pacificateur.

Dans la soirée du 24 mai 1790, un jeune officier, M. de Ch..., tourna en dérision des bourgeois de Bayonne, gardes nationaux qui faisaient une patrouille. Ceux-ci s'avisant de répliquer, il tira son épée, fondit sur le groupe et blessa grièvement trois hommes. Cette affaire, se produisant au moment de l'effervescence politique, provoqua une violente agitation. La population et les gardes nationales menaçaient de se soulever contre le régiment d'Angoumois. Il y avait à redouter des rixes, peut-être une bataille dans les rues. La Tour d'Auvergne s'interposa et eut assez d'autorité pour arrêter l'orage. Il a raconté qu'il parvint « à faire comprendre aux miliciens et aux soldats qu'ils étaient frères et n'étaient que les enfants d'une même patrie ». Sur ses conseils, les officiers adressèrent à tous les capitaines de la garde nationale de Bayonne, une lettre circulaire ainsi conçue : « Monsieur, pénétrés de la plus vive douleur sur l'événement affreux qui a eu lieu la nuit dernière envers une patrouille de la milice nationale, par l'abominable procédé de M. de Ch..., ci-devant officier du corps, nous venons manifester à MM. les officiers municipaux combien nous en sommes vivement affectés, en leur déclarant que nous abandonnons ce malheureux à la rigueur des lois et que nous le regardons, depuis le moment de son attentat, comme à jamais indigne de porter le nom d'officier. Nous nous empressons, Monsieur, de vous renouveler ces mêmes sentiments et vous prions d'en donner authentiquement connaissance à votre compagnie, afin qu'elle soit bien convaincue du désir que nous avons de concourir avec elle au maintien du bon ordre, inséparable du bonheur commun. Nous espérons également que ce fâcheux accident n'altèrera en rien la parfaite union qui a toujours régné entre les citoyens et la garnison. » Dès que cette lettre fut connue, le calme se rétablit.

L'officier qui avait provoqué ces troubles fut livré à la justice civile, le 25 mai, et condamné à deux ans de prison, à une amende et au bannissement. Il parvint bientôt à s'échapper avec l'aide de sa famille et de ses amis. Evidemment, pour ces jeunes gentilshommes à la tête ardente, un tel bruit et un tel châtiment à cause de quelques coups d'épée donnés à des bourgeois sous les réverbères, c'était ridicule, voire révoltant. Depuis des siècles, les militaires ne s'amusaient-ils pas à décrocher les enseignes, à tapager le soir dans les rues et à mettre flamberge au vent pour corriger les importuns? De quoi se mêlaient maintenant les bourgeois? Ces officiers nobles ne comprenaient pas les résultats de la révolution politique qui entraînait une révolution dans les mœurs.

Afin de se conformer aux principes proclamés par la Constituante dans la nuit du 4 août et de modifier l'ancien esprit de corps, la loi du 1er janvier 1791, qui arrêta la composition de l'armée, remplaça les noms particuliers de tous les régiments par des numéros. Angoumois devint le 80e *régiment d'infanterie de ligne*. Ensuite, pour lier les officiers aristocrates dont elle se défiait, l'Assemblée nationale rendit, le 15 juin 1791, un décret qui obligea tous les militaires à prêter le serment de fidélité à la Constitution. Beaucoup d'officiers partirent, ne voulant pas s'y soumettre. Le colonel de Soucy, commandant le 80e, et le colonel de Caldaguès, son successeur, se soucièrent peu du décret, qui faillit rester lettre morte pour ce régiment. Une plainte parvint sans doute au ministre de la guerre, car il demanda d'urgence des explications en 1792, et, le 26 mars, ordonna de procéder immédiatement à cette cérémonie.

Le 5 avril, le régiment se rassembla sur la place du Collège, à Bayonne, où se trouvaient les officiers municipaux de la ville, assistés du procureur substitut et du secrétaire greffier. Le colonel fit battre un ban et prononça la formule du serment : « Je jure d'être fidèle à la nation, à la loi et au roi, de maintenir de tout mon pouvoir la Constitution et d'exécuter et faire exécuter les règlements militaires. »

Les officiers, placés en avant des rangs, levèrent la main droite et dirent successivement : « Je le jure! » Ils signèrent le procès-verbal. Le colonel, s'adressant ensuite aux soldats, leur fit lever la main et prononça pour eux ce serment : « Je jure d'être fidèle à la nation, à la loi et au roi, de défendre la Constitution, de ne jamais abandonner mes drapeaux et de me conformer en tout aux règles de la discipline militaire. » Les sous-officiers et les soldats crièrent ensemble : « Je le jure! » Le ban fut fermé.

Six compagnies, dont celle de la Tour d'Auvergne, étaient détachées à la citadelle de Saint-Esprit. Elles prêtèrent serment de la même manière, et les officiers signèrent le procès-verbal avec le maire, les officiers municipaux, le procureur de la commune et le greffier.

L'émigration se dessina après les journées d'octobre 1789; elle continua en 1790 et 1791, s'acheva en 1792. La plupart des officiers nobles passèrent à l'étranger au mois de juin 1791, après le décret obligeant au serment, et les derniers hésitants, entraînés par les conseils et l'exemple de leurs parents et de leurs amis, effrayés aussi par les soupçons et les haines qu'ils sentaient attachés à leurs noms, émigrèrent après la journée du 10 août. Le mouvement fut à peu près général. Par exemple, le 7e régiment d'infanterie (anciennement Champagne) perdit tous ses officiers moins deux. Le 23e (ancien Royal) se vit enlever 15 officiers à Strasbourg, par l'émigration, au moment où les Prussiens se préparaient à envahir la Lorraine. Au 12e de cavalerie, 14 officiers et 37 hommes de troupe passèrent la frontière. Les régiments se trouvèrent brusquement désorganisés, mais il y avait une telle quantité de bas-officiers (dénommés sous-officiers à partir de 1791) instruits, braves, dévoués, très anciens de service, que les vacances purent être comblées. Les officiers nobles disparurent sans récriminations inutiles, sans daigner donner leur démission. Les anciens contrôles portent à la fin de leurs états de service la mention : « A abandonné en 179... », ou : « A déserté à l'étranger en 179... » Quelques-uns sont signalés comme destitués.

Les officiers du 80e, unis par un sentiment de camara-derie et de discipline, éloignés du centre des agitations politiques, résistèrent plus longtemps que les autres aux mauvaises suggestions. Le colonel de Soucy leur rendait hommage en écrivant au ministre de la guerre le 8 décem-bre 1791 : « Tous les officiers sont présents au corps. Ils remplissent leurs fonctions avec une exactitude très exemplaire dans les circonstances. La subordination et la discipline sont généralement observées par les soldats et dans tous les grades au 80e. » Le maréchal de camp de Gestas disait aussi, le 13 avril 1792 : « Le 80e s'était jus-qu'à présent préservé de la contagion des temps : l'insur-rection n'avait pas atteint les soldats, et les officiers ne s'étaient pas livrés à la manie des démissions et de l'émi-gration. »

Un décret de l'Assemblée nationale sur la manière de combler les vacances dans les corps provoqua la fuite des officiers du 80e, qui avaient contenu jusqu'alors leur mé-contentement et leur esprit d'opposition. Il est supposable que, à défaut de ce motif, un autre incident eût occasionné leur départ, car ils ne supportaient qu'avec une irritation mal dissimulée les exigences de la situation nouvelle.

Si le 80e n'avait pas encore eu de démissions et de déser-tions, il n'en était pas de même ailleurs, et les cadres

d'officiers étaient presque vides dans la plupart des corps.
L'Assemblée ordonna de puiser dans ceux qui étaient
intacts ou moins dégarnis pour renforcer les autres. Sept
lieutenants et huit sous-lieutenants du 80e furent nommés
au grade supérieur dans différents régiments. Les nouveaux promus, loin de se réjouir, s'alarmèrent de quitter
leurs camarades et ne virent dans cet avancement qu'un
exil. Soutenus, excités par les autres officiers, ils récla-
mèrent et furent appuyés par le colonel. Le ministère de
la guerre répondit de leur faire rejoindre immédiatement
leur nouveau corps sous peine de destitution. Une protestation fut adressée le 7 mars par un groupe d'officiers :
« Aucune loi ne force un militaire d'accepter un emploi
quelconque, dirent-ils, et qui puisse, par conséquent,
d'après son refus, le priver de celui qu'il occupe. » Ils
terminèrent par cette menace : « Nous espérons que Sa
Majesté voudra bien rendre à nos compagnons d'armes et
amis la justice qu'ils méritent et prendre en considération
le vœu de nous soussignés qui déclarons que, si on dispose
contre leur gré des charges desdits lieutenants et sous-
lieutenants, on peut également disposer des nôtres. » Suivaient vingt-deux signatures d'officiers de différents grades.
La Tour d'Auvergne dut désapprouver cette déclaration
violente, car il ne signa pas.

Le colonel de Caldaguès appuya la réclamation de ses
officiers, en priant qu'on ne « désorganisât pas son régiment ». Le maréchal de camp de Gestas écrivit au ministre
dans le même sens : « Vous sentirez facilement, Monsieur,
combien il est fâcheux pour un homme qui s'est flatté de
passer sa vie dans un régiment, qu'il regarde comme sa
famille, d'en aller chercher à grands frais un autre d'où

l'insurrection a chassé ceux qu'il remplace. Il est même aisé de prouver qu'un pareil déplacement est très nuisible au service, puisqu'il fait perdre à l'arrivant tous les fruits de la confiance et de la connaissance des hommes qu'il avait acquises dans son corps, sans qu'il retrouve des avantages, surtout quand il part malgré lui. Les observations que vous et votre prédécesseur avez faites sur ce mode de remplacement à l'Assemblée nationale, et qui ont été renvoyées au comité militaire, m'encouragent à vous présenter ces réflexions et à vous supplier de suspendre les dispositions qui ont été prises pour les officiers du 80e régiment, qui se verrait privé de quarante de ses meilleurs et peut-être de la totalité, dégoûtés de la perte de leurs camarades, s'ils étaient forcés de rejoindre les corps auxquels ils ont été appelés ou de donner leur démission. »

Cette lettre, écrite le 13 avril 1792, était destinée au maréchal de camp de Grave, ministre de la guerre, mais elle parvint à Servan, qui l'avait remplacé et qui répondit, le 17 mai, d'exécuter l'ordre donné au 80e par M. de Narbonne, qui avait précédé M. de Grave, ordre renouvelé par ce dernier le 23 avril.

Alors, la catastrophe prédite se produisit. Vers la fin du mois de juin, La Tour d'Auvergne fut convoqué à une réunion des officiers, présidée par le colonel. Ils lui apprirent qu'ils étaient résolus à émigrer. Ils restaient solidaires des camarades auxquels on n'avait pas voulu accorder justice. La Révolution menaçait tous les intérêts et toutes les croyances, après avoir détruit des privilèges séculaires. Le devoir était désormais de servir la cause du roi à l'étranger où ses partisans s'organisaient. Les officiers demandèrent à La Tour d'Auvergne de partir avec eux. Il appartenait aussi à la noblesse. Il portait un nom illustre qui l'engageait, plus que personne, à suivre leur exemple. L'émigration sauverait la France et la royauté, en apparaissant bientôt toute-puissante pour rétablir l'ordre.

Le capitaine répondit avec vivacité :

— « Vous vous êtes mépris, Messieurs, en me faisant une telle proposition. Rien ne peut légitimer à mes yeux la violation du serment. En vertu d'un décret de l'Assemblée constituante, le roi Louis XVI a ordonné à l'armée de prêter serment d'obéissance au pacte de 1791 ; notre régiment l'a prêté solennellement, et vous me parlez de me parjurer pour attirer sur moi la honte et la malédiction de ma patrie?... Prenez désormais tel parti qu'il vous plaira... En pareille matière, je ne me règle pas sur les autres, et toute l'armée émigrerait que je n'émigrerais pas! »

Cette noble réponse, dit un de ses biographes, le docteur Priou, était celle d'un patriote vertueux qui répétait souvent : « Périsse, périsse le lâche qui abandonne son pays au moment du danger! Jusqu'à la mort je serai son ami fidèle, et j'embrasserai sa cause jusqu'au dernier soupir! »

Les officiers surpris ajoutèrent qu'il se devait avant tout au roi, car noblesse oblige, d'autant mieux qu'il s'en rapprochait plus que la plupart d'entre eux, lui, un descendant de la famille de Turenne, un parent du duc de Bouillon. Cet argument, bien fait pour toucher son loyalisme et son orgueil aristocratique, ne l'ébranla pas. Son patriotisme ne fut point abusé. Il répondit :

— « J'appartiens à la patrie : soldat, je lui dois mon bras; citoyen, je dois respect à ses lois. Je ne puis quitter ni mon pays, ni le poste qui m'a été confié. »

Il disait plus tard à son ami Roujoux en lui racontant
cette scène : « Si j'avais abandonné la France, je n'y serais
jamais rentré, car on ne revient pas dans le pays qu'on a
trahi sans être soupçonné de méditer une trahison nouvelle. »

Peut-être trouvera-t-on que le langage de La Tour d'Auvergne manque de simplicité? L'esthétique a changé de
mode. Ce qui doit rendre indulgent pour la forme littéraire
de cette époque, c'est qu'on savait mettre dans les actions
l'emphase des paroles. On se conduisait comme on parlait,
avec enthousiasme et avec virilité. Les grands mots ne
sont pas déplacés quand ils traduisent de grands sentiments.

A ce moment, La Tour d'Auvergne n'était pas républicain. Sa protestation spontanée fut simplement celle d'un
honnête homme qui aime son pays et ne comprend pas
que, sous prétexte de politique, on le trahisse en servant
contre lui dans les armées étrangères. Bientôt son esprit,
ouvert à toutes les pensées généreuses, s'imprégnera des
idées libérales et humanitaires qui soulèvent le peuple. Il
deviendra républicain, et un des meilleurs, car il appor-
tera à la Révolution son dévouement, son expérience militaire, sa bravoure, sans rien demander et sans rien accepter.

Dans cette émouvante scène, où on livra à son patriotisme un si violent assaut, l'accusa-t-on d'abandonner la
cause royale par intérêt? Ou, ce qui est plus probable, si
cette accusation, qu'il eût châtiée sur l'heure, ne lui fut pas
jetée à la face, ses camarades parurent-ils lui supposer
l'arrière-pensée de profiter de leur départ pour gagner
l'avancement rapide qu'il n'avait pu obtenir? Quoi qu'il en
soit, La Tour d'Auvergne décida, après avoir refusé d'émi-

grer, qu'il n'accepterait jamais d'autre grade « que celui que ses camarades lui avaient connu au moment de leur séparation ».

Ce parti pris étonne après le désir d'arriver qu'il a montré jusqu'à ce moment ; mais sa conduite pouvait être dénaturée par ses anciens camarades émigrés, furieux de son indépendance et de la franchise avec laquelle il avait condamné leur conduite. On allait prétendre qu'il n'était inspiré que par l'envie immodérée de parvenir, lancer les mots de desseins intéressés, de bassesse. Que de perfidies lui seraient décochées ! Il faut une fermeté d'âme peu commune pour échapper à la contagion de l'exemple, braver les menaces des supérieurs, résister aux objurgations et aux prières de tout un corps d'officiers avec lequel on a longtemps vécu. La Tour d'Auvergne eut à soutenir la lutte morale la plus pénible. De ce moment il se résolut à repousser toute récompense, pour que jamais personne ne pût lui reprocher d'avoir agi par intérêt. Il voulut prouver, par une existence de sacrifice, que, s'il n'avait pas émigré, c'était bien seulement par patriotisme. Et, en effet, tous ses actes l'attestent. Pas un soupçon ne saurait ternir sa réputation.

La Tour d'Auvergne demeura le modèle du soldat brave et loyal, qui sert son pays avec un zèle passionné. Ce fut, on peut le dire sans exagération, le Bayard de la première République.

Les officiers nobles du 80e passèrent en Espagne. Le colonel de Caldaguès partit en congé le 1er juillet, et ne revint plus ; quelques autres donnèrent leur démission ; mais la plupart s'enfuirent sans prévenir, dans la nuit du 2 au 3 juillet, quelques-uns avec tant de précipitation qu'ils laissèrent leurs effets dans leur appartement. Il ne resta que deux lieutenants-colonels, dont le plus ancien, Ris de la Chapelette, prit le commandement du 80e, six capitaines, deux lieutenants et un quartier-maître.

L'occasion était favorable pour les ambitieux. La moitié de ces officiers parvint au grade de général, et aucun n'avait la valeur militaire et le savoir de La Tour d'Auvergne. C'est dire qu'il ne tenait qu'à lui de compter parmi les généraux célèbres, d'être un autre Lazare Hoche.

CHAPITRE V

L'Europe organisait sa première coalition contre la
France, ligue des monarchies absolues contre la Révolution. L'Assemblée législative fit face au péril et, se voyant
menacée de toutes parts, prit résolument l'initiative de
l'attaque. Poussé par son ministère girondin, Louis XVI
déclara la guerre à l'Autriche le 20 avril 1792. La décision
était imprudente, car la France avait peu d'hommes sous
les armes, et se trouvait hors d'état de prendre l'offensive.
Au 1er juin, il n'y avait exactement que 90.959 hommes
dans les camps, 21.375 sur les côtes ou à l'intérieur, et
54.173 dans les garnisons; soit, au total, 166.507 hommes.
Les forces disponibles étaient réparties en quatre armées :
la première, dite du Nord, sous les ordres du maréchal
Luckner; la deuxième, dite du Centre, sous ceux de La
Fayette; la troisième, dite du Rhin, sous ceux de Lamor-
lière; la quatrième, dite du Midi, sous ceux de Montesquiou. Cette dernière était chargée de la défense des frontières des Alpes et des Pyrénées.

Dès que la guerre eut été déclarée, l'Autriche commença
les hostilités avec l'aide de la Prusse. Pendant que les

Prussiens envahissaient la Champagne et que les Autrichiens entraient en France du côté de Lille et de Thionville,
le roi de Sardaigne mettait ses troupes sur le pied de
guerre. Le lieutenant général de Montesquiou Fézensac fut
chargé d'observer ses mouvements. Il résolut de tenter la
conquête de la Savoie lorsque le roi se joignit définitivement à la coalition,

Les généraux reçurent l'ordre de compléter le 1er bataillon de chaque régiment, pour en faire un bataillon de
campagne, et de tirer du second deux compagnies de chasseurs volontaires qui, jointes aux deux compagnies de
grenadiers, seraient aussi envoyées immédiatement aux
armées. Le reste du 2e bataillon ne devait former qu'une
sorte de dépôt. Il ne fut pas facile d'exécuter cet ordre au
80e. Le 12 juillet, il y avait encore 30 vacances d'officiers et
les nouveaux promus envoyés par le conseil exécutif ne
rejoignaient que lentement, quand ils rejoignaient. Le colonel de la Chapelette était obligé de recommencer chaque
jour son travail de la veille, à cause de la méthode régle-
mentaire du *tiercement* qui classait les capitaines dans les
bataillons suivant un ordre fixe déterminé par l'ancienneté.
Il finit par demander qu'on supprimât ce classement, sans
quoi « un individu dérangeait toutes les opérations ».

Les quelques officiers restés au régiment se débattaient
au milieu de mille difficultés politiques et militaires. Le
désordre et la confusion étaient inexprimables. Barrère de
Vieuzac dénonça à la Convention le 80e régiment comme
« entaché d'aristocratie et vendu aux ennemis de la chose
publique ». Le lieutenant-colonel Lassalle se plaignit au
président du conseil général de Bayonne, et, dans sa
séance du 1er octobre 1792, cette assemblée attesta le pa-

triotisme et la bonne conduite dont le 80e avait toujours fait preuve depuis qu'il était dans la garnison.

Les deux compagnies de grenadiers du 80e, mises à la disposition du général de Montesquiou, partirent pour la frontière des Alpes dans les premiers jours de juillet. Les deux compagnies de chasseurs volontaires qui leur étaient adjointes ne furent organisées et ne se mirent en route que le 6 août. Ces quatre compagnies passèrent sous les ordres du capitaine le plus ancien qui était La Tour d'Auvergne, nommé capitaine en second en 1784 et capitaine commandant d'une compagnie de grenadiers le 5 février 1792.

Pendant les guerres de la Révolution, les généraux employèrent constamment les compagnies d'élite en les groupant sous les ordres d'un officier énergique et habile, pour tenter les coups d'audace et servir d'avant-garde aux colonnes. Ce rôle échut souvent à La Tour d'Auvergne en considération de ses talents militaires et en raison de son ancienneté de grade, plus grande que celle d'aucun capitaine dans les armées improvisées de la République.

La conquête de la Savoie ne fut pas difficile, car les habitants, Français de cœur, détestaient les Piémontais et sollicitaient leur annexion à la France. Le général ennemi Lazari, qui avait 15.000 hommes (26 bataillons), s'était principalement retranché près de Chapareillan, au château des Marches, et surtout aux abîmes de Mians, où il avait fait construire trois redoutes. Le 16 septembre, le maréchal de camp Laroque organisa les troupes d'attaque au fort Barraux. Elles comprenaient 12 compagnies de grenadiers, 12 compagnies de chasseurs et 200 dragons, en tout 1.200 hommes. Montesquiou les rassembla à minuit à Chapareillan, et leur fit prêter « le serment de respecter les citoyens désarmés et les propriétés du pays ». Aussitôt après, deux colonnes se mirent en mouvement, guidées par des paysans, et cherchèrent à cerner pendant la nuit les positions où les Piémontais avaient élevé des redoutes. Un temps affreux contraria la marche; les colonnes arrivèrent trop tard; le jour était déjà levé; l'ennemi s'était enfui. On ne prit que trois traînards dont un officier. Il n'y eut pas de combat.

Montesquiou écrivit à la Convention : « La fuite n'a été que trop rapide puisqu'il m'est impossible d'atteindre les ennemis..... Je n'avais que 12 bataillons devant lesquels 15.000 hommes ont disparu comme un souffle. » Le 21 septembre, il entra à Chambéry avec 100 cavaliers, 8 compagnies de grenadiers et 4 pièces de canon. « La municipalité m'attendait à la porte en habits de cérémonie..... Toute la troupe a été invitée à un grand festin qui lui était préparé. » Les commissaires de la Convention Grégoire, Hérault, Jagot et Simond furent reçus avec autant d'allégresse : « Nous sommes arrivés, dirent-ils, au bruit des cloches de la ville et de quatre-vingt-quatre coups de canon, nombre qui répond à celui des départements de la République française. Aussitôt, toutes les administrations, tous les fonctionnaires civils et militaires, les sections de la ville, les sans-culottes, le sénat et jusqu'à l'évêque et son clergé, tous sont venus nous exprimer leur joie d'être Français et nous recommander d'être leurs interprètes auprès de la Convention..... »

Les quatre compagnies d'élite du 80e se trouvèrent à l'avant-garde dans ces opérations, et La Tour d'Auvergne escorta le général en chef à Chambéry.

Dans cette courte campagne, — si l'on peut employer
un tel mot pour cette marche triomphale au milieu de
populations amies pleines d'enthousiasme, — les troupes
donnèrent un bel exemple de discipline que louèrent les
commissaires de la Convention : « Nous devons aux
troupes la justice de vous dire que, si elles n'ont pas trouvé
d'ennemis à combattre, elles n'ont perdu que l'occasion
de la victoire ; mais la conduite sage et amicale qu'elles
ont tenue envers les Savoisiens, le respect de toutes les
propriétés qu'elles ont religieusement observé, ont fait un
contraste éclatant avec l'opinion qu'en fuyant avaient
laissée nos émigrés et les Piémontais. » « Le général, ne
s'attendant pas à une aussi faible résistance, n'avait pu se
précautionner de vivres qui le missent en état de poursuivre à la course les ennemis. Les soldats de la liberté
ont éprouvé quelque disette dans les premiers instants.
Ils ont attendu de la sagesse du général le nécessaire qui
leur manquait, tandis que les Piémontais, fuyant en bri-
gands, ravageaient tout sur leur passage..... »

Les compagnies d'élite du 80ᵉ se trouvèrent, à la fin de
l'année, dans un grand dénûment, comme l'atteste une
note conservée aux archives de la mairie de Pont-de-
Beauvoisin :

« 80ᵉ régiment.

» Le citoyen La Tour d'Auvergne-Corret, capitaine commandant le détachement de grenadiers et chasseurs du
80ᵉ régiment, cantonné au Pont-de-Beauvoisin de Savoye,
autorisé par le conseil d'administration dudit détachement, requiert le citoyen Foulet, commissaire juge audi-
teur des guerres, employé à l'armée des Alpes, de l'autori-

ser provisoirement, vu l'éloignement où il se trouve de 200 lieues de sa garnison, le mauvais état et le dépérissement presque entier de toutes les parties de l'habillement de sa troupe, à prendre quatre manteaux blancs sur le nombre de ceux délaissés par les Piémontais et déposés entre les mains des châtelains et syndic du Pont-de-Beauvoisin de Savoye, afin de le mettre à même de faire travailler immédiatement aux réparations les plus indispensables des habits, vestes et culottes des quatre compagnies qu'il commande.

» Au Pont-de-Beauvoisin, Savoye, le 21 novembre 1792, an Ier de la République française.

» LA TOUR D'AUVERGNE-CORRET, D'HERBEY,
GRAVIER, DALENS, JACQUES DUMAS. »

Une inscription au verso de cette demande apprend que les quatre manteaux furent accordés.

La Tour d'Auvergne resta plusieurs mois à Pont-de-Beauvoisin avec son détachement. Il existe encore de lui une lettre, datée du 1er décembre et adressée de la même localité au commissaire des guerres, dans laquelle il se plaint avec énergie de la mauvaise qualité du pain distribué à ses hommes. Il termine en demandant qu'il leur soit accordé une équitable indemnité. A toutes les époques, on a vu se reproduire les mêmes tromperies, plus odieuses en temps de guerre, sur les vivres et les effets fournis aux troupes. Et les commissaires des guerres étaient souvent complices de ces honteux trafics. Les généraux s'indignaient et protestaient sans cesse. Le général Xaintrailles écrivit à Carnot en 1795 : « Si nous voulons sévir contre

les agents coupables, les commissaires des guerres sont là
pour les défendre..... Les uns et les autres ne manquent de
rien, tandis que le soldat manque de tout, et des fortunes
aussi rapides que scandaleuses insultent à la misère des
défenseurs de la patrie ». Le général Chérin, chef d'état-
major à l'armée du Danube, envoya au Ministre de la
guerre, en 1799, comme échantillons des fournitures reçues, 293 paires de souliers dont les semelles étaient faites
avec du carton et du feutre.

A l'armée du Midi, dénommée armée des Alpes à partir
du 1er octobre 1792, les malversations furent particulièrement graves et nécessitèrent la présence de commissaires
de la Convention, qui écrivirent le 24 novembre 1792 :
« La visite du magasin militaire de Lyon se continue et les
preuves de la mauvaise foi des fournisseurs et de la pré-
varication des commissaires des guerres s'accumulent
chaque jour..... La très grande partie des effets acceptés est
reconnue de la plus mauvaise qualité. Vous avez été étonnés
que la République payât le lard salé 34 sols la livre : vous
le serez peut-être davantage en apprenant que Benjamin
ne paye le lard salé, rendu à Lyon aux frais des fournisseurs, que 63 livres le quintal, c'est-à-dire 12 sols 7 deniers
la livre..... Il est inconcevable qu'on ait recours à des hommes de l'espèce de Benjamin, de Lebrun, Lajard et autres,
pour approvisionner nos armées, lorsqu'il serait si facile
de traiter directement et sans intermédiaire avec les ou-
vriers ou marchands-fournisseurs..... Sans une réforme
totale dans cette partie de l'administration, vous n'obtien-
drez pas des commis, des commissaires des guerres et de
quelques généraux qu'ils renoncent à ces marchés obscurs
si lucratifs pour les hommes avides et si favorables aux

fripons. L'Etat sera toujours volé tant qu'on ne fera pas les affaires de la République comme un particulier fait les siennes. » Il faudrait plusieurs volumes pour reproduire les plaintes des représentants du peuple et des généraux à propos des semelles en carton, des chemises de coton trop minces et trop petites, des effets d'habillement en drap brûlé et trop léger, etc. Constamment les armées furent mal fournies et exploitées sans vergogne, perdant plus d'hommes par la mauvaise nourriture et par le mauvais habillement que par le feu, c'est-à-dire par le fait de compatriotes indignes que par le fait de l'ennemi. Malgré sa sévérité et sa minutieuse surveillance, Napoléon Ier fut également trompé et mal servi, ainsi que le prouve sa correspondance.

La Tour d'Auvergne, qui avait continuelle préoccupation des besoins de ses soldats, ne les laissa jamais voler sans réclamer justice et ne se soucia pas des haines dangereuses qu'il excitait.

S'il exigeait que ses hommes eussent le nécessaire, tout ce que leur accordaient les règlements en vigueur, il se montrait d'un désintéressement extrême pour ce qui le concernait. La lettre suivante des commissaires de la Convention détachés dans le Mont-Blanc en fait foi :

« Les commissaires de l'armée du Mont-Blanc (1) font passer à la Convention nationale la somme de 700 livres qui a été offerte par le citoyen La Tour d'Auvergne-Corret,

---

(1) C'est *armée des Alpes* et non *du Mont-Blanc* que les commissaires auraient dû dire depuis le décret de la Convention, du 1er octobre 1792, qui divisait les forces de la République en huit armées. Il y eut onze armées à partir du 11 avril 1793. Le 11 novembre 1792, Kellermann avait remplacé Montesquiou, décrété d'accusation par la Convention.

capitaine des grenadiers du 80e régiment d'infanterie de l'armée de Kellermann.

» Ce citoyen désirerait que cette somme, qui est le produit de son fourrage, fût appliquée à l'armement et l'équipement de deux fantassins bretons du département du Finistère, si, dit-il, une seconde campagne devient nécessaire pour l'affermissement de la liberté que les Français viennent de conquérir. » (Convention, séance du 13 janvier 1793.)

Tous les officiers d'infanterie avaient un cheval et touchaient des rations de fourrages. A la séance du 14 octobre 1793, un membre de la Convention, Dupont, protesta contre ces allocations et dit : « Pourquoi traiter les officiers plus délicatement que les soldats et rompre l'égalité?..... Il faut donner des chevaux à ceux à qui ils sont nécessaires et les refuser aux autres. » Un autre membre, Albitte, fit repousser cette motion par la question préalable. Le 6 décembre, la Convention s'occupa à nouveau de cette question. Les Comités de salut public et de la guerre demandèrent la suppression des chevaux des capitaines, lieutenants et sous-lieutenants d'infanterie qui « embarrassaient la marche des bataillons et étalaient à la vue un luxe indigne des vrais républicains » et qui, surtout, consommaient 30.000 rations de fourrage par jour. « Si vous obligez les officiers d'infanterie de marcher à pied, chargés de leurs sacs comme les soldats, objecta Bourdon de l'Oise, ils seront comme eux fatigués en arrivant à leur destination et ne pourront donner leurs soins aux subsistances, aux campements, à tous les détails nécessaires ». Gossuin répondit qu'on avait besoin de fourrages pour la cavalerie; les officiers d'infanterie n'étaient pas « obligés » de marcher avec leur havresac puisque la loi leur accordait 50 livres de poids dans les charrois de l'armée. Finalement, la Convention rendit un décret enlevant leurs chevaux à tous les capitaines, lieutenants et sous-lieutenants d'infanterie et leur retirant, par dérogation à l'article 2 de la loi du 23 vendémiaire, les rations de fourrages accordées jusqu'alors. Tous les chevaux utilisables étaient requis et devaient être payés à leurs propriétaires. Il était défendu à ces officiers d'infanterie d'avoir des chevaux et d'en entretenir, même à leurs frais, aux armées et dans les garnisons.

Il résulte de la libéralité de la Tour d'Auvergne qu'il fit bravement la campagne de Savoie à pied comme sa troupe. C'est l'économie de fourrage réalisée par la suppression de sa monture qu'il envoya à la Convention. Ces dons des officiers et des soldats pour la défense nationale étaient fréquents à cet instant d'enthousiasme patriotique. Le capitaine approchait de la cinquantaine ; il se vit obligé, après son retour dans les Pyrénées, d'avoir un cheval pour transporter ses effets. Il le monta rarement, préférant marcher avec sa troupe, mais il en eut toujours un, dans toutes ses campagnes, jusqu'à la fin de sa vie. Il évita ainsi la pénible fatigue du havresac que les officiers subalternes d'infanterie étaient obligés de porter sur le dos, contrairement aux assertions du conventionnel Gossuin. Les charrois manquaient généralement et, quand il existaient, fonctionnaient trop mal et arrivaient trop tard, s'ils arrivaient, pour que les officiers n'eussent pas la précaution de conserver toujours avec eux leurs effets de première nécessité. Le capitaine ne fut pas atteint par le décret du 6 décembre 1793, car on maintint un cheval aux sous-lieutenants, lieutenants et capitaines d'infanterie quinquagé-

naires, avec le droit aux rations de fourrage (1). Cas
exceptionnel d'ailleurs. La Tour d'Auvergne resta probablement le seul capitaine d'un tel âge dans les armées de
la Révolution.

Un nouvel adversaire se déclara.

Le roi d'Espagne Charles IV rompit toute relation après
la mort de Louis XVI, son parent. Le 7 mars 1793, sur le
rapport de Barrère, qui rappela toutes les mesures d'hostilité de la cour d'Espagne, la Convention déclara la guerre
au roi, qui publia, le 23 mars, à Madrid, une cédule l'acceptant et faisant appel au dévouement de ses sujets. La
France se trouva environnée d'ennemis et attaquée sur
toutes ses frontières. Les quatre compagnies détachées du
80e rejoignirent en toute hâte leur régiment à Toulouse,
au mois de février.

Les troupes qui gardaient la frontière des Pyrénées
appartinrent d'abord à l'armée du Midi sous les ordres du
général Montesquiou. Avec la droite de cette armée, la
Convention créa l'armée des Pyrénées, qui fut constituée
le 1er octobre 1792 et reçut le lieutenant général Servan,
ancien ministre de la guerre, comme commandant en chef.
Le 80e de ligne, en garnison à Bayonne, servit à la formation de cette armée. Au mois de décembre, il fut appelé à
Toulouse, siège du quartier général. Il en partit le 20 mars
1793, et arriva le 25 à Bagnères-de-Luchon.

De là, le 80e fit une expédition dans le val d'Aran, sous

---

(1) D'après le tarif de la solde et des rations pour les militaires aux
armées, les capitaines, lieutenants et sous-lieutenants au-dessus de
50 ans avaient droit à une ration de fourrage. Tous les capitaines
avaient une solde de 9 livres par jour avec une ration et demie de
comestibles.

les ordres du général de brigade Sahuguet, le 31 mars.
Deux colonnes furent formées ; l'une se dirigea sur Foz et
l'autre sur le Portillon. La Tour d'Auvergne, placé à l'avant-
garde de la première, avec sa compagnie de grenadiers et
un piquet d'une compagnie de fusiliers, engagea sa troupe
dans la montagne, quoiqu'elle risquât d'y être ensevelie
sous les avalanches ou entraînée dans les précipices. Il
triompha des difficultés du passage en faisant battre et
tasser la neige avec des rames pour constituer un chemin
assez solide. Il tourna la position de l'ennemi, qui ne prévoyait pas une attaque par les hauteurs à cette période de
l'année ; il fit 80 prisonniers, dont 2 officiers, sans perdre
un seul homme. L'autre colonne eut moins de bonheur ;
les Espagnols la repoussèrent et elle eut 2 chasseurs tués,
5 autres blessés. Elle fit avancer de l'artillerie et put enfin
passer. Le val d'Aran fut occupé, et le général Sahuguet
s'installa à Viella pour organiser le pays. Il constitua une
fédération, et présida à la formation de trente municipa-
lités.

Le 80ᵉ régiment retourna à Bayonne au mois d'avril.

Les troupes de cette frontière étaient peu nombreuses et
mal organisées. Elles furent renforcées rapidement avec
des bataillons de volontaires dans lesquels on admit « des
hommes de toute taille et de tout âge, des enfants, des
vieillards, des hommes faibles et valétudinaires ». (Rapport de Lacuée, adjudant général de l'armée des Pyrénées,
à Carnot, du 12 décembre 1792.) « Nous serons heureux si
nous pouvons mener à la guerre les trois quarts de ce qui
sera réuni sous chaque drapeau. » Au commencement de
1793, l'effectif s'éleva à 23.850 hommes.

Le tableau que Lacuée présente de cette armée est lamentable : « Les régiments d'infanterie de ligne sont très loin du complet, et je ne vois point de moyen de les compléter... Les recrues sont loin d'être bonnes... L'instruction est faible et ne peut être perfectionnée de quelque temps parce que les officiers sont en partie trop jeunes ou trop vieux. La discipline est presque partout plus que relâchée. Les masses des corps sont en mauvais ordre et celle des soldats est encore dans un état plus déplorable. Les troupes sont mal vêtues. » Quant aux bataillons de volontaires, rassemblés trop hâtivement, « leur composition morale est encore plus défectueuse que leur composition physique ». La plupart des officiers doivent leurs grades, obtenus par l'élection, suivant la loi, « à l'intrigue, à l'or ou au cabaret ». Enfin, « presque tous les bataillons ont de mauvaises armes. Un très grand nombre d'entre eux n'ont point leur complet. Les troupes de ligne et les bataillons de volontaires sont dans un état réel de délabrement. Je dois vous le dire, soit négligence des départements, soit mauvaise foi des fournisseurs, les premiers habits donnés aux bataillons ont été mauvais et très mauvais. » Voilà les troupes dont disposait le général Servan nommé commandant en chef. Mais Lacuée se montra en même temps bon prophète en disant que ces défauts « passeraient dans les camps ». On verra ces hommes, accourus de leurs foyers et jetés sans vêtements dans une armée en désordre, perdre en peu de temps « l'esprit de licence » dont se plaignait l'adjudant général. Sous une direction énergique et intelligente, après quelques combats, ils deviendront des soldats modèles, enthousiastes et disciplinés; ils exciteront l'admiration de leurs généraux par leur constance et leur courage. Il faut ajouter que, si on avait mieux satisfait les besoins de ces hommes, il y aurait eu plus d'ordre et plus de discipline. L'incapable et malhonnête Pache, qui fut ministre de la guerre du 18 octobre 1792 au 4 février 1793, ne faisait « que des bêtises », suivant les propres termes de son ami Lacuée, et laissait les armées manquer de tout. Carnot indigné réunit contre lui de telles preuves d'incurie et de malversations qu'il fut renvoyé du ministère.

Le général Servan avait une tâche difficile. Il fut aidé par trois commissaires que la Convention choisit parmi ses membres et envoya à Bayonne le 23 septembre 1792 : Carnot, Garrau et Lamarque. Ils rentrèrent à Paris dans les premiers jours de janvier 1793. Trois autres commissaires se rendirent à Perpignan (1).

Les *commissaires* et les *représentants du peuple* eurent, au début, de la peine à imposer leur autorité dans les armées. Il leur fallut plus d'une fois user de rigueur, comme ils y furent contraints, à la fin de 1792, envers des officiers de l'armée du Rhin, parmi lesquels se trouvaient Caffarelli et Rouget de Lisle, l'auteur de la *Marseillaise*, qui furent destitués. Les troupes ne les voyaient pas d'un bon œil. Le capitaine d'un bataillon de volontaires de la Drôme a ra-

---

(1) Après la journée du 10 août 1792, il fut envoyé aux armées des *commissaires*, membres de l'Assemblée législative ou de la Convention, chargés de recueillir les vœux et les plaintes des populations, de vérifier l'état des corps de troupe et des places fortes. Au mois de décembre 1792, on envoya des *commissaires du pouvoir exécutif*, personnages quelconques, sans instruction, qui provoquèrent beaucoup de plaintes des généraux. Ils étaient spécialement chargés d'encourager l'esprit républicain dans l'armée. La Convention les rappela au mois de janvier 1793. Enfin, un décret, du 9 avril 1793, attacha à chaque armée trois membres de la Convention, qui prirent le nom de *représentants du peuple*.

conté un épisode qui montre cette antipathie des vieux soldats, lesquels ne pouvaient admettre l'immixtion des « bourgeois » dans le service militaire (1).

Pendant un combat, un représentant du peuple sans uniforme aperçut, à quelque distance de l'action, un grenadier qui était assis et fumait tranquillement sa pipe.

— Pourquoi es-tu là? dit-il au soldat.

— De quoi te mêles-tu?

— Lève-toi et rejoins ton bataillon, ou je te fais fusiller.

— Je ne reçois d'ordres que de mes chefs.

— Je suis ton chef; tu ne peux pas nier mon autorité. Je suis le représentant du peuple attaché à ton armée.

— Toi!... Hé bien, si tu es mon chef, va mettre ta pelure. Autrement je ne te connais pas.

Le représentant, furieux, va chercher un officier qui demande au grenadier pourquoi il n'est pas au feu.

Le soldat se lève alors en saluant avec respect : « Parce que j'en viens », et, ouvrant son habit, il montre sa poitrine trouée par une balle. « J'attends le chirurgien et je me suis placé ici pour voir si les camarades travaillent bien. »

Legard, ami de La Tour d'Auvergne, a raconté que celui-ci montra, vis-à-vis de certains représentants du peuple, la même indépendance que ce grenadier. Pendant qu'il était aux avant-postes, un délégué de la Convention lui envoya l'ordre de venir lui rendre ses hommages, s'il tenait à sa tête. Il répondit à l'individu chargé de cette commission :

« — Dis à ton maître que je suis à mon poste, que je ne

____

(1) Mémoires du capitaine Nugues, reproduits dans l'*Histoire d'un régiment* par le lieutenant Piéron.

fais ma cour à personne, que je ne connais et ne connaîtrai jamais d'autre devoir que celui de combattre et de vaincre l'ennemi ; dis-lui qu'il vienne, s'il est tout-puissant comme tu l'annonces, mettre les Espagnols en fuite. Ils vont bientôt s'avancer. Qu'il accoure pour faire battre la charge ! »

La réponse est vraisemblable de la part d'un homme indépendant et brave comme La Tour d'Auvergne, et s'il eut de cordiales relations avec des conventionnels tels que Carnot, Garrau, Féraud et beaucoup d'autres, qui furent très aimés de l'armée, malgré leur sévérité et leurs exigences justifiées par le patriotisme, il ne dut pas être en bons termes avec Pinet, qui souleva les troupes et les populations indignées de sa morgue brutale et de sa cruauté.

On rapporte de lui une autre réponse de même hardiesse. Un conventionnel, séduit par son talent et son courage, le complimentait et lui offrait sa protection en insistant sur les faveurs qu'il pouvait lui attirer.

— Alors, citoyen représentant, vous êtes très influent ?

— Certainement ; tout ce que vous me demanderez vous l'aurez.

— Hé bien, tâchez donc d'avoir des souliers pour mes pauvres grenadiers et pour moi, car nous en manquons depuis longtemps, et nous ne pouvons en obtenir.

L'armée manquait en effet des choses essentielles. Les premiers bataillons de volontaires furent habillés de la façon la plus disparate, avec tous les vêtements qu'on découvrit dans la contrée. Ils restèrent longtemps à moitié nus, sans chaussures. On a lu le rapport de Lacuée, de décembre 1792. Au mois d'avril 1793, il n'y avait guère d'améliorations, comme le prouve une lettre des représentants du peuple au Comité de Salut public. La plupart des soldats manquent de gibernes, disaient-ils. « On a absolument négligé l'habillement des volontaires. Ils sont sans souliers, beaucoup sans habits et un grand nombre avec des culottes et une simple veste tombant en lambeaux. Nous en avons vu en sarrau de toile. Ils manquent aussi de guêtres. Il est impossible, citoyens nos collègues, de vous peindre l'état misérable de nos braves frères. » Un an après, ce n'était guère mieux, le colonel Bouchotte ayant exercé les fonctions de ministre de la guerre, du 4 avril 1793 au 18 avril 1794, à peu près comme Pache. Aux demandes d'argent, de vêtements, de vivres et de munitions, il ne répondait que par des discours patriotiques. Aussi, le général de division Mauco écrivait au mois de mai 1794 : « La division va nu-pieds ; elle est absolument déchaussée ; cette expression n'est pas figurée, c'est la vérité. En outre, bidons, marmites, gamelles, tentes, etc., tout nous manque... »

La boutade ironique de La Tour d'Auvergne était donc bien justifiée. S'il fit ainsi comprendre spirituellement à ce représentant du peuple son parfait mépris des recommandations et des faveurs, en même temps que le devoir pour le gouvernement de mieux assurer le nécessaire aux hommes qui risquaient leur vie pour la défense du pays, il ne montra jamais d'animosité contre la Convention et contre ses délégués. Il reçut, au contraire, très bien les premiers commissaires et se lia avec quelques-uns d'entre eux, particulièrement avec Carnot qui, conservant de lui le meilleur souvenir, lui témoigna plus tard sa grande estime et contribua à la récompense de ses services.

Cette mission agit d'ailleurs avec prudence et fermeté ; elle eut bientôt vaincu les mauvais vouloirs, manifestes ou cachés. Carnot envoya à la Convention un rapport détaillé. « Le personnel de l'armée des Pyrénées est bon, disait-il. Il ne s'y trouve pas seulement des militaires braves et dévoués, mais encore une réunion d'hommes distingués par leurs talents et par leur éducation. On y cultive sous la tente les arts, les sciences et la littérature. » « J'ai passé dans cette société les heures les plus agréables, a raconté un ancien volontaire de 1792, Pierre David, compatriote de La Tour d'Auvergne, plus tard rédacteur du *Moniteur*, puis consul en Orient et député. Le meilleur ton des salons y régnait, sans préjudice de l'austérité républicaine. Le jeune capitaine Dessoles, futur général et président du Conseil des ministres, amateur de musique et lui-même bon violon, organisait des concerts, et La Tour d'Auvergne, aussi complaisant que savant, nous prodiguait les trésors de son érudition originale. »

Ce que Pierre David appelle mal à propos le « ton des salons » était le ton des camps républicains, où l'on employait un langage des plus concis et des plus énergiques, ainsi qu'on pourra en juger par les passages de quelques lettres et de quelques rapports que nous citerons. Le tutoiement devint bientôt la règle obligatoire, même entre les officiers et les soldats. C'est le *Père Duchêne* d'Hébert, fondé au commencement de 1791, qui avait demandé, dans un numéro du mois de septembre, que le tutoiement entre les Français fût rendu obligatoire. Cette idée devint vite populaire. Une députation des sociétés populaires de Paris parut à la barre de la Convention le 18 brumaire an II, pour réclamer un décret ordonnant le tutoiement. Trois jours après, le rapporteur, Thuriot, tout en approuvant le projet, dit qu'il fallait le laisser mûrir. « Quand la raison aura fait assez de progrès, alors rendons le décret. » La Convention passa à l'ordre du jour. Peu à peu cet usage se répandit (1). En 1794, la Convention ordonna l'égalité entre toutes les classes et il parut en découler l'obligation du tu. Le général Roch Godart raconte qu'il était alors chef de bataillon et que deux soldats vinrent lui dire à son logis : « Godart, nous te prévenons que nous manquerons à l'appel du soir. » Furieux, il les terrassa, les frappa à coups de canne et les obligea à demander pardon. Mais il fallut s'y habituer. Les généraux donnèrent l'exemple. Des représentants écrivirent à Bouchotte : « Citoyen sans-culotte et ministre », en lui disant tu. L'adjudant général Bernard portait, en 1793, comme le général Canuel et plusieurs autres, un bonnet rouge sur la tête, et « si un officier ou un soldat se fût avisé de lui parler sans le tutoyer, il lui aurait passé son sabre au travers du corps ». (Mémoires du général Bigarré.) Napoléon Ier eut quelque peine à mettre un terme à cette habitude, lorsqu'il exigea une tenue et des façons plus aristocratiques des chefs militaires. Lannes ne cessa pas de le tutoyer et l'Empereur agit de même à l'égard des vieux soldats et parfois des officiers. Malgré son élévation au trône, de vieux grognards, tout en l'appelant « Sire », persistèrent à lui dire « tu », comme le

---

(1) D'après une communication de M. Aulard à la *Société de l'histoire de la Révolution* (Sorbonne, 27 mars 1898), c'est le *Mercure national*, dirigé par Mme Robert, fille de G. de Keralio de l'Académie des Inscriptions, qui émit le premier, au mois de décembre 1790, l'idée du tutoiement entre tous les Français. Le Comité de Salut public adopta le tu dans sa correspondance officielle au mois de brumaire an II. Il ne commença à y renoncer qu'en fructidor an III. A la même époque, les conventionnels cessèrent de se tutoyer dans les séances. Déjà, à la fin de décembre 1794, le journal *La Vedette* constatait que le tutoiement n'était plus en faveur à Paris.

grenadier qui lui adressa un petit discours au bivouac d'Austerlitz, avant la bataille, à la lueur des torches, pour lui rappeler son couronnement et lui prédire la victoire. Le langage des armées républicaines n'avait aucun rapport avec celui des salons, ainsi qu'on peut en juger par ce billet que le général Flavigny adressa à Bonaparte en 1796 :

Citoyen général,
Tes lapins manquent de pain ;
Pas de pain, pas de lapins,
Pas de lapins, pas de victoires.
Ainsi donc veille au grain.
Et n....i... ni
C'est fini !
..... FLAVIGNY.

Nous remplaçons par des points une expression trop soldatesque.

La concision fut ordonnée dans une curieuse proclamation des représentants du peuple Baudot et Lemane, le 9 novembre 1793 : « Les actions, les manières, le style, tout dans une république doit porter l'empreinte de la liberté. Les phrases longues appartiennent au régime des monarchies ; le laconisme est le propre d'une république. Dix lignes suffisent et au delà pour chaque objet d'une pétition. Ceux qui en écriront davantage seront suspectés de vouloir mettre des longueurs à la Révolution. »

« Il est peu d'hommes qui aient poussé plus loin la frugalité que La Tour d'Auvergne, a encore raconté Pierre David ; il ne se nourrissait que de laitage. » Le fait est attesté par plusieurs contemporains. Le capitaine conserva toute sa vie ces habitudes de sobriété, d'abord imposées par sa santé, mais aussi conformes à ses goûts. La frugalité était générale dans l'armée, aussi grande chez les officiers que chez les soldats, souvent forcée d'ailleurs, car les vivres manquèrent maintes fois. Carnot a raconté qu'il lia connaissance avec La Tour d'Auvergne à l'armée des Pyrénées : « Il vivait, sous une baraque, de châtaignes et de lait, selon le goût de sa Bretagne, donnant l'exemple de la rigidité des devoirs, jointe à la douceur envers ses soldats et envers les habitants du pays, adoré des uns et des autres. » (*Mémoires sur Carnot.*)

Les armées républicaines ont excité l'admiration de tous les hommes qui ont vécu au milieu d'elles. « La colonne de grenadiers commandée par La Tour d'Auvergne, raconte le général Foy, était campée en Biscaye dans des vergers plantés de cerisiers, et les grenadiers n'osaient pas cueillir les cerises qui pendaient sur leurs tentes..... Pendant les premières années de la République, les généraux français ont fait la guerre avec l'austérité et l'abnégation qui convenaient à la noble cause pour laquelle ils avaient pris les armes. La paye était alors de huit francs par mois pour les hauts grades (1). On ne mangeait à la table du quartier général d'autre pain que le pain du soldat, et d'autre viande que la viande de la distribution. La conquête de l'Italie changea les mœurs de la tête de l'armée. » « Les officiers qui recevaient quelques secours de leurs familles n'en pouvaient guère faire usage, dit M. Thiers, car tout était

---

(1) Le général Foy veut dire que les officiers ne recevaient pas plus de huit francs par mois en numéraire, car les tarifs leur allouaient davantage. Les armées ne furent presque jamais payées régulièrement pendant la Révolution et pendant l'Empire. Le Directoire surtout, sans cesse à court d'argent, n'en envoyait qu'au bout de plusieurs mois, après maintes réclamations des généraux. Napoléon prit aussi l'habitude de faire des économies en ne donnant la solde qu'à de longs intervalles. Il bénéficiait ainsi de la disparition des tués.

requis d'avance par l'administration française. Ils étaient soumis au régime des soldats, marchant à pied, portant le sac sur le dos, mangeant le pain de munition et vivant des hasards de la guerre. » Tous les généraux ont vanté les qualités guerrières de ces officiers et de ces soldats. Gouvion Saint-Cyr a déclaré : « C'est aux armées républicaines que je m'honore le plus d'avoir appartenu. »

Le 80ᵉ régiment possédait dans ses rangs, avec La Tour d'Auvergne, des hommes de mérite comme Miollis, qui, nommé général en 1794, fut gouverneur de Rome de 1807 à 1814; Lamarque, orateur et écrivain de talent, qui parvint rapidement au grade de général de division; Fauriel, historien, critique et philologue, qui était sous-lieutenant de grenadiers dans la compagnie de La Tour d'Auvergne, en 1793, et qui devint membre de l'Académie des Inscriptions; etc.

L'élection par les inférieurs était la base de l'avancement au choix. Pour tous les grades, excepté pour celui de colonel (ou chef de brigade) et celui de caporal, l'avancement était donné un tiers à l'ancienneté de service, à grade égal dans tout le corps, et deux tiers au choix de l'élection. Le bataillon votait pour son chef de bataillon, la compagnie pour ses officiers et ses sergents. Les électeurs, qui comprenaient seulement les militaires d'un grade au-dessous de celui de la vacance, présentaient trois candidats choisis dans le grade immédiatement inférieur. Il y avait ensuite un *scrutin épuratoire*, à la majorité absolue des suffrages, parmi les individus du grade de la vacance, qui désignaient le plus méritant des trois candidats présentés par le corps, ou par le bataillon, ou par la compagnie, suivant le cas. Quant aux caporaux, ils étaient choisis dans tous les soldats

du bataillon, mais élus seulement par les soldats de la
compagnie où existait la vacance, à la majorité absolue.
Les colonels ou chefs de brigade étaient toujours pris parmi
les plus anciens chefs de bataillon du corps (alternative-
ment le plus ancien de service et le plus ancien de grade).
Les grades de général de brigade et de général de division
étaient accordés un tiers à l'ancienneté de service, à grade
égal, et deux tiers au choix du ministre. « Cette législation,
dit le colonel d'état-major Rocquancourt, figure au nombre
des causes qui amenèrent les succès des armées républicaines. Effectivement, quelle mesure plus propre à aiguil-
lonner les courages et à populariser les belles actions, que
celle qui tenait sans cesse sous les yeux de leurs juges les
postulants à l'avancement? » En l'an III, la Convention se
réserva un tiers des nominations d'officiers, et, en l'an IV,
le Directoire nomma à tous les emplois supérieurs. Le
Consulat ne laissa plus aucun grade au choix des
corps.

Les bataillons de volontaires élurent tous leurs officiers,
et, s'ils commirent quelques erreurs, se laissèrent influen-
cer par quelques intrigants, ils surent généralement distinguer les bons chefs. Une preuve décisive en est fournie
par la liste des nombreux généraux de la République et de
l'Empire sortis de leurs rangs et parmi lesquels dix obtinrent le bâton de maréchal.

Le talent et le courage étaient vite récompensés pendant
les guerres de la Révolution. Moncey, chef d'un bataillon
d'infanterie légère, *Les Chasseurs cantabres,* en 1793, fut
nommé général de division et commandant en chef de
l'armée l'année suivante. Les avancements rapides de
Jourdan, Marceau, Hoche et des autres célébrités mili-

taires sont connus. Dans l'armée des Pyrénées-Occidentales
il y en eut de plus rapides encore, quoique moins justifiés.
Les représentants du peuple nommèrent d'emblée général
de brigade le citoyen Courpon, commandant la garde nationale de Bordeaux. Un tailleur, surnommé *La Victoire,*
soldat dans le bataillon des *Chasseurs cantabres,* devint général en moins d'un an. Il était très brave, mais ne savait
pas lire. Les nominations de ce genre obligèrent la Convention à rendre un décret ordonnant qu'aucun citoyen ne
serait promu depuis le grade de caporal jusqu'à celui de
général en chef s'il ne savait lire et écrire.

Un avancement exceptionnel s'offrait à La Tour d'Auvergne s'il y consentait, car sa réputation s'était bientôt
établie, et les représentants du peuple enthousiasmés ne
tarissaient pas d'éloges sur son héroïsme et son habileté.
Le général en chef Servan écrivit de Toulouse le 15 janvier
1793 : « J'ai proposé pour colonel du 20ᵉ régiment d'infanterie le capitaine La Tour d'Auvergne. » Le 20ᵉ était à ce
moment en garnison à Bayonne avec le 80ᵉ. Lacuée, chef
de l'état-major, manda au ministre de la guerre sept jours
après : « Je sais que le commandant en chef de l'armée
vous a proposé de nommer à ce régiment (le 20ᵉ) le citoyen
Corret La Tour d'Auvergne. Je crois qu'il serait difficile de
faire un meilleur choix, et je ne dois pas vous dissimuler
qu'il est bien intéressant que le choix soit bon, car ce corps
a un très grand besoin d'un premier chef qui soit homme
de mérite..... Ce régiment n'ayant point fait la guerre pendant la campagne dernière, ne peut point réclamer contre
la nomination d'un étranger. » En attendant la décision
du ministre, les représentants du peuple délégués par la
Convention nommèrent La Tour d'Auvergne colonel du 20ᵉ

à titre provisoire le 25 avril 1793 (1). Ce dernier, que personne n'avait consulté, refusa tout net; il déclara qu'il voulait rester simple capitaine de grenadiers. Malgré l'insistance de ses camarades et de ses chefs, il persista dans cette résolution, et la place fut définitivement donnée à un autre le 15 mai.

Un de ses amis, ancien condisciple du collège de Quimper, a raconté, dans une brochure publiée seulement en 1815, une scène émouvante à laquelle aurait donné lieu cette nomination :

« La Tour d'Auvergne rassemble ses grenadiers : « Camarades, j'ai un avis à vous demander. » A ce propos, les grenadiers de s'entre-regarder en souriant. « Eh ! oui, reprend leur capitaine, je vous ai donné quelquefois de bons conseils; aujourd'hui, j'exige aussi votre avis sur une affaire qui me concerne. On vient de m'envoyer un brevet de colonel du régiment de Champagne; dois-je accepter ? Qu'en pensez-vous, mes enfants ? » Les grenadiers, mornes et tristes, se taisent. Enfin, l'un d'eux prenant la parole : « Notre capitaine, dit-il, non seulement ce grade, mais un grade supérieur vous est dû depuis longtemps, et, à cet égard, toute l'armée pense comme nous. Mais nous, nous perdrons donc notre père ? » — « Nous ne pouvons, ajoutèrent les autres grenadiers, vous dissuader d'accepter cet avancement, mais nous... » Des larmes leur coulèrent des

____

(1) Par le même arrêté, les représentants du peuple Ysabeau et Neveu nommèrent au grade de général de brigade le colonel de La Chapelette, du 80ᵉ, qui avait 44 ans de service. C'était un de ces vieux et braves officiers de l'ancien régime qui, étant sans fortune et sans protections, végétaient dans les grades subalternes. Il avait été nommé lieutenant en 1748 et capitaine en 1763. Le 15 mai 1793, il fut promu général de brigade à titre définitif.

yeux. — « Mes amis, reprit la Tour d'Auvergne, attendri lui-même, je vois que tout cela vous afflige ; vous êtes contents de moi ? » — « Ah !... si nous le sommes !... Mais l'êtes-vous aussi de vos grenadiers ?... » — « Mes amis, content, très content. Vous êtes tous de braves gens et je vous aime comme mes enfants. Je vais donc renvoyer ma commission. » — « Mais, capitaine... » — « Je n'écoute plus rien ; je voulais votre avis ; je le connais ; cela me suffit. Vous viendrez tous dîner avec moi, camarades ; aucun de vous n'y manquera. » Il quitte ses grenadiers étonnés et attendris, et va ordonner un repas militaire et frugal. A l'heure marquée, les grenadiers arrivent, et La Tour d'Auvergne se place au milieu d'eux. On dîna gaiement. A la fin du repas, La Tour d'Auvergne se lève et s'adressant à toute la compagnie : « Mes camarades, renouvelons ici un engagement mutuel, moi de ne pas vous quitter, vous de m'être toujours fidèles », et ce traité fut cimenté par les larmes de tous. La Tour d'Auvergne renvoya donc sa commission de colonel, mais il garda le beau cheval d'Espagne que le ministre lui avait envoyé en même temps. Et quel usage en faisait-il ? Des soldats de sa compagnie me l'ont appris. Quand ils allaient à quelque expédition, le cheval suivait ; mais il était conduit par la bride. Quelque grenadier paraissait-il fatigué de la marche : « Camarade, lui disait le capitaine, monte ce cheval, il me gêne à conduire ainsi. » Il fallait obéir » (1).

---

(1) *Quelques détails sur La Tour d'Auvergne-Corret*, par feu M. Le Coz, publié par l'abbé Grappin.

Claude Le Coz, né à Plouvenez-Porzay en 1740, élève du lycée de Quimper, se destina à l'état ecclésiastique, et devint principal du même lycée. Il fut évêque constitutionnel et député d'Ille-et-Vilaine en 1791. Emprisonné au Mont Saint-Michel pendant la Terreur, il recouvra la

Si l'intérêt du service demande que la discipline soit paternelle, suivant les termes du beau règlement de 1833 sur le service intérieur, dû au maréchal Soult, il veut en même temps qu'elle soit ferme, et elle serait vite détruite avec ces procédés et ces plébiscites. Les chefs militaires ne peuvent abdiquer leur autorité et leurs prérogatives. Cette anecdote est singulière, et les détails en sont inexacts. Ce n'est pas du régiment de Champagne, qui devint le 7e d'infanterie en 1791, qu'on nomma La Tour d'Auvergne colonel, mais du 20e régiment, anciennement Cambrésis. Le régiment de Champagne ne se trouvait pas dans les Pyrénées-Occidentales; à la fin de 1792 il se rassembla à Carcassonne et devint le noyau de l'armée des Pyrénées-Orientales. Il est aussi question d'un cheval d'Espagne que le ministre de la guerre avait envoyé. Il semble que ce soit un don à titre de récompense, un cheval d'honneur. La République décerna des « armes d'honneur » pour reconnaître les actions d'éclat, mais jamais le ministre n'offrit des chevaux. Les capitaines d'infanterie eurent une monture au début des guerres de la Révolution, comme nous l'avons expliqué, et, lorsqu'elle fut supprimée, La Tour d'Auvergne la conserva, parce qu'il était âgé de plus de

---

liberté en 1795 et joua un rôle important. Il présida le concile national des évêques constitutionnels à Paris en 1797, assembla un synode à Rennes en 1799, présida encore le concile de 1801. Il fut nommé archevêque de Besançon en 1802, se soumit au pape en 1804, et témoigna un ardent enthousiasme pour l'Empereur jusqu'à la fin de sa vie. Il mourut en 1815.

Sa brochure a beaucoup contribué à répandre la fameuse légende de La Tour d'Auvergne servant « en simple grenadier dans les mêmes rangs où si longtemps il avait marché comme l'un des plus grands capitaines de l'Europe ! » Jamais La Tour d'Auvergne n'a servi comme simple soldat.

cinquante ans. Connaissant sa sollicitude pour ses hommes, on peut supposer que si l'un d'eux tombait malade ou blessé et se trouvait dans l'impossibilité de suivre la colonne, il le faisait transporter sur son cheval. Mais il est difficile d'admettre qu'il poussait la bonté, lui, vieux capitaine aux cheveux blancs, jusqu'à le prêter constamment à ses soldats tandis qu'il marchait à leurs côtés. Cette posture ne pouvait convenir à son caractère et à sa position. Nous aurions passé cette historiette sous silence si elle n'avait paru dans toutes les biographies de La Tour d'Auvergne. On a évidemment cru favoriser sa mémoire par ces légendes. Elles sont inutiles, et la vérité historique le sert mieux.

Le capitaine ne revint jamais sur sa décision de refuser tout avancement. Il garda le même grade tandis que ses camarades passaient généraux et que son propre sergent-major, nommé Gravier, devenait son chef de bataillon en 1794. Vainement des généraux et des représentants du peuple s'efforcèrent de le fléchir par d'affectueuses instances. Ses amis n'obtinrent pas plus de succès. Il avait l'énergie et la ténacité des Bretons. Il ne prenait de résolution qu'après avoir mûrement réfléchi, mais il demeurait ensuite inflexible, surtout s'il pensait que le devoir ou l'honneur l'engageât. Au mois de juillet 1793, une autre tentative fut faite pour qu'il acceptât la place de lieutenant-colonel vacante à son régiment. L'élection avait déterminé une grande majorité en sa faveur, car il était très aimé. Ce mode de désignation procura souvent d'excellents résultats, parce que les troupes étaient intéressées à se donner de bons chefs et comprenaient l'importance de leurs choix, surtout en temps de guerre. Cependant des intrigues amenèrent quelquefois le succès de mauvais officiers, comme le donne à supposer cette intéressante lettre :

« Au citoyen La Tour d'Auvergne-Corret,
» Au camp de gauche, 31 juillet 1793, an II de la République.

» Ce que j'avais prévu, cher ami, sur l'élection au choix de la lieutenance-colonelle, vacante au régiment, est arrivé : tu as réuni les suffrages de la manière la plus satisfaisante, puisque tu as 560 voix ; pour le scrutin épuratoire, il n'y a eu qu'une voix (1). Il ne nous reste qu'un vœu à former, qui est que, malgré la répugnance que tu as marquée sur l'élévation à aucun grade, tu acceptes la place. Il y va des plus grands intérêts pour toi et pour le régiment :

» 1º Parce que personne n'est plus en état d'en remplir les fonctions que toi, et que si tu venais à refuser, ce serait immanquablement X... (2) qui te remplacerait à notre grand regret, au lieu de Miollis que nous, anciens Angoumois, aurions voulu porter à ton défaut à cette place. Il y a une cabale formée à cet égard, bien claire, Miollis n'ayant obtenu que 27 voix, tandis que X... en a obtenu 170.

» 2º En acceptant, cela ne dérange rien à tes projets ; tu peux quitter à la fin de la campagne, lieutenant-colonel comme simple capitaine.

» 3º Cela arrange tout le monde. Tu as beau dire qu'ayant refusé un grade supérieur dans un autre corps, tu ne peux

---

(1) Cette opération du *scrutin épuratoire* était faite par le colonel (ou chef de brigade) et les chefs de bataillon lorsqu'il s'agissait d'une vacance de chef de bataillon ou de lieutenant-colonel. Les électeurs (militaires du grade inférieur à celui de la vacance) devaient choisir les trois candidats parmi les capitaines, et les trois officiers désignés étaient soumis au *scrutin épuratoire*.

(2) La Tour d'Auvergne a fait disparaître sur l'original le nom qui figurait ici. (Frédéric Masson, *Revue rétrospective*.)

en accepter un inférieur, mais tous les jours on a vu et on voit des anciens officiers avoir refusé et refuser des places d'officier supérieur dans un corps étranger et l'accepter dans le sien; moi-même j'ai refusé, lors de la décision de Durognon, avec qui j'étais en concurrence pour la lieutenance-colonelle, d'en prendre une que mon frère avait obtenue dans un autre corps. Je crois te l'avoir dit dans nos entretiens.

» De grâce, cher ami, au nom de l'amitié et du bien du régiment, laisse-toi fléchir; encore un sacrifice pour le bien de la chose publique; tu es accoutumé à en faire; celui-ci ne doit rien te coûter, d'autant mieux qu'il ne nuit en rien à tes intérêts ni à tes vues ultérieures qui me seront toujours aussi à cœur que les miens propres.

» Tu sais les sentiments d'amitié et d'attachement que t'a voués pour la vie ton meilleur camarade et ami,

» Dumas. »

Si La Tour d'Auvergne avait dû céder à des sollicitations, c'est certainement à celles de l'amitié appuyée par les suffrages de tout un régiment. Mais sa résolution était irrévocable. Il resta simple capitaine. Sa réputation n'en a pas été amoindrie.

CHAPITRE VI

L'armée des Pyrénées occupait une ligne trop étendue, ayant toute la frontière franco-espagnole à défendre. Sur le rapport des représentants du peuple en mission, la Convention accepta la division qu'ils avaient établie dès le début des hostilités et décréta, le 30 avril 1793, qu'il y aurait deux armées : l'armée des Pyrénées-Orientales et l'armée des Pyrénées-Occidentales. L'armée espagnole, placée défensivement dans le Guipuzcoa et la Navarre, était commandée par le lieutenant général don Ventura Caro, qui avait 22.000 hommes pour protéger trente-deux lieues de frontières, depuis Fontarabie jusqu'au val d'Aran. Il n'osa pas risquer une attaque dans ces conditions. Il lui était, d'ailleurs, ordonné de rester sur la défensive.

L'armée française se réunit presque tout entière sur la rive droite de la Bidassoa, où trois camps furent formés, à Sarre, Jolimont et Hendaye. Les jeunes volontaires supportèrent avec courage les souffrances du bivouac.

Le 23 avril, les Espagnols firent une tentative contre le camp d'Hendaye, d'où ils furent repoussés avec pertes.

Ils voulurent venger cet échec, et prononcèrent contre le camp de Sarre une attaque de nuit bien préparée et

habilement conduite, qui réussit et faillit entraîner la
perte de l'armée et la prise de Bayonne. Le 2 mai, à deux
heures du matin, ils envoyèrent 2.000 hommes d'infanterie
et 400 de cavalerie en deux colonnes. Celle de droite, sor-
tant de Lesaca, eut beaucoup de peine à s'avancer dans
une obscurité profonde et fut retardée; mais la colonne
de gauche, partie de Berra, enleva les avant-postes formés
par des miquelets que leur chef laissa surprendre,
« faute, dit un rapport, d'avoir ordonné des patrouilles »,
et elle occupa un bois tout près du camp de Sarre. Le
capitaine des miquelets, coupable seulement de négligence,
fut accusé de trahison par ses soldats et tué par un Français de sa compagnie (1).

Dans le camp, aucun bruit. Le général Caro, commandant la colonne de gauche, attendit les coups de fusil de
l'autre colonne qui devait donner le signal de l'attaque.
A trois heures du matin, celle-ci n'était pas encore arrivée.
Il ne fallait pas être surpris par le jour. Le général espagnol se résolut à agir seul. Il se plaça avec six compagnies
d'infanterie sur la droite du camp, sans avoir été signalé.
Ses troupes ouvrirent un feu rapide.

---

(1) Au mois d'octobre 1792, Carnot, pendant sa mission, avait ordonné
deux réquisitions pour organiser un bataillon de six compagnies de
miquelets, comprenant les déserteurs espagnols et les montagnards qui
devaient rendre des services dans cette guerre spéciale que l'ennemi
connaissait mieux que les Français. Lacuée écrivit le 12 décembre : « Les
compagnies sont presque complètes, mais nous ne savons comment les
habiller, les armer et, qui plus est, les solder. C'est au point que, sans
le civisme du citoyen Martinez, premier capitaine de ce corps, qui les
a vêtus et soldés pendant deux mois, et le dévouement du citoyen
Laussat, payeur des Basses-Pyrénées, nous aurions été forcés de licen-
cier ce corps, et vous sentez quel effet cela aurait produit. Cependant
j'ai envoyé la réquisition au ministre, et ce dès le mois d'octobre. Il
n'a pas répondu... »

La panique fut complète. Épouvantés par cette attaque en pleine nuit, les jeunes volontaires, qui n'avaient pas encore vu le feu, s'enfuirent en désordre. Les Espagnols avancèrent rapidement, prirent deux canons et occupèrent les retranchements construits pour défendre les abords du camp. Le désastre aurait été irrémédiable sans la 1re compagnie des grenadiers du 80e et son capitaine La Tour d'Auvergne.

Le colonel de La Chapelette, du 80e, commandait le camp. Il ordonna à la 1re compagnie de grenadiers d'arrêter à tout prix les ennemis pendant qu'il essaierait d'organiser la résistance. Un autre capitaine du 80e, Dessein (général de division en 1795), se joignit aux grenadiers avec 50 fusiliers du régiment et 40 chasseurs cantabres. Cette petite troupe, comptant 150 hommes en tout, tint en respect la colonne du général Caro.

La Tour d'Auvergne dit à ses grenadiers de ne pas tirer sans ordre. Il laissa les Espagnols s'avancer à quelques pas, et commanda soudain : Feu! Cette salve à bout portant démoralisa les assaillants qui subirent beaucoup de pertes et qui, ne pouvant dans l'obscurité connaître la force de cette troupe, reculèrent à leur tour. Sur ces entrefaites, la deuxième colonne ennemie arriva. Le général Caro fit reprendre l'offensive. La Tour d'Auvergne, avec le secours de Dessein, qui fut blessé, parvint encore, grâce à la nuit et au dévouement de ses soldats, à résister à cette forte colonne pendant une demi-heure. Mais il fallut à la fin céder au nombre et battre en retraite jusqu'à l'extrémité du camp, où régnait une grande confusion.

Un groupe d'officiers discutait sans mesure au lieu d'aider le colonel de la Chapelette. Le lieutenant-colonel

Barbazan criait qu'il fallait battre en retraite au plus vite si l'on ne voulait pas être cerné. La Tour d'Auvergne, survenant à ce moment, s'écria indigné : « Reculer ! N'avons-nous pas des bras et des baïonnettes pour les repousser ? »

Pendant la discussion intempestive de ces officiers, les volontaires, qu'on avait ralliés avec beaucoup de peine, s'étaient affolés de nouveau et avaient pris la fuite en abandonnant quatre canons, malgré les reproches du colonel.

Sans plus discourir, la Tour d'Auvergne rassembla ses grenadiers et les reporta encore en avant. Sous le feu violent des Espagnols, ils s'attelèrent à trois pièces, enclouèrent la quatrième, et ne battirent en retraite que lentement, en disputant le terrain pied à pied. Ces braves gens traînèrent les trois canons dans la boue, malgré toutes les difficultés d'un sol accidenté. Ils ne rejoignirent le restant de l'armée à Ustaritz qu'à neuf heures du soir, après des fatigues surhumaines. Les volontaires s'étaient enfin arrêtés. Les Espagnols, après avoir pillé et brûlé le camp, reprirent leurs anciennes positions.

Les représentants du peuple Projean, Baudot et Chaudron-Roussau rendirent justice à la belle conduite de La Tour d'Auvergne dans tous leurs rapports. « Il a ménagé la retraite de nos troupes, dirent-ils au comité de Salut public, faisant à propos une décharge qui a assez tué de monde à l'ennemi pour faire un rempart de morts. » Ils écrivirent à la Convention le 6 mai : « Un détachement de 100 hommes de nos troupes, commandé par le capitaine La Tour d'Auvergne, contint longtemps les Espagnols, arrêta leur cavalerie comme nous l'avons déjà mandé, et cependant nos soldats, par l'effet des suggestions perfides des agitateurs, et, sans avoir tiré un coup de fusil, abandonnèrent le camp en criant à la trahison. Nous avons perdu tous les effets de campement de trois bataillons. Quoique l'ennemi eût pu tirer un parti très avantageux de cette déroute, à ce point qu'il eût pu s'emparer de Bayonne sans coup férir, tant l'alarme était générale, cependant il s'est contenté de piller quelques maisons de patriotes et s'est retiré. Notre camp même a plus souffert des dévastations de nos propres soldats et de ceux qui suivent l'armée que de nos ennemis. Le même jour, une terreur panique se répandit dans le camp de Jolimont, et, sans qu'il fût inquiété par les Espagnols, des soldats crièrent aussi à la trahison et abandonnèrent leur poste contre les ordres précis des généraux. La déroute devint complète, et le camp fut levé. Les deux frères Chappel, soldats du 80e régiment, eurent le courage de rester seuls, pour garder pendant la nuit deux pièces de canon qui avaient été enclouées et abandonnées par les fuyards, et parvinrent à les conserver et à les désenclouer (1). Cette désorganisation tient à des causes de malveillance que nous cherchons à découvrir... Le camp d'Hendaye s'est maintenu, quoiqu'il ait été excité de la même manière et par les mêmes moyens que les deux autres. Tous ces événements se sont passés le 2, et c'est le soir de cette journée que nous sommes arrivés à Bayonne. La consternation était générale. Les volontaires affluaient de toutes parts, sans ordre, sans armes, et avec

---

(1) Un détachement du 80e, commandé par le chef de bataillon Durognon, resta seul au camp pendant la nuit. Les frères Chapelle, après avoir désencloué les pièces, les rechargèrent et attendirent l'ennemi, debout toute la nuit et prêts à faire feu.

une contenance qui annonçait le découragement. Nous nous sommes occupés à prendre une connaissance positive des faits, à mettre en activité une cour martiale et à faire juger sans délai ceux qui ont compromis le sort de nos armes. L'insouciance et le désordre étant extrêmes, nous nous proposons, de concert avec les généraux, de faire publier un code pénal militaire qui sera exécuté prochainement. »

Après cette défaite, le général Servan convoqua, à Saint-Jean-de-Luz, un conseil de guerre qui décida de ne former qu'un seul camp sur les hauteurs de Bidart, à deux lieues en avant de Bayonne, d'abandonner le fort d'Hendaye, les camps de la Croix-des-Bouquets et de Jolimont, enfin tout le terrain compris entre la Nivelle et la frontière, « mesure commandée par l'insuffisance des forces et la désorganisation presque générale ». Le 5 mai, l'armée était réunie et campait près de Bidart.

Le général Servan remit de l'ordre dans ses troupes, les exerça et évita toute rencontre, pour ne pas compromettre le succès d'une nouvelle campagne. Comme avant-postes, il envoya deux bataillons et 100 dragons à Ciboure, puis les compagnies de grenadiers de l'armée, sous le commandement de La Tour d'Auvergne, à Saint-Pée, à quatre kilomètres en arrière de Sarre. L'approche des grenadiers délivra cette dernière localité d'une contribution en troupeaux levée par les Espagnols qui devaient venir en prendre livraison huit jours après et qui n'osèrent se représenter.

« Les forces de nos ennemis ne sont point importantes, d'après la comparaison des différents états qui nous ont été remis, écrivaient les représentants du peuple. Il est certain qu'ils ne sont forts que de notre propre faiblesse. Il paraît que le nombre de leurs troupes sur la frontière de la Navarre et de la Biscaye peut former un corps de 15.000 hommes de troupes réglées et 10.000 hommes de milice des trois provinces de la Biscaye. Cette dernière partie est peu redoutable au delà de ses foyers. Elle est sans uniforme et presque sans discipline. La Biscaye jouit du privilège de se garder elle-même. Elle ne contribuera qu'au service propre à la défense de ses passages ou à la police des villes voisines. La troupe réglée est plus imposante, surtout celle qui est composée de Catalans et d'Aragonais. La garnison de Saint-Sébastien consiste dans le second bataillon du régiment de Reding suisse et un bataillon de milice au Passage. Il y a à Fontarabie une partie du régiment de Léon avec un corps d'artillerie suffisant pour la défense des batteries. Irun est gardé par 2.000 hommes composés des bataillons de milice de Léon et de Galice, le 2e bataillon de Reding suisse, une partie des régiments de Léon et d'Africa, un corps de miquelets avec un détachement de 60 dragons de la Reine. Le reste de ce régiment est placé en cantonnement sur la grande route. Il y a à Tolosa 400 hommes. Toutes ces troupes sont sous le commandement du maréchal de camp Orcacistas, dont le quartier général est à Irun.

» Le général Caro, qui commande en chef toute la frontière, a son quartier général à Pampelune. Toute la garnison de cette place se trouve campée actuellement dans les différents passages de cette province, sur la lisière de France. Le total se monte à 8.000 hommes environ. Il n'y a à Pampelune qu'un régiment de milice avec les dragons du Roi, composés de 500 cavaliers.

» La totalité des forces espagnoles est d'environ 60 à 70.000 hommes. Le gouvernement a fait dégarnir tout l'intérieur du royaume et même les côtes. Il reste seulement 6.000 hommes à Madrid. Rien ne serait si méprisable que cette armée si la tenue de la nôtre était bonne. Au rapport de tous les Français qui reviennent d'Espagne, les habitants ne veulent point la guerre, et les troupes mêmes redoutent notre *enragerie républicaine*, suivant leur expression. Il est certain que, si nous prenons une fois l'attitude qui convient à nos principes, les Espagnols rentreront sur leur sol sans plus songer à aucune tentative. Ils ne peuvent faire que la guerre de postes. Ils n'ont ni l'audace ni le courage nécessaires aux grandes entreprises. »

L'armée française, soumise à une sévère discipline, ne tarda pas à avoir meilleure contenance et meilleur esprit. Le 15 mai, La Tour d'Auvergne s'avança jusqu'à Sarre, où il posta ses grenadiers pour surveiller les gorges d'Ascain et d'Olette. Les représentants du peuple mandèrent au comité de Salut public le 18 mai : « En passant la revue du poste de Sarre, commandé par le brave La Tour d'Auvergne, nous avons vu à découvert le camp ennemi qui n'est séparé du nôtre que par une vallée très étroite. Notre position est bonne. Notre armée prend enfin la consistance qui convient aux défenseurs de la République, et l'organisation en est presque achevée ; elle est remplie de courage patriotique et de cet amour de l'ordre et de la discipline qui assure la victoire. Depuis que tous les corps sont réunis en un seul camp, le zèle et le bon exemple ont tout fait. Le général Caro, dont le camp est à Pampelune, est atteint de la même maladie que Brunswick éprouva dans les plaines de la Champagne.

Son armée est dans un état de misère et de maladie. La nôtre redouble de force et d'activité; les recrues arrivent de toutes parts, et avec de la surveillance et de l'exactitude tout sera bientôt réparé. » Ces conventionnels protestaient contre le remplacement du général en chef, annoncé par les « papiers publics ». « Servan jouit de la confiance du soldat et de l'officier; il mérite celle de l'un et de l'autre. »

Le 6 juin, l'ennemi enleva le Château-Pignon, près de Saint-Jean-Pied-de-Port, et fit prisonnier le général de La Genetière. Son attaque audacieuse, brillamment exécutée, prouva aux représentants du peuple qu'il ne méritait pas leurs dédains et ne manquait ni de hardiesse ni d'intrépidité.

Grâce à la réquisition de 300.000 gardes nationaux, décrétée par la Convention le 21 février 1793 pour remplacer des volontaires rentrés dans leurs foyers, l'armée des Pyrénées-Occidentales, très menacée à cause de son infériorité numérique, reçut, pendant les mois de mars et d'avril, des renforts qu'elle instruisit en peu de jours au camp de Bidart, et elle se trouva bientôt en état de se mesurer de nouveau avec ses adversaires. Ces rapides résultats s'obtinrent par le bon esprit des troupes, par la fermeté du commandement, par des exercices fréquents et bien dirigés, enfin par une discipline sévère. Heureusement, l'ennemi resta quelque temps immobile après ses succès. Et, quand les opérations reprirent, il eut affaire à une armée mieux organisée, plus instruite et plus confiante. Les combats ignorés, soutenus dans les Pyrénées-Occidentales, valent d'être racontés en détail. Quelles campagnes furent plus glorieuses que les premières de la Révolution? Elles sont cependant moins connues que d'autres soutenues pour une

cause moins noble et qui présentèrent moins de difficultés. La défense de la France en 1792, 1793 et 1794, donna
lieu à des manœuvres et à des rencontres où les troupes
montrèrent plus de constance et de courage qu'à aucune
autre époque.

Le général Servan porta son armée en avant de Saint-
Jean-de-Luz pour rejeter l'ennemi sur la rive gauche de la
Bidassoa, et décida l'attaque pour le 22 juin. Au milieu de
la nuit, il forma trois colonnes de 500 hommes chacune.
Les grenadiers se placèrent à celle du centre, ayant toujours à leur tête l'intrépide La Tour d'Auvergne qui, soutenu par son indomptable énergie, déployait plus de
vigueur que les officiers dans la force de l'âge, toujours en
avant, ne se plaignant jamais des privations, heureux des
missions périlleuses qu'on lui confiait sans cesse.

La colonne de droite tirailla longtemps avec un corps
ennemi retranché dans un bois au-dessus d'Hendaye. La
colonne du centre se rangea en bataille vis-à-vis d'une
hauteur appelée la montagne de Louis XIV depuis le traité
des Pyrénées de 1659, et elle fut bientôt renforcée par la
colonne de gauche. Comme poste avancé, les Espagnols
avaient organisé défensivement une grande propriété. La
maison était fortement barricadée ; les murs étaient cré-
nelés. La colonne du centre éprouva d'abord quelques
pertes par le feu des Espagnols embusqués. La Tour d'Auvergne, voyant l'hésitation de ses soldats devant cet obstacle, s'avança et frappa la porte à coups de hache, criant
aux Espagnols de se rendre, sinon il les brûlerait vifs dans
la maison. Les grenadiers ne voulurent pas le laisser s'expo-
ser seul et coururent à son secours. Il leur dit de répondre
au feu des défenseurs en plaçant comme eux les canons

des fusils dans les créneaux. Puis il frappa de nouveau, répétant ses menaces. Intimidé par cette hardiesse, l'ennemi finit par rendre ce poste important, presque imprenable.

Ce n'était que le prélude de l'opération. Il fallait maintenant enlever la montagne de Louis XIV, bien défendue par 1.500 Espagnols occupant des retranchements garnis de 40 pièces de canon de gros calibre. Cette montagne est séparée par la Bidassoa d'une chaîne de hauteurs élevées, sur le versant desquelles l'ennemi avait construit plusieurs redoutes garnies de grosses pièces de canon. Il y eut d'abord un duel d'artillerie, défavorable aux Français qui avaient le désavantage de la position et des pièces plus faibles. Les troupes s'irritèrent de subir des pertes sur place, sans combattre. Elles demandèrent à grands cris l'assaut.

Les généraux hésitaient en voyant que la montagne de Louis XIV était difficilement accessible, et que, même prise, ils ne pourraient la garder, car elle était dominée par les batteries placées de l'autre côté de la Bidassoa. Les cris redoublant et La Tour d'Auvergne offrant d'entraîner ses hommes, ils cédèrent à l'impatience générale et donnèrent le signal.

Aussitôt, l'adjudant général d'Arnaudat fait avancer deux pièces de 4 qu'il place en batterie sur le flanc de l'ennemi. Il reçoit deux graves blessures et tombe de cheval. Les canonniers, bravant le feu des redoutes, n'en continuent pas moins leur tir et causent à leur tour des pertes aux défenseurs qui s'inquiètent. Alors La Tour d'Auvergne crie : *En avant!* aux grenadiers du 80ᵉ régiment d'infanterie qui s'élancent, suivis des grenadiers du 22ᵉ et du bataillon de volontaires des Hautes-Pyrénées. Le capitaine Revichy, avec le 2ᵉ bataillon de volontaires de l'Aude, court à leur suite et s'efforce de les devancer. Tous ces hommes gravissent les pentes, la baïonnette en avant. C'est à qui atteindra le premier les retranchements. Le colonel Willot et un dragon du 18ᵉ arrivent en même temps et se disputent cet honneur. La Tour d'Auvergne apparaît peu de temps après avec tous ses grenadiers qui, dirigés par lui, sautent dans les fossés, gravissent les plongées. Les canonniers ennemis sont massacrés sur leurs pièces. Les redoutes sont prises avec leurs défenseurs. Le camp est abandonné par les Espagnols qui s'enfuient avec précipitation en abandonnant un enfant. Les grenadiers le leur renvoyèrent après l'action.

La Tour d'Auvergne se prodigue. On le voit partout. Il reçoit cinq coups de feu dans ses vêtements sans être blessé. « Il charme les balles », disent ses soldats, stupéfaits du bonheur inconcevable de leur chef, qui s'expose plus que tous et n'est jamais atteint. Combattant de plus de cent mêlées meurtrières, il ne reçut effectivement qu'une seule blessure dans toutes ses campagnes, mais en plein cœur.

Dans cette lutte d'une heure, officiers et soldats, saisis d'émulation, rivalisèrent d'intrépidité. Un grenadier du 80ᵉ, ayant eu un bras emporté, répondit aux paroles de consolation : « Ne me plaignez pas, il me reste encore un bras pour défendre mon pays ». Un volontaire des chasseurs de la Haute-Garonne, grièvement blessé par un éclat d'obus, dit à ses camarades s'apitoyant sur son état : « Vous avez tort de me plaindre », témoignant qu'il était heureux de ses blessures reçues pour son pays. (*Moniteur* du 5 juillet 1793, séance de la Convention.)

Les Espagnols passèrent en désordre sur la rive gauche

de la Bidassoa, dont ils détruisirent le pont, poursuivis à coups de baïonnette par les grenadiers de La Tour d'Auvergne.

Nous avons reconstitué, d'après les documents officiels et les récits des contemporains, les péripéties de ce combat qui, aujourd'hui oublié, eut alors quelque retentissement, non qu'il procurât d'importants avantages ou qu'il eût été très meurtrier, mais parce qu'il témoignait de l'enthousiasme et de la valeur d'une jeune armée qui avait à effacer le souvenir d'une panique honteuse. La bataille de Valmy fut aussi célébrée comme une grande victoire, quoique l'engagement eût été de courte durée et les pertes insignifiantes. L'enlèvement du camp de la montagne de Louis XIV fut acclamé par la Convention. On lut en séance publique une lettre du général Servan adressée au citoyen Ysabeau, représentant du peuple, annonçant que les pertes n'avaient été que de 5 tués et 21 blessés du côté des Français, tandis que les Espagnols avaient eu 60 tués, 200 blessés et 15 prisonniers.

Le général Servan reçut, après ce succès, la nouvelle de sa destitution, obtenue par ses ennemis politiques pendant son éloignement. Le général comte de La Bourdonnaye prit le commandement en chef le 23 juin et, officiellement, le 4 juillet, mais à titre intérimaire seulement.

La Tour d'Auvergne et ses grenadiers furent comblés d'éloges. Le général Servan s'exprima ainsi dans son rapport : « Le capitaine La Tour d'Auvergne, commandant les grenadiers de l'armée, qui s'était déjà si fort distingué à l'affaire de Sarre, a soutenu, dans celle-ci, la réputation qu'il s'était acquise depuis si longtemps. » Quelques jours après, le général de La Bourdonnaye adressa une lettre particulière de félicitations au capitaine qui lui répondit du « camp des grenadiers », le 24 juin 1793 :

« Citoyen,

» Le général en chef ne devait aucuns remerciements aux grenadiers ou à leurs officiers pour la conduite qu'ils ont tenue dans la journée du 22 ; ils n'ont fait que leur devoir. Leur conduite a été conforme aux sentiments qu'ils n'ont cessé de montrer depuis le commencement de la Révolution pour le soutien de la cause glorieuse qu'ils ont embrassée. L'on prend d'ailleurs aisément du goût pour toutes les vertus républicaines quand on en chérit le modèle dans le général en chef sous les ordres duquel nous avons le bonheur de servir. Je ressens, ci-toyen, en mon particulier, une joie extrême de pouvoir être ici l'interprète des sentiments de nos braves grenadiers et de leurs officiers.

» Salut et fraternité.

» Le capitaine La Tour d'Auvergne-Corret. »

Le général de La Bourdonnaye, très malade, ne conserva le commandement en chef que jusqu'au 10 juillet ; il mourut le 6 octobre aux eaux de Dax. Les guerres de la Révolution consommèrent un nombre extraordinaire de généraux. Il fallait une force de résistance peu commune pour supporter tant de fatigues, si l'on était épargné dans les combats. Ce général en chef fut remplacé, le 11 juillet, par du Chambge, baron d'Elbheck, qui mourut à Saint-Jean-de-Luz le 1er septembre. A d'Elbheck succéda de Prez de Crassier, qui fut destitué le 4 octobre. Les représentants du peuple Garrau et Ysabeau, mécontents de la disgrâce de Servan, n'hésitèrent pas à écrire au comité de Salut public : « Nous ignorons par quelle fatalité on nous envoie un citoyen Delbecq, connu par ses sentiments royalistes. Un génie malfaisant semble présider aux nominations du conseil exécutif. Citoyens nos collègues, notre petite armée est très unie, très attachée à ses chefs. Nous vous prions de veiller à ce qu'on ne les lui enlève pas. » Ysabeau avait déjà dit le 19 juin : « La destitution des généraux justement aimés porte le trouble et le mécontentement dans toute l'armée. »

Les Espagnols firent trois tentatives pour s'établir sur la rive droite de la Bidassoa, le 1er, le 4 et le 5 juillet. Le colonel Willot, avec un bataillon de la 5e demi-brigade légère, quelques dragons et les compagnies de grenadiers commandées par La Tour d'Auvergne, les repoussa chaque fois.

Le 13, les Espagnols revinrent à la charge et s'installèrent sur les hauteurs de la Croix-des-Bouquets. L'avant-garde les en délogea et les poursuivit jusqu'au bord de la Bidassoa. La Tour d'Auvergne entraîna le bataillon qu'il commandait et qui était composé des grenadiers du 80e et des grenadiers des trois bataillons de volontaires des Landes, de l'Aude et du Tarn. Il l'emmena jusqu'à Biriatou, dernière localité de la rive droite occupée par l'ennemi qui s'y était fortement retranché et qui avait garni d'abatis les abords de la position.

La Tour d'Auvergne mit le sabre à la main et, se frayant péniblement un passage à travers les obstacles accumulés, arriva le premier sur le grand retranchement qui proté-

geait l'entrée. Les Espagnols n'attendirent pas les coups de
baïonnette des grenadiers et reculèrent. Poursuivis dans
les rues de Biriatou, 140 d'entre eux se refugièrent à l'intérieur de l'église qui avait été crénelée et disposée pour
servir de dernier réduit. Indépendamment de ses moyens
de défense, cet édifice avait la protection du feu des batteries de la rive opposée.

Les grenadiers attaquèrent avec fureur, mais l'ennemi,
bien abrité, les fusillait presque à bout portant. La Tour
d'Auvergne s'élança sur la porte, une hache à la main, et
essaya de l'enfoncer. Malgré ses coups redoublés il ne put
y parvenir. Les Espagnols faisaient un feu d'enfer. Vingt
grenadiers tombèrent aux côtés du capitaine. La nuit
vint. Tout espoir d'emporter ce réduit était perdu. Il
fallut reculer. L'ennemi n'osa suivre.

La Tour d'Auvergne écrivit au général en chef le 14
juillet 1793 :

« J'ajouterai à ma relation de l'attaque de l'église et du
retranchement de Biriatou, que la citoyenne Liberté-Rose
Barreau, née à Saint-Malens, district de Cahors, âgée de
dix-neuf ans, mariée à un grenadier du 2e bataillon du Tarn,
grenadier elle-même dans la compagnie à laquelle est
attaché son mari, s'est montrée plus qu'un homme dans
l'attaque du retranchement de l'église crénelée de Biriatou
jusqu'au moment où son époux est tombé à ses côtés, au
pied du retranchement, percé d'un coup de feu. Alors cette
héroïne républicaine, redevenue femme sensible, s'est précipitée sur le corps de son mari. Ses efforts pour le relever
et le transporter sur ses épaules étaient vains, quand son
frère est accouru pour partager avec elle ce pieux devoir

de la tendresse et de l'amitié. L'ennemi, sous les yeux duquel cette scène attendrissante se passait, saisi d'admiration, suspendit un moment son feu. Je lui dois cette justice, ayant été le témoin de son action.

» Cette femme courageuse avait déjà épuisé sur l'ennemi toutes ses cartouches et en demandait de nouvelles à ses camarades au moment où le plomb meurtrier frappa son mari. La jeunesse, la figure intéressante, la bonne conduite, la brillante valeur de Liberté-Rose Barreau la recommanderont sûrement, général, bien plus auprès de vous que tout ce que je pourrais ajouter ici pour vous engager à vous intéresser à son sort, afin de lui faire obtenir quelques secours de la Convention. Elle porte dans son sein le premier fruit de sa tendresse pour l'homme auquel elle avait uni sa destinée jusque dans les combats. Si elle venait à le perdre, forcée de quitter le corps des grenadiers auquel elle est attachée, il ne lui resterait plus de ressources, même dans son courage. Ainsi, environnée de sa seule gloire, elle se verrait plongée dans la plus affreuse misère avec le héros qu'elle doit mettre au monde.

» Salut et respects.

> » La Tour d'Auvergne-Corret, commandant les quatre compagnies de grenadiers à l'attaque de Biriatou. »

Rose-Alexandrine Barreau, qui remplaça ses anciens prénoms, suivant la mode républicaine, par un de ceux figurant sur le nouveau calendrier et prit celui de Liberté, était entrée le 6 juillet 1792 au 2e bataillon du Tarn pour suivre son mari, nommé Layrac, et son frère, L. Barreau, tous deux grenadiers. Elle était habillée comme les volontaires. Elle avait enduré les fatigues de la campagne, en prenant part à toutes les actions.

Après le combat de Biriatou, elle porta son mari à l'ambulance, et le soigna avec dévouement. La recommandation chaleureuse de La Tour d'Auvergne lui valut une gratification de 300 livres des représentants du peuple. Ce secours lui permit de bien traiter son cher blessé dont elle sauva la vie. Elle accoucha heureusement malgré tant d'émotions. Elle servit jusqu'en 1804, et se signala par son courage sur de nombreux champs de bataille. Napoléon Ier s'intéressa aux exploits de la femme Layrac, et accorda, en 1805, une pension de retraite de cent francs à ce « grenadier » du 63e régiment d'infanterie, qui avait cinq enfants. Elle entra plus tard à la succursale des Invalides, à Avignon, où elle mourut à l'âge de 71 ans.

Rendus prudents par les pertes que leur avaient infligées les grenadiers de La Tour d'Auvergne, les Espagnols ne s'avancèrent plus sur la rive droite avec autant de témérité. Les avant-postes suffirent pour les tenir en respect.

Le dimanche 21 juillet, l'armée jura l'acceptation de la Constitution.

L'infatigable général Caro prépara une attaque importante qui se produisit le 23 juillet. Vers trois heures de l'après-midi, 3.000 hommes d'infanterie et 400 cavaliers, soutenus par des pièces d'artillerie qui furent hissées sur la montagne de Louis XIV, passèrent la Bidassoa. Le général Willot, avec le 1er bataillon de la 5e demi-brigade légère et le bataillon de grenadiers de La Tour d'Auvergne, résista vigoureusement. La droite des Espagnols fut culbutée, ce qui entraîna la retraite de toute leur ligne. Leur gauche, comprenant le régiment de Léon-Infanterie et 400 cavaliers, protégea le mouvement rétrograde. Le colonel Robert, avec 90 cavaliers du 18e régiment de dragons et 30 gendarmes, fondit à l'improviste sur cette gauche, la coupa, la sabra et la jeta dans une déroute complète.

Le maréchal de camp Roufignac, le colonel du régiment de Léon, 12 officiers et 193 soldats furent faits prisonniers. Les Espagnols perdirent en outre 150 tués ou blessés et un grand nombre d'hommes qui se noyèrent dans la Bidassoa en s'écartant des gués. L'artillerie fut précipitée dans la rivière du haut de la montagne de Louis XIV. Le général en chef don Ventura Caro reçut une blessure.

Les représentants du peuple Rafiot et Garrau donnèrent les renseignements suivants : « Caro a été renversé de cheval et serait prisonnier sans les contrebandiers espagnols qui l'ont ramené à Irun. Le général s'est fait saigner le 24. Le lieutenant général Dumouillet est très grièvement blessé ; il en est de même du jeune Crillon et de plusieurs officiers de marque. Un autre officier général a péri sur le champ de bataille ; c'est sans doute celui dont nos braves soldats ont apporté l'uniforme. De notre côté, le nombre des morts ne s'élève qu'à 7 ou 8 et celui des blessés à 36. Le général de division Labourdonnaye a montré dans l'action beaucoup de sang-froid et de prévoyance. Il en est de même du citoyen La Tour d'Auvergne, capitaine de la 1re compagnie des grenadiers au 80e régiment d'infanterie ; cet officier joint à beaucoup de talents une intrépidité héroïque. »

L'armée réorganisée et renforcée commençait à inspirer confiance. « 20.000 hommes couvrent nos gorges depuis la vallée d'Aran jusqu'à Saint-Jean-Pied-de-Port, écrivait le représentant Féraud, le 10 août, et 10.000 au moins Saint-Jean-de-Luz. Ceci n'est plus une armée sur le papier. »

La Tour d'Auvergne commandait à ce moment les quatre compagnies de grenadiers que nous avons indiquées. Dans les armées de la Révolution, des compagnies d'élite étaient souvent réunies sous le commandement du plus ancien capitaine de ces détachements, ou sous celui d'un officier supérieur. C'est ainsi que La Tour d'Auvergne eut fréquemment sous ses ordres plusieurs compagnies de grenadiers. Ayant obtenu son grade en 1784, il ne rencontra jamais de capitaine plus ancien, et eut autorité sur ses camarades, autant par sa valeur personnelle et sa réputation que par son ancienneté. Les généraux, qui l'avaient en grande estime, utilisaient son expérience et lui confiaient l'exécution des coups de main audacieux, des entreprises difficiles. Ils l'appelèrent même quelquefois dans leurs conseils, le traitant comme un égal. Le vieux capitaine était très écouté, et ses conseils étaient souvent suivis. Lorsqu'on hésitait à adopter un plan qui semblait trop hardi — et il l'aurait été sans doute pour toute autre troupe que celle de La Tour d'Auvergne, — il s'écriait : « *Res, non verba*. Ce que je propose, je me charge de l'exécuter avec mes grenadiers. » Et il faisait comme il disait, prouvant la justesse de ses prévisions. Sa belle devise, si énergique dans sa concision militaire, devint, comme on le sait, la devise de Hoche.

Plusieurs historiens, entre autres le général Foy et Michelet, égarés par les inventions romanesques de quelques contemporains de la Tour d'Auvergne, ont raconté que sa colonne de grenadiers inspira une telle terreur aux Espagnols qu'ils l'appelèrent la *colonne infernale*. Certains auteurs, amplifiant encore, ont dit que le capitaine du 80e commandait une division d'avant-garde comprenant toutes les compagnies de grenadiers et formant un corps de huit à neuf mille hommes. Il n'eut pas constamment une colonne sous ses ordres. Au début, il ne commanda que sa compagnie, et, plus tard, s'il dirigea plusieurs compagnies d'élite, comme d'autres capitaines de valeur dans les différentes armées, ce ne furent pas toujours les mêmes; on les tira de régiments et de bataillons de volontaires différents, et leur nombre varia. Il ne fut pas seul à commander des groupes de compagnies d'élite dans les Pyrénées-Occidentales. Moncey dirigeait plusieurs compagnies de chasseurs, placées aux avant-postes de l'aile gauche, au mois de juin 1793. Un autre capitaine du 80e avait sous ses ordres, à l'aile droite, plusieurs compagnies de chasseurs dont le rôle était le même que celui des compagnies de grenadiers confiées à La Tour d'Auvergne. On verra plus loin que Vigent, chef d'un bataillon de volontaires de la Gironde, commandait le bataillon des grenadiers de l'armée au mois de septembre 1793, que Jacob Roucher le commandait au mois de février 1794 et le chef de bataillon Gravier au mois de novembre.

La Tour d'Auvergne n'eut donc pas, d'une façon permanente, une colonne de compagnies d'élite sous ses ordres; il exerça de façon temporaire un commandement de ce genre en même temps que d'autres capitaines, et les grenadiers réunis se trouvèrent plusieurs fois dirigés par d'autres officiers. Par conséquent, c'est une erreur de dire « la colonne de La Tour d'Auvergne », car elle n'exista pas d'une manière fixe, et il n'est pas exact non plus de l'appeler « la colonne infernale », parce que ce titre fut celui de troupes dont nous parlerons plus tard.

Cette rectification n'enlève rien à la renommée de La Tour d'Auvergne, qui n'a pas besoin d'être représenté comme une sorte de général pour obtenir l'attention de la postérité. Il n'a jamais voulu être qu'un capitaine. Il rendit d'immenses services à l'armée dans ces fonctions modestes et utiles. Il fut un officier de troupe incomparable, savant, habile et courageux. Il mourut capitaine volontaire, tou-jours au milieu des grenadiers. Laissons-lui le rôle qu'il a choisi et qu'il n'a jamais consenti à abandonner. Il estimait lui-même son titre de premier grenadier comme le plus grand honneur qu'il pût ambitionner. Le général Moreau lui dit un jour, croyant le complimenter : « Vous méritez bien, mon cher La Tour d'Auvergne, d'être général. » Le capitaine répliqua avec vivacité : « Et vous, mon cher général, vous seriez digne d'être premier grenadier de France. » Il montrait ainsi, dit M. Buhot de Kersers, qu'il regardait le titre qui lui avait été décerné « comme une distinction plus flatteuse que les épaulettes de général ».

La France compte assez de généraux célèbres pour qu'elle puisse s'enorgueillir aussi de héros d'un rang moins élevé, d'officiers, de sous-officiers et de soldats dont l'existence de dévouement à la patrie sera récompensée par un rayon de cette gloire qu'absorbent généralement les chefs de la hiérarchie militaire et qu'il est juste de voir parfois s'égarer sur des humbles méritants comme le Grand Ferré, les sergents Pascal et Dubois, le che-valier d'Assas, les capitaines La Tour d'Auvergne et Lelièvre, les sergents Blandan et Bobillot.

CHAPITRE VII

Il existait de la rivalité entre les soldats des anciens
régiments et les volontaires des nouveaux bataillons. Les
premiers, qui avaient conservé l'habit blanc, appelaient
dédaigneusement *bleus* les jeunes conscrits auxquels on
avait donné des habits de cette couleur. Le mot *bleu* est
resté dans l'argot militaire pour désigner le soldat nouvellement incorporé, naïf, sans expérience et sans résistance
aux fatigues. Les *bleus* et les *blancs* se jalousaient et se
raillaient. Ceux-ci se dénommaient encore « soldats de
porcelaine », infligeant à leurs jeunes rivaux le sobriquet
de « soldats de faïence », parce que la porcelaine va au
feu et que la faïence n'y va pas. Les soldats de la ligne
avaient en général de trente-deux à trente-sept ans, tandis
que la moyenne de l'âge des volontaires était à peine de
vingt-cinq ans (1).

Il s'était formé un si grand nombre de bataillons de
volontaires et de corps francs qu'on en ignorait même le

---

(1) Les hommes levés en vertu de la réquisition du 21 février 1793
furent encore improprement appelés *volontaires*. Seuls les engagés de
1792 méritent ce titre.

nombre dans les bureaux de la guerre. Les généraux se plaignaient de ces petits corps qui, manquant de consistance et d'union, rendaient les manœuvres et les opérations plus difficiles. La Convention décida de réorganiser l'armée en opérant l'*amalgame* de tous les éléments anciens et nouveaux. Un décret, du 21 février 1793, prescrivit que l'infanterie serait « formée en *demi-brigades* composées chacune d'un bataillon des ci-devant régiments de ligne et de deux bataillons de volontaires ». Un autre décret, du 12 août, détermina les détails d'exécution pour qu'il fût opéré d'une manière uniforme par les représentants du peuple dans toutes les armées.

L'amalgame eut les plus heureux résultats. Les *blancs* et les *bleus* se trouvèrent confondus. Tous les soldats des demi-brigades portèrent l'habit bleu. Soumis à une discipline sévère, imposée par les généraux et les représentants du peuple en mission aux armées, ces nouveaux corps, bien encadrés, bien commandés, accomplirent des merveilles. L'esprit de l'armée s'améliora ; il y eut autant d'enthousiasme avec plus d'entente et plus de cohésion. Désormais, bourgeois et paysans, riches et pauvres, ignorants et savants, confondus dans les mêmes rangs, se sentirent mieux les coudes et se réunirent dans les mêmes efforts pour la même cause sainte.

Ces hommes se passèrent de tentes, souvent de vêtements, dit le maréchal Rochambeau : « Aucune privation ne leur coûta ; ils bravèrent toutes les intempéries des saisons et firent tous les prodiges que la postérité aura de la peine à croire. » Le général Foy, parlant d'une colonne commandée par La Tour d'Auvergne, et qu'il dénomme inexactement *colonne infernale*, raconte qu'elle observait

« une discipline qui rappelle la conduite des armées romaines dans les beaux temps de la République ». « Les
officiers donnaient l'exemple du dévouement, atteste le
maréchal Soult; le sac sur le dos, privés de solde, ils prenaient part aux distributions comme les soldats; on leur
donnait un bon pour toucher un habit ou une paire de
bottes. Cependant aucun ne songeait à se plaindre de cette
détresse... Je puis le dire, c'est l'époque de ma carrière où
j'ai le plus travaillé et où les chefs m'ont paru le plus exi-
geants. Dans les rangs des soldats, c'était le même dévouement, la même abnégation. Les conquérants de la Hollande traversaient par 17 degrés de froid les fleuves et les
bras de mer gelés, et ils étaient presque nus; cependant
ils se trouvaient dans le pays le plus riche de l'Europe; ils
avaient devant les yeux toutes les séductions; mais la discipline ne souffrait pas la plus légère atteinte. Jamais les
armées n'ont été plus obéissantes ni animées de plus d'ardeur. C'est l'époque des guerres où il y a eu le plus de
vertu parmi les troupes. J'ai souvent vu des soldats refuser avant le combat les distributions qu'on allait leur faire
et s'écrier : Après la victoire on nous les donnera. » Epo-
ques héroïques !

Mais quelle terrible discipline ! A l'armée du Rhin,
Saint-Just exposa pendant douze heures sous le couperet
de la guillotine l'accusateur public Schneider, ex-prêtre,
pour avoir affiché un luxe insolent au milieu de la misère
publique, et il l'envoya au Tribunal révolutionnaire de
Paris qui le condamna à mort. Saint-Just et Lebas décré-
tèrent la peine de mort contre les pillards, contre « les
agents prévaricateurs des diverses administrations de
l'armée et les agents ou partisans de l'ennemi ». Saint-Just

écrivit, le 15 novembre 1793, à la municipalité de Strasbourg : « 10.000 hommes sont nu-pieds dans l'armée; il
faut que vous déchaussiez tous les aristocrates de Strasbourg dans le jour et que demain, à dix heures du matin,
les 10,000 paires de souliers soient en marche pour le quartier général. » La municipalité fournit immédiatement
les souliers demandés, avec tous les manteaux de la ville.
Avant la bataille de Fleurus, un capitaine d'artillerie fut
exécuté, par ordre de Saint-Just, pour n'avoir pas complètement achevé un épaulement à l'heure précise qui lui avait
été fixée. Les représentants du peuple Gillet, Bellegarde,
Lacoste, Joubert et Portier, en mission près des armées
du Nord et de Sambre-et-Meuse, prirent l'arrêté suivant :
« Tout militaire, tout individu à la suite des armées qui
se livrera au pillage sera puni de mort. » C'était la règle
dans toutes les armées. Duquesnoy, détaché à l'armée du
Nord, ordonna que tout individu convaincu « de malver-
sation, de négligence dans les versements, transports et
approvisionnements de l'armée », serait « mis à mort dans
les vingt-quatre heures, à la tête de l'armée ou de la division près de laquelle il serait convaincu ». A l'armée des
Pyrénées-Occidentales, le représentant du peuple Pinet
frappa, par un arrêté du 17 février 1794, les treize citoyens
les plus riches de Bayonne d'une amende de 10,000 livres
qu'ils devaient payer dans l'espace de cinq jours, sous
peine d'arrestation, mot synonyme de mort à ce moment.
Il exigea cette somme pour punir les habitants riches de
n'avoir pas assisté à une représentation au bénéfice des
volontaires. Les populations n'échappaient pas plus que
les militaires à la discipline imposée par les représentants
du peuple. Ceux-ci réclamaient, dans les premiers mois

de 1793, des lois sévères : « Un des grands malheurs de cette petite armée (des Pyrénées-Occidentales), écrivait Ysabeau le 19 juin, était l'indiscipline et le pillage. Comme les lois actuelles ne fournissent pas de moyens répressifs assez prompts et assez faciles à organiser, j'ai cru devoir y suppléer. »

La loi du 12 mai 1793 avait donné à chaque armée deux tribunaux se composant chacun d'un accusateur militaire, de trois juges et d'un jury de jugement formé par neuf membres. A cette loi était annexé un code des délits militaires. Presque tous les représentants du peuple se plaignirent, au comité de Salut public, des formalités trop nombreuses qui rendaient la justice trop lente. Féraud et Neveu dirent : « Le code pénal, loin d'être utile, est, par la faute du Conseil exécutif et par la longueur des formes, trop souvent funeste. L'indiscipline, le vol, le pillage, etc., auraient besoin d'être punis avec plus de promptitude. » (Lettre du 3 juillet). Carnot écrivit le 1er juin : « Votre nouveau code militaire ne suffit pas. Si tout soldat qui vole une épingle n'est pas fusillé sur-le-champ, vous ne ferez jamais rien. » Les représentants du peuple créèrent, en plus de ces tribunaux réguliers, des commissions militaires affranchies de toute formalité. Celle de Bayonne prononça, du 11 mars au 29 avril 1794, soixante-deux condamnations à mort.

Telle est la discipline qu'établirent les représentants du peuple, plus dure qu'à aucune autre époque. Ils avaient vite reconnu qu'elle est indispensable dans une armée. Seulement on peut leur reprocher d'en avoir parfois exagéré la rigueur. C'est pourquoi les soldats de La Tour d'Auvergne n'osaient pas toucher les cerises qui pendaient sur leurs tentes, comme le raconte le général Foy. La discipline était aussi rigide pour les officiers, même plus impitoyable. Dès que l'un d'eux n'exécutait pas strictement les ordres reçus ou manquait à son devoir, il était immédiatement destitué, mis en jugement et exécuté. « Nos chefs furent décimés par la hache du bourreau, ajoute encore le général Foy. Quand les uns tombaient, les autres se serraient pour remplir la trouée, ainsi qu'il arrive dans les bataillons où des files sont emportées par le boulet de l'ennemi. On affrontait sans crainte les hasards d'une responsabilité effroyable ; la vie et la réputation, tout était sacrifié au bien public. »

Et personne ne récriminait. On admettait tout ce qui était fait dans l'intérêt supérieur de la cause patriotique. Les individus se sacrifiaient eux-mêmes. Ils repoussaient l'argent, les grades, les honneurs. La Tour d'Auvergne ne fut pas une exception. Le chef de brigade Rivet, nommé général, n'accepta pas ce grade parce qu'il ne s'estimait pas assez capable. Pourtant il était instruit, intelligent, courageux, et donna des preuves de réel talent militaire (1). Rivet et La Tour d'Auvergne ne furent pas seuls à montrer ce désintéressement et cette modestie. Beaucoup d'officiers refusèrent les grades qu'on leur offrait. Dans plusieurs armées, les troupes auxquelles on voulut payer

---

(1) Le chef de brigade Rivet écrivit au ministre de la guerre : « Si je ne consultais que ma propre gloire et mes intérêts, je ne balancerais pas à accepter le poste honorable auquel on m'appelle, mais je ne démentirai jamais les sentiments républicains que j'ai professés depuis que j'ai dû le faire. Je déclare donc ne pas avoir les talents requis pour être élevé au grade de général de brigade, et conséquemment ne pas avoir la témérité de l'ambitionner. » (Du 22 ventôse an IV. *Archives de la Guerre*). Le ministre le remit chef de brigade comme il le demandait.

leur solde, en retard de plusieurs mois, en firent « don à
la patrie ». Le général Lahure a raconté que les troupes
d'infanterie, d'artillerie et de cavalerie avec lesquelles il
enleva la flotte hollandaise retenue dans les glaces, en
1795, ne demandèrent rien. « Officiers et soldats, sans
un sou dans leur poche, ne pensèrent même pas à réclamer leur part de prise. On se battait alors pour la
liberté et pour la gloire, et, à une époque où la France était
déchirée par les factions, toutes les vertus s'étaient réfu-
giées aux armées, suivant le mot d'un historien. »

Il est nécessaire de connaître ces faits et cet état moral
des armées de la Révolution pour s'expliquer leurs luttes
épiques. Un homme comme La Tour d'Auvergne étonne
moins dans un tel milieu. Ce dernier fut traité comme un
émigré, privé de tous ses biens, qu'on mit sous séquestre
pendant qu'il combattait pour la France; il resta sans
argent, parfois sans vivres, même un moment sans chaussures. Tous ces déboires ne lui arrachèrent pas une plainte.
Il écrivit : « Je compte pour rien ces quelques tribulations
si j'ai le bonheur de voir triompher la cause glorieuse que
j'ai embrassée. » Voilà l'esprit de l'époque.

« Louvois avait créé l'armée royale, dit le duc d'Aumale,
Carnot constitua l'armée nationale... Il donna la base la
plus large à nos institutions militaires, mit en pratique
des principes auxquels il faut toujours plus ou moins
revenir; il « organisa la victoire », sans lui sacrifier la
liberté, et, malgré ses fautes, nous ne lui marchanderons
pas ce sublime éloge, qu'il avait habitué le soldat français
à considérer comme la plus belle des récompenses : « Il a
bien mérité de la Patrie ».

Le 2e bataillon du 80e régiment, anciennement Angou-

mois, auquel appartenait La Tour d'Auvergne, composa
la 148e demi-brigade de ligne (ou de bataille) avec deux
bataillons de volontaires de la Gironde, le 7e et le 11e,
appelés aussi « bataillons du bec d'Ambez ou de Bordeaux ». L'organisation eut lieu à Saint-Jean-de-Luz
(Chauvin-Dragon pendant la Révolution), le 20 septembre 1793, sous la direction du général Castelvert.

Le procès-verbal fait mention de l'absence de « Vigent,
chef du 7e bataillon de la Gironde, qui commande en ce
moment le bataillon des grenadiers de l'armée. » La Tour
d'Auvergne ne fut donc pas seul à commander les grenadiers réunis ; on ne peut pas le considérer comme l'unique
chef de ces compagnies d'élite.

L'amalgame de la 148e étant terminé, « le général de
brigade l'a fait former en bataille. Il a ordonné aux officiers de se porter quatre pas en avant de leurs compagnies,
dans cette position a fait battre un ban et fait prêter par
les officiers, sous-officiers et soldats le serment prescrit
par la loy. » (Procès-verbal.)

Pour mieux se représenter le caractère qu'affectait en
général cette cérémonie, il est utile de se reporter au
procès-verbal de la 152e demi-brigade, lequel donne plus
de détails : « Après avoir établi les compagnies, nous avons
fait un ban pour la prestation du serment, et à l'instant
nous avons prononcé, à haute et intelligible voix, le serment qui suit : « Vous jurez obéissance aux lois et à la
« discipline militaire, et le maintien de la Liberté, de l'Éga-
« lité et de la Constitution, ainsi que de l'unité et de l'indivi-
« sibilité de la République, ou de mourir. » Aussitôt, toutes
les voix se font entendre, en disant : « Nous le jurons!
Vive la République! » Sur-le-champ, nous avons fait battre

une diane en signe d'allégresse, et nous mêlant, nous confondant les uns avec les autres, nous nous sommes réciproquement donné le baiser fraternel ; après quoi, nous avons fait un roulement, et tous les officiers, sous-officiers et volontaires, après être rentrés dans leurs rangs, ont défilé par-devant nous, en grande parade (1). » Les *blancs* et les *bleus* fêtèrent leur réunion, et désormais il n'y eut plus que des *camarades*.

Le général Castelvert, qui était un consciencieux, établit la situation exacte de l'habillement, de l'équipement et de l'armement de la 148ᵉ. De l'état qu'il dressa, il résulte qu'il y avait 1.717 fusils bons, 200 à réparer, 72 hors de service ; 92 manquaient. 255 habits étaient à réparer, 496 hors de service ; 404 manquaient. 378 culottes étaient à réparer, 769 hors de service ; 1.154 manquaient. 194 paires de souliers étaient à réparer, 601 hors de service ; il en manquait 1.752 pour que tous les hommes en eussent deux paires. Nous voyons qu'il manquait encore 585 vestes, 1.000 bretelles de fusil, 1.350 chemises, 1.106 casques et 176 bonnets à poil. Ces chiffres en disent long sur le triste état des vêtements de ces malheureux qui bivouaquaient dans la boue. Les hommes provenant du 80ᵉ avaient des habits blancs et des chapeaux, tandis que les volontaires avaient

---

(1) Il était ainsi procédé en exécution d'une *Instruction sur l'embrigadement*, rédigée et présentée par Dubois-Crancé au nom du Comité militaire, et adoptée par la Convention le 10 janvier 1894 : « Il (le représentant du peuple) recevra des troupes le serment d'obéissance aux lois et à la discipline militaire, celui de maintenir la liberté, l'égalité, la constitution, ainsi que l'unité et l'indivisibilité de la République française, ou de mourir. Après ce serment, il sera fait un roulement ; les chefs de corps feront poser les armes à terre ; les bataillons se rompront, se mêleront l'un dans l'autre ; officiers, soldats et représentant du peuple se donneront le baiser de fraternité. »

des habits bleus et des petits casques. Les 176 bonnets à poil réclamés étaient pour les grenadiers. Tous les chapeaux de l'ancienne armée devaient être remplacés par des casques.

La Tour d'Auvergne conserva toujours une compagnie de grenadiers dans la 148ᵉ demi-brigade, celle du 1ᵉʳ bataillon.

La 148ᵉ fit partie de la division de droite de l'armée, où servaient auparavant les bataillons qui avaient composé la demi-brigade. Cette division était commandée par le général Frégeville. Elle campait en avant de Saint-Jean-de-Luz et sur les bords de la Nive, faisant face à une division espagnole qui occupait la rive gauche de la Bidassoa ainsi que le poste fortifié de Biriatou sur la rive droite.

Le 3 octobre, le général Muller, chef d'état-major, prit le commandement en chef par ordre des représentants du peuple Monestier et Pinet qui, ne pouvant s'entendre avec le général de Prez de Crassier, d'un caractère indépendant, finirent par le destituer ainsi que le général Willot et plusieurs officiers supérieurs. Muller, né en 1749, avait débuté comme soldat en 1765. Il ne fut nommé qu'à titre provisoire et se maintint néanmoins plus longtemps que tous ses prédécesseurs. Le comité de Salut public envoya comme commandant en chef le général Alexandre Dumas (Davy de la Pailleterie), père du célèbre romancier. Nommé par arrêté du 8 septembre 1793, il arriva à Bayonne le 28 octobre, venant de l'armée de l'Ouest. Les représentants du peuple, furieux de ce choix qu'ils jugeaient mauvais, refusèrent d'accepter ce général et prirent, le 29, un nouvel arrêté maintenant Muller. Après un échange de lettres, le comité de Salut public céda.

Dumas fut renvoyé dans l'Ouest au commencement de décembre et y conduisit une colonne de renfort. Les repré sentants n'aimaient pas les nominations faites à Paris. Garrau, Pinet et Monestier écrivaient, le 31 octobre 1793, qu'ils apprenaient la prochaine arrivée « d'un état-major nombreux nouvellement éclos des bureaux du ministère de la guerre ». Ils espéraient que la nouvelle était fausse, sans cela ils dénonceraient « le Conseil exécutif comme un ennemi de la patrie. »

Les Espagnols attaquèrent quatre fois les avant-postes pendant le mois d'octobre. Ils furent vigoureusement repoussés. A partir du 29, des pluies torrentielles arrêtè-rent les opérations et causèrent de grandes souffrances aux troupes qui, tantôt bivouaquaient dans la boue, tantôt demeuraient mal abritées sous la tente.

La Tour d'Auvergne commandait les compagnies d'a-vant-postes installées en avant d'Urrugne, sur la hauteur Sainte-Anne, non loin de la Bidassoa. Trois redoutes furent construites pour protéger le nouveau camp, qu'on appela *Camp des Sans-Culottes*. La Tour d'Auvergne eut le talent de se maintenir plus d'un mois sur la position avancée de Sainte-Anne avec quelques compagnies de grenadiers. Lorsque les travaux du camp furent terminés, il se plaça à l'aile droite de l'armée, au bord de la mer. Les Espagnols n'osèrent pas prendre l'offensive, et il n'y eut que des combats d'avant-postes. Le plus important se livra dans la nuit du 28 au 29 novembre. Sur l'ordre des représentants du peuple, La Tour d'Auvergne rassembla les compagnies d'avant-garde qu'il commandait et enleva à la baïonnette la hauteur escarpée du Calvaire. Les Espagnols laissèrent 100 hommes tués sur le terrain; les Français n'eurent que

8 tués et 20 blessés. On construisit aussitôt une redoute sur cette position, qui rendait maître des communications avec Biriatou, dernier point occupé par l'ennemi sur la rive droite. On y transporta deux pièces de 8 et une de 4 renforcée.

En rendant compte du succès de cette opération au comité de Salut public, le 3 décembre, les représentants Garrau, Pinet et Monestier dirent : « Devons-nous finir sans vous parler de la constance vraiment héroïque de nos braves frères d'armes? Exposés à toutes les intempéries d'une saison très rigoureuse, presque nus, sans souliers, sans habits, mal couchés, presque toujours sous les armes, ils sont gais et contents; nous n'avons entendu ni plaintes ni murmures. Les seuls cris de Vive la République! ont frappé nos oreilles. Pour soutenir leur courageux dévouement, nous avons voulu partager leurs travaux et leurs souffrances; Garrau, depuis trois semaines, couche, sur la paille et sous la tente avec le général Frégeville; demain, nous allons tous les trois au camp pour y faire une nouvelle épuration et pour y animer les troupes qui sont toujours contentes quand elles nous voient..... Il est inconcevable à quel point le conseil exécutif a porté la négligence pour pourvoir cette armée des moyens matériels non seulement d'attaque mais même de défense. » Depuis deux mois on réclamait des pièces de 12, et, depuis longtemps, on attendait un envoi de 4.000 fusils, de mortiers et d'obus expédiés de Rochefort; rien n'arrivait. « Ce retard et cette négligence sont inconcevables. Le Conseil exécutif aurait-il encore l'ancienne duplicité des ministres du temps jadis et n'annoncerait-il des envois qu'il ne donnerait pas l'ordre d'effectuer que pour cacher son jeu et pour couvrir à vos yeux et à ceux de la Convention sa responsabilité? » « Les bureaux (des ministres) ne sont pas régénérés. » En terminant, ils se plaignaient du ministre de la guerre Bouchotte, et du ministre des affaires étrangères qui avaient envoyé quatre de leurs agents pour se renseigner et « épurer l'armée », sans se concerter avec les représentants. « Une pareille conduite » n'indiquait-elle pas que le ministre de la guerre, s'il n'osait pas lutter contre la Convention et le comité de Salut public, voyait « de très mauvais œil les représentants près les armées » et l'autorité qu'ils y exerçaient? Quinze jours après, ils se plaignaient encore du Conseil exécutif, qui avait nommé quatre généraux de division et de brigade parmi « les plus mauvais sujets et les plus ineptes de l'armée »; l'un d'eux était à l'hôpital pour « maladie honteuse » et un autre s'était enfui en Espagne.

Sans se soucier de cette incurie, de ces intrigues et de ces espionnages, qu'heureusement elles ignoraient le plus souvent, et sans s'émouvoir de cet abus « d'épurations », les troupes, absorbées par leur tâche patriotique, étaient toujours enthousiastes, malgré les privations. Elles avaient rarement du pain dont le prix restait élevé : 20 sols la livre au moins.

La Tour d'Auvergne bivouaquait aux avant-postes, n'ayant pour lit qu'une botte de paille, ne se déshabillant jamais, les effets en lambeaux, parfois tourmenté par la faim, car il ne trouvait pas toujours du lait, sa nourriture habituelle. Sa mauvaise dentition ne lui permettait pas de manger le dur biscuit, et le pain tendre était une rareté. Les douleurs de la mâchoire, dont il avait tant souffert quatre années auparavant, étaient revenues plus cuisantes par les pluies, la neige et les sommeils sur la terre boueuse ; ses dents tombaient. Mais il avait une âme invincible qui entraînait toujours la loque humaine.

Un ami de La Tour d'Auvergne a raconté que, « au lever de l'aurore, on le voyait avec un livre, sa pipe et son sabre, parcourir les postes, exciter la vigilance des sentinelles, observer les mouvements de l'ennemi. A l'armée, il ne s'enrichit que de gloire. Il n'en rapporta qu'un manteau criblé de balles, sur lequel il reposait la nuit sans quitter ses vêtements, et qu'à la tête de ses grenadiers il portait sur le bras gauche ; c'était dans la mêlée un signe de ralliement. » (*Notice* par J.-B. Roux ; an VIII.)

Le 13 décembre, l'ennemi attaqua un poste de 40 chasseurs, en avant du camp des Sans-Culottes, et l'obligea à battre en retraite. Le capitaine La Tour d'Auvergne, toujours en éveil, accourut avec 150 grenadiers et ramena les chasseurs sur leur première position. Des renforts arrivèrent aux deux partis en présence. Le combat resta quelque temps indécis. Enfin, La Tour d'Auvergne se mit à la tête des grenadiers de la 148e, et exécuta une charge à laquelle rien ne put résister. La cavalerie et l'infanterie espagnoles furent culbutées dans la Bidassoa et perdirent une centaine d'hommes. Les Français n'eurent que trois tués et huit blessés.

On ne se reposait guère dans les armées de la République. Stimulées, harcelées par les représentants du peuple en mission, elles ne cessaient de manœuvrer, de combattre, ou d'élever des ouvrages de fortification. Soldats et officiers, animés d'une ardeur farouche, ne récriminaient pas, marchant toujours, supportant toutes les misères, bravant toutes les intempéries, fanatisés par le sentiment patriotique. Et, pourtant, ils n'étaient pas récompensés de leurs peines et de leurs efforts, ces héroïques soldats. Le brave La Tour d'Auvergne, par exemple, n'eut pas à se louer de la République, qui le traita en émigré et séquestra ses biens. Il n'accusa pas le gouvernement de cette injustice, comme le montre une intéressante lettre qui est le plus élogieux témoignage de son beau caractère :

« 1ᵉʳ nivôse 1793, an II de la République française, une, indivisible et éternelle.

» Je reçois, mon cher parent, avec un plaisir infini de vos nouvelles de Mézières, après trois années de séparation ; je vous écrivais de Bayonne, il y a près de dix-huit mois, par un jeune homme des environs de Dax, qui me fit accroire qu'il allait se faire examiner à Châlons pour entrer dans l'artillerie ; mais j'ai sçu depuis qu'il tint une autre route et qu'il passa lâchement aux émigrés. Je suis bien étonné que vous ne soyez encore qu'élève dans votre corps, où il me semblait que vous auriez dû être aussi avancé que je le suis dans le mien, c'est-à-dire capitaine.

» Vous m'avez adressé votre lettre sous la désignation de *Général* : mes talents ne sont pas de ceux qui mènent à ce grade, et il y a apparence que je n'y parviendrai jamais, ma santé et mes forces physiques étant presque entièrement épuisées et ma vue, surtout, s'éteignant de jour en jour. J'achève mes trente-deux ans de service, y compris cinq campagnes, dont trois au service de la République, ayant toujours été employé à la tête de mes grenadiers, aux avant-gardes de l'armée et aux avant-postes. Aussi le temps m'a-t-il couronné de ses lauriers ; ma belle chevelure est aujourd'hui blanche comme la neige. J'ai la certitude d'un congé d'hiver dont je dois profiter dans les premiers jours de janvier, et que je compte passer dans ma chaumière de Lampaut, et en partie chez ma nièce.

» Mon faible patrimoine a été séquestré comme si j'avais émigré, et tandis que je combattais pour ma patrie ; vous voyez que je n'ai pas été exempt pour ma part de quelques tribulations ; mais je les compte pour rien, si j'ai le bonheur de voir triompher la cause glorieuse que j'ai embrassée, celle de la liberté et de l'égalité ; je ne varierai jamais pour ces sentiments que j'ai toujours eus au plus profond de mon cœur.

» Notre armée se maintient dans une position respectable vis-à-vis des Espagnols, quoique inférieure de moitié en nombre à celle de nos ennemis. Je suis bien fâché, mon cher parent, que ma position ne me permette pas de pouvoir accourir au-devant de vos besoins, mais je me trouve dans la nécessité moi-même d'emprunter pour faire ma route. Les assignats ayant perdu, jusqu'à ce moment, cinquante pour cent à Bayonne et ne recevant pas de secours de chez moi, je me suis vu réduit à faire à pied et sans domestique les trois campagnes que je viens d'accomplir (1). Ne croyez pas que ce soit défaite de ma part ; vous me connaissez assez pour être bien assuré que de pareils moyens ne sont pas d'un caractère tel que le mien.

» Comment avez-vous pu vous imaginer que les bri-

---

(1) Il résulte de cette déclaration de La Tour d'Auvergne qu'il fut obligé, faute d'argent et de domestique, de renoncer au cheval auquel il avait droit et qu'il possédait au commencement de la guerre contre l'Espagne, comme on l'a vu dans le passage que nous avons reproduit de la brochure de son ami Le Coz.

gands de la Vendée ayent pénétré jusqu'à Carhaix? J'ai trop confiance dans la valeur et le républicanisme de mes concitoyens et de mes compatriotes les Bas-Bretons pour me prêter à croire qu'ils consentent jamais à retourner sous le honteux joug de l'esclavage.

» Souffrons de certaines privations, soyons pauvres, mais sachons apprécier aujourd'hui notre existence morale comme elle doit être sentie de tout être qui a de l'élévation dans l'âme, et tenons jusqu'à la mort à nos serments, à notre foi donnée à la patrie.

» Votre parent et frère en Révolution,

» Le républicain LA TOUR D'AUVERGNE-CORRET, capitaine dans la 148e demi-brigade d'infanterie, commandant les compagnies détachées aux avant-postes de l'armée des Pyrénées-Occidentales sous Fontarabie. »

Il pousse la modestie jusqu'à dissimuler que, s'il n'est pas général, c'est qu'il ne l'a pas voulu. Il prétend qu'il n'a pas eu d'avancement à cause de sa vieillesse et de la faiblesse de ses moyens, lui le vainqueur de cent combats !

Ce n'était pas assez de misères et de persécutions comme récompense de tant de services rendus à sa patrie; il fut menacé d'être destitué et proscrit. Le fait ne serait pas croyable si on n'en avait la preuve par une pièce des archives du ministère des affaires étrangères, publiée par M. Taine (*Revue historique*). Darbault, un de ces agents secrets envoyés par le ministre des affaires étrangères contre lesquels protestaient les représentants du peuple, écrivait le 7 novembre 1793 au « citoyen Desforgues », son ministre : « Tandis qu'à l'est de cette frontière, le citoyen

Dagobert met en fuite les lâches esclaves de Charles Bourbon le Castillan, notre plus cruel ennemi, nous avons à l'ouest le citoyen La Tour d'Auvergne dont le courage et la valeur deviennent chaque jour le sujet de l'entretien et de l'admiration de ceux qui ont le bonheur d'être ses compagnons d'armes. J'entendais dire l'autre jour : « Il est bien dommage que La Tour d'Auvergne soit né d'un sang noble ; il n'a que ce défaut, car, du côté des connaissances militaires, du talent et du courage, c'est sans contredit le meilleur officier de la République. » On ajoutait que des commissaires de la Convention lui avaient offert le généralat, mais qu'il l'avait refusé. Quand un citoyen, par ses mérites, parvient à s'attirer l'attention de tous, il n'est pas hors de propos à ceux qui le connaissent un peu de dire hautement ce qu'ils en pensent, afin que le public puisse s'instruire sur son compte. Il serait très malheureux que la proscription, qui s'étend sur la race des hommes nobles, le portât à y envelopper La Tour d'Auvergne. La République perdrait plus que lui. Proscrit déjà, oublié et relégué sous la royauté, s'il éprouvait le même sort sous l'égalité, il ne lui resterait plus qu'à s'ensevelir, et à cela je crois que nos ennemis y gagneraient beaucoup. » Le reste de ce rapport, consacré à des renseignements sur la famille et sur le passé de La Tour d'Auvergne, est plein d'erreurs. C'est ainsi que l'agent Darbault, hâbleur comme la plupart de ses confrères, prétendait l'avoir connu onze ans auparavant au camp de Gibraltar. Il terminait en insistant pour que la proscription n'atteignît pas le capitaine de grenadiers.

Ce document est intéressant, parce qu'il rapporte fidèlement ce qui se disait dans l'armée sur La Tour d'Auvergne, qui était le chef le plus aimé et inspirant le plus

de confiance. Ce fut sans doute ce qui le sauva de la destitution, car les officiers nobles furent, pour la plupart, ren-
voyés de l'armée ou obligés de cacher avec soin leurs origines et de supprimer leur particule. Tandis que, sous
l'ancien régime, tous les officiers, aristocrates ou roturiers, affichaient des titres de noblesse, pendant la Révolution on ne vit plus que des officiers aux noms plébéiens.
La Tour d'Auvergne ne consentit pas à cette dissimulation.
Il pouvait prendre le nom de Latour ou celui de Dauvergne,
comme ses généraux lui en donnaient l'exemple en supprimant leurs titres et leur particule pour s'appeler simplement Lagénetière, Servan, Lacuée, Labourdonnaye, Del-
bheck, Dumas, Delaborde, etc. Mais il avait revendiqué un
nom célèbre quand il y avait honneur et profit à le porter,
il ne consentit plus à l'abandonner quand il y eut péril.

Et, de fait, il faillit le payer de son grade, peut-être de sa
liberté, après l'avoir payé de son bien, d'autant plus que sa
fière indépendance n'était pas pour atténuer les haines
envieuses. Plusieurs contemporains parlent des dangers
qui le menacèrent et qui semblent prouvés par la longue
défense que présenta, en sa faveur, l'agent secret du ministère des affaires étrangères. Évidemment, le capitaine était
visé de façon spéciale. Des dénonciations — la plaie honteuse de cette époque — avaient été sans doute adressées
à Paris.

Plusieurs biographes racontent que La Tour d'Auvergne
fut destitué, mais qu'il y eut une telle clameur indignée
dans les troupes qu'on le laissa tranquille. Aucun document ne permet d'affirmer le fait. Les rapports des représentants du peuple ne tarissent pas d'éloges sur son
compte. Il est donc supposable qu'il fut simplement en

butte à des suspicions qui ne persistèrent pas devant son attitude patriotique et sa conduite intrépide.

M. Taine, l'inflexible critique, ému par ce noble caractère, a incliné sa sévérité misanthropique et a dit : « Il est rare qu'un homme très vertueux et parfaitement désintéressé soit célèbre ; c'est pourtant le cas de La Tour d'Auvergne. »

CHAPITRE VIII

Jusqu'au mois de février 1794, les armées restèrent en présence et continuèrent de s'observer. Les Français ne pouvaient prendre l'offensive, affaiblis par l'envoi de renforts en Vendée et à l'armée des Pyrénées-Orientales. La colonne de l'Ouest se mit en route au mois de décembre 1793, sous le commandement du général Alexandre Dumas. Les 8.000 hommes partis furent remplacés par un nombre égal de soldats de la réquisition. L'armée comptait environ 36.000 hommes, dont 20.000 seulement étaient armés et instruits. Il manquait 12.000 fusils. Il y avait quatre divisions sur un front de 60 kilomètres.

Les Espagnols ne comptaient plus eux-mêmes que 20.000 hommes, dont moitié de milice, ayant envoyé des renforts en Catalogne. Leur division de droite (général Ossuna) était dans la vallée de Roncevaux, leur division du centre (général Urrutia) dans la vallée de Bastan, leur division de gauche (général Gil) sur la Bidassoa inférieure. Ils s'étaient fortement retranchés, surtout sur la Bidassoa, sur le mont Commissari, à Bera, Biriatou et Fontarabie. Ils avaient en outre établi un camp important à Saint-Martial près d'Irun.

Le 5 février, à la pointe du jour, le général Caro, qui avait l'esprit entreprenant et n'était resté sur la défensive que sur l'ordre formel de son gouvernement, lança 15.000 hommes en cinq colonnes qui envahirent tout le terrain compris entre le Calvaire et la Bidassoa et occupèrent la Croix-des-Bouquets, d'où une puissante artillerie cribla de projectiles le camp des Sans-Culottes. Cette canonnade mit le désordre dans les troupes. Par bonheur, les Espagnols ne surent pas en profiter. Les généraux français eurent le temps de rétablir la discipline.

Les cinq colonnes ennemies attaquèrent ensuite avec ensemble les premières lignes des défenseurs, qui furent contraintes de se replier successivement devant des forces bien supérieures; mais ce mouvement s'exécuta avec ordre et sang-froid, en se portant d'un ouvrage fortifié à l'autre. Les Espagnols voulaient enlever le camp des Sans-Culottes et brûler les baraques; ils portèrent leurs attaques de ce côté. Sur la gauche, ils arrivèrent jusqu'à la redoute dite de la Liberté, mais leurs efforts pour l'enlever échouèrent malgré deux assauts furieux. Les défenseurs opposèrent une résistance opiniâtre.

Le combat dura sept heures sur toute la ligne. Puis, tout à coup, impatientés de rester sur la défensive, les Français, emportés par un élan irrésistible, franchirent les retranchements et chargèrent leurs adversaires. Tout céda devant cette contre-attaque impétueuse. Les Espagnols s'enfuirent, quoiqu'ils fussent deux fois plus nombreux. « Des recrues nouvellement arrivées étaient sans armes; elles ne devaient pas combattre..... Savez-vous ce qu'elles ont fait? Elles se sont armées de bâtons et ont chargé l'ennemi avec autant de valeur que le reste de l'armée. » (Rapport de Cavaignac et Pinet). Les Espagnols eurent environ 1.200 tués ou blessés, les Français 250.

La 148ᵉ demi-brigade prit une part importante à ce succès. Le 1ᵉʳ bataillon, qui était détaché au camp des Sans-Culottes, se distingua particulièrement. Les capitaines La Tour d'Auvergne, Maucune et Peitavy se firent remarquer à la tête de différents détachements. Ils maintinrent leur troupe au commencement du combat, quand les colonnes ennemies victorieuses forcèrent les premières lignes à la retraite. A la fin, par des charges énergiques à la baïonnette, ils précipitèrent la retraite des assaillants. Les généraux firent, dans leurs rapports, l'éloge de ces officiers et de leurs troupes. Ils citèrent d'une façon spéciale La Tour d'Auvergne, qui avait rendu des services inappréciables en arrêtant la panique aux premiers moments de l'attaque et en opposant une résistance vigoureuse avec ses grenadiers ralliés à sa voix et soutenus par sa fermeté. Le général de division Frégeville signala au général en chef « le brave Moncey et Jacob Roucher, commandant des grenadiers ». Il ajouta : « Te parler de La Tour d'Auvergne serait te dire qu'il s'est conduit à son ordinaire. »

Le général en chef Muller tint à exprimer sa reconnaissance au vieux capitaine de grenadiers et lui écrivit :

> « Muller, général en chef, au citoyen La Tour d'Auvergne, capitaine commandant les grenadiers.

» Je sais, mon camarade, que ton âme fière n'ambitionne pas d'éloges, et qu'elle est assez satisfaite quand elle peut se dire à elle-même : « Tu as bien fait, tu as bien servi ta Patrie. » Aussi, je ne prends la plume que pour satisfaire à un besoin invincible de mon cœur, qui me porte à te dire la joie inexprimable que m'inspire ta conduite dans l'affaire du 17 courant (1), où tu as rallié nos troupes avec ta sublime bravoure, une influence rare et la confiance ; enfin, où tu as contribué d'une manière bien immédiate aux succès remportés sur nos ennemis. Ce sont là les sentiments de l'armée, dont je ne suis que l'écho dans cette circonstance.

» Salut et estime.

» MULLER. »

Cette lettre est un exemple du langage militaire de l'époque. Officiers et soldats se tutoyaient, ce qui ne portait aucun préjudice au respect et à la subordination. Jamais la discipline ne fut plus rigoureuse qu'à cette période. Le général Castelvert écrivit à un officier, son ami, qu'il avait vu en état d'ivresse :

« Du 11ᵉ floréal.

» Au capitaine Laborde, du 2ᵉ bataillon des Landes,
commandant les grenadiers.

» Sans doute, citoyen, tu n'as pas connu et personne ne t'a fait connaître l'importance du poste que tu te trouves commander ; mais, moi, en bon frère, je te préviens que, si j'apprends ou si je te trouve une deuxième fois dans l'état où je t'ai vu hier, tu peux compter sur les arrêts de

(1) 17 pluviôse an II (5 février 1794).

rigueur pour quelque temps. Je sens que ta compagnie ne doit point souffrir de tes inconséquences. Aussi, je réclamerai qu'en te retirant de ce poste avancé et dangereux, elle continue d'avoir la gloire de le défendre.

» Lis cette lettre avec attention et crois que c'est un ami de la République qui te parle, un ami de toi, enfin un de tes bons frères républicains, mais un ami sévère qui voudrait te mettre à l'abri de perdre la tête, et tu la perdrais à coup sûr si ton poste recevait un échec dans un temps où tu te trouverais en état d'ivresse.

» Je te salue bien fraternellement.

» Castelvert » (1).

Le général Castelvert ne parlait pas à la légère et ne lançait pas une menace vaine ; il n'eût pas hésité, comme il en avertissait son ami, son bon frère, à lui faire trancher la tête s'il avait manqué à son devoir militaire en s'enivrant devant l'ennemi et en perdant son poste. Si les récompenses n'étaient pas ménagées, les châtiments ne l'étaient pas non plus, et ils étaient prompts et impitoyables. N'est-ce pas le meilleur moyen — peut-être le seul — de bien conduire les armées ? Napoléon n'a pas agi autrement.

Leur échec força les Espagnols à ne plus bouger de quelques mois. La 148ᵉ demi-brigade resta, pendant ce temps, à la division de droite. Elle était cantonnée à Belchenea, ayant constamment un de ses bataillons détaché au camp des Sans-Culottes.

---

(1) Cette lettre inédite fait partie d'une intéressante collection d'autographes militaires qu'a réunis patiemment, depuis plusieurs années, le commandant Chéré, ancien officier d'ordonnance de M. le général Jamont.

A la fin d'avril, il y eut, pour raisons politiques, une épuration complète. Tous les généraux de division furent destitués, à l'exception des généraux Muller et Robert. Ce dernier prit le commandement de la division du général Frégeville, qui, frappé très injustement, ne tarda pas à être remis à la tête de ses troupes, qu'il rejoignit à la fin de mai. L'armée reçut de nouveaux renforts. Elle comptait 64,402 hommes le 19 juin. Ce fut son chiffre le plus élevé.

Les représentants du peuple n'étaient pas à l'abri des dénonciations calomnieuses. Au moment où Féraud déployait le plus d'activité, on lui reprochait dans les journaux sa paresse et sa coiffure prétentieuse. Il répondait indigné qu'il avait été de tous les combats et de tous les bivouacs, ne portant qu'un mouchoir autour de la tête pour protéger sa calvitie (15 novembre 1793, lettre au Comité de Salut public). Il avait à se plaindre des attaques de son collègue Pinet et disait : « C'est plus commode de diriger une colonne en pantoufles et avec la plume qu'avec ses bottes et son sabre... La nature de mon caractère ne me permet plus de compatir avec un homme qui a l'indécence de calomnier son collègue qu'il n'a jamais suivi au combat ni dans les dangers, qui vivait dans les plaisirs et les grandes villes quand nous bivouaquions sur les montagnes, n'ayant que du pain et de l'eau » (21 novembre 1793). Garrau eut aussi à se défendre. « On m'accuse de singer les financiers, moi dont la vie fut toujours simple et modeste, moi qui, content du petit héritage de mon père, n'ai pas eu l'ambition de chercher à l'agrandir. » On disait qu'il s'était fait traîner dans un char doré à cinq et dix chevaux, tandis qu'il n'avait qu'une mauvaise voiture vermoulue. En trois semaines, avec un secrétaire, il avait fait plus de 150 postes et n'avait dépensé que 1.500 à 1.600 livres. (Lettre du 19 août 1793.)

Féraud et Garrau restaient au milieu des troupes. « Honnêtes, laborieux et pleins de courage, ils provoquèrent d'excellentes dispositions de la part des généraux ; ils contribuèrent beaucoup à la bonne organisation et aux succès de cette armée, qui fut une des meilleures de la République et mérita d'être appelée par Robespierre « *le bijou de nos armées* ». (*L'armée des Pyrénées-Occidentales*, par Ducéré.)

Le 3 juin, le général en chef Muller, qui avait autant de prudence, même de timidité, que son adversaire avait de hardiesse, se décida à ordonner un mouvement offensif, sur les impérieuses sollicitations des représentants du peuple et pour répondre à l'impatience de l'armée. Les divisions de gauche et du centre attaquèrent les cols de Berderitz, des Aldudes et d'Ispéguy. La division de droite fit une diversion ; elle s'empara des positions avancées des Espagnols et les conserva toute la journée. Elle ne les abandonna qu'après avoir eu connaissance du succès des autres divisions. Sa perte ne fut que 2 tués et 7 blessés ; celle de l'ennemi s'éleva à une trentaine d'hommes.

Le 16 juin, le général Muller, ayant appris que les Espagnols se renforçaient dans la vallée de Bastan et menaçaient la division de gauche, ordonna une attaque sur Biriatou comme diversion ; mais une canonnade dirigée sur cette localité ne produisit pas l'effet désiré.

Le général Caro était impatient de venger ses défaites, et il renouvelait ses attaques qui étaient rarement heureuses. L'armée française se trouvait fortement reconstituée, et elle avait entière confiance en ses chefs énergiques. Le 23 juin, le général espagnol voulut empêcher le général Muller de mettre à exécution le projet d'offensive dans les vallées de Bastan et de Roncevaux, en attaquant la division de droite. Il réunit sur la Bidassoa 10.000 hommes, partagés en quatre colonnes qui se portèrent en même temps sur le poste du Rocher, le Calvaire d'Urrugne, la Croix-des-Bouquets et le plateau d'Hendaye. Le poste du Rocher fut obligé de se replier sur celui du Calvaire. Ces deux postes réunis opposèrent une vive résistance aux colonnes assaillantes, mais furent obligés de céder au nombre. Leur belle défense donna au général Muller le temps d'envoyer des renforts qui culbutèrent l'ennemi. Les premières positions furent reprises. Les autres colonnes espagnoles n'eurent pas plus de succès. L'ennemi perdit 500 hommes hors de combat et 40 prisonniers. Les Français eurent 30 morts et 132 blessés.

A la suite de ces revers, le général Caro, à qui il était injuste d'adresser des reproches, car il avait montré autant d'énergie que d'habileté, fut disgracié par la cour d'Espagne et remplacé par le comte de Colomera, vice-roi de Navarre, vétéran de la guerre de Sept ans, qui n'avait ni ses talents, ni son activité.

Pendant la fin de juin et les premiers jours de juillet, les Français et les Espagnols continuèrent à s'observer. Le général Moncey, nommé commandant de la division placée du côté de Saint-Jean-Pied-de-Port, en remplacement de Mauco passé à la division des Vallées, résolut d'attaquer le *camp des Émigrés* installé sur la montagne d'Arquinzu, non loin de Berdaritz, et occupé par un corps de 7.000 hommes comprenant le régiment de Zamora et la légion des émigrés, sous les ordres du marquis de Saint-Simon. Moncey demanda un renfort à la division de droite et l'aide de La Tour d'Auvergne. Celui-ci partit aussitôt avec une colonne de vingt compagnies de grenadiers placées sous son commandement.

L'attaque eut lieu le 10 juillet avec 4.000 hommes divisés en trois colonnes. Les deux premières furent chargées de l'attaque de front. La troisième, composée des grenadiers de La Tour d'Auvergne, eut la mission de faire un grand mouvement tournant et de tomber sur les derrières des Espagnols pour leur couper la retraite. Le plan était bien conçu, mais Moncey n'avait pas assez tenu compte des difficultés de la manœuvre ordonnée à la troisième colonne qui traversa un terrain des plus accidentés et qui eut à exécuter une marche exténuante, plus longue qu'il ne l'avait supposé.

L'attaque de front réussit pleinement, mais elle se prononça trop tôt et ne laissa pas à la colonne de La Tour d'Auvergne le temps de cerner les ennemis. « La légion de Saint-Simon, écrivit Moncey au général en chef, devait être toute prisonnière d'après nos dispositions, et elle l'eût été sans une circonstance qui tient à la nature du pays et à la fatigue que doivent éprouver les troupes par une marche de dix heures. Une des trois colonnes est arrivée à sa destination un quart d'heure trop tard. Arrivée un peu plus tôt, elle cernait l'ennemi entièrement et lui coupait le seul point de retraite dont il ait pu profiter. » C'est à la colonne de La Tour d'Auvergne qu'il imputait ce retard d'*un quart d'heure*, qu'il ne devait pas lui reprocher, car elle avait accompli un vrai tour de force. Elle avait marché dix-sept heures et, aussitôt après avoir tourné la position, avait pris part au combat et achevé la défaite des ennemis sans s'être accordé le moindre repos !

Moncey reconnut, d'ailleurs, le mérite de cet effort : « Je dois, ajouta-t-il, des éloges aux chefs de colonne ; les chefs de brigade Lefranc, Harispe et Philippon se sont conduits avec bravoure et intelligence. La Tour d'Auvergne a soutenu sa réputation (dix-sept heures de marche et se bat en arrivant). »

La victoire était décisive. Plus de cent émigrés, parmi lesquels le major « ci-devant » baron de Hyne, étaient tués ; 49 prisonniers restaient entre les mains des Français. Le régiment de Zamora avait perdu 93 hommes morts ou blessés. Les bagages avec les tentes et la caisse étaient pris.

Le marquis de Saint-Simon, quoique grièvement blessé par une balle qui lui avait traversé la poitrine, soutint courageusement la retraite. Un officier français, l'ayant approché, cria à ses soldats : « Ne tirez pas ! Nous le tenons ! » Le marquis répondit : « Pas encore ! Viens me chercher si tu l'oses ! » Et, en effet, il parvint à s'échapper (1).

Ce succès facilitait une invasion en Espagne, dont le plan, arrêté par le général Muller et les représentants du peuple, avait été approuvé par le comité de Salut public. Les apprêts furent terminés le 23 juillet, et l'attaque fut ordonnée pour le lendemain. La *division de gauche* (général

---

(1) Saint-Simon était maréchal de camp avant la Révolution. Il émigra en 1790 et prit du service en Espagne. Il devint lieutenant général et défendit Madrid contre Napoléon en 1808. Il fut fait prisonnier et condamné à mort pour avoir servi contre sa patrie. Sa peine fut commuée en détention perpétuelle. Il resta interné à Besançon jusqu'en 1814, et fut rendu à la liberté par la Restauration.

Moncey) devait, le premier jour, s'emparer de la vallée de
Bastan; en cas de réussite, la *division du centre* (général de
La Borde) attaquerait, le 25, les retranchements de la
montagne du Commissari, et rejetterait les Espagnols sur
la rive gauche de la Bidassoa; la *division de droite* (général
Frégeville) était chargée de bombarder en même temps
Fontarabie.

Le 1er bataillon de la 148e demi-brigade, auquel appartenait La Tour d'Auvergne, fut envoyé le 23 au col de Maya,
pour renforcer la division du général Moncey. Les troupes
passèrent la nuit au bivouac sous une pluie torrentielle
qui ne cessa pas un instant. Elles ne se plaignirent pas, et,
à la pointe du jour, se montrèrent pleines d'entrain quand
les trois colonnes de la *division de gauche* se mirent en
marche pour pénétrer dans la vallée de Bastan par les cols
d'Ispéguy, de Berderitz et de Maya.

Le 1er bataillon de la 148e fit partie de la troisième colonne sous les ordres du général Castelvert. Les grenadiers
formèrent l'avant-garde dont le commandement fut confié
au capitaine La Tour d'Auvergne. Cette avant-garde se dirigea directement sur le fort de Maya qu'elle devait attaquer et qui était défendu par 300 hommes et 4 pièces de
canon. Le feu de l'infanterie et la mitraille ne ralentirent
pas un instant la marche rapide des grenadiers. En voyant
arriver ces hommes résolus qui ne répondaient pas au feu
et se contentaient d'accélérer leur marche en laissant
derrière eux les morts et les blessés, la garnison effrayée
n'attendit pas le choc à la baïonnette et s'enfuit dans la
montagne, abandonnant ses pièces d'artillerie, un magasin d'armes et de munitions de guerre. La troisième colonne
se dirigea sur Ariscun, où elle rejoignit les deux autres co-

lonnes qui venaient de s'emparer de ce village après avoir emporté tous les retranchements placés sur leur chemin. La *division de gauche* réunie poursuivit les Espagnols jusqu'à Elisondo. 200 prisonniers, 4 canons, 6.000 fusils, des munitions de guerre et une riche moisson furent les résultats du succès de cette division qui campa sur les positions conquises, le 25 et le 26, attendant des nouvelles du centre et de la droite.

Le général Moncey reçut l'annonce d'une brillante victoire de la *division du centre* qui, après une marche pénible de jour et de nuit à travers les bois et les bruyères, les ravins et les rochers, avait gravi la montagne du Commissari et enlevé une redoute formidable escaladée à l'aide de planches, d'échelles et de fascines. Tous les défenseurs avaient été tués ou pris, et le représentant du peuple Garrau, témoin de cette héroïque attaque, qui avait coûté 200 morts et 300 blessés, avait donné à l'ouvrage emporté le nom de « redoute de la baïonnette ». Quant à la *division de droite,* elle avait bombardé Fontarabie, dont elle n'avait pu obtenir la capitulation.

Les représentants du peuple écrivirent : « A l'attaque de la vallée de Bastan, l'infanterie légère était commandée par le brave La Tour d'Auvergne. Il a donné des preuves de cette intelligence, de ce sang-froid, de ce courage, de cette audace républicaine, de cet amour de la patrie qui assurent nos succès. »

Après ces revers, les Espagnols abandonnèrent Biriatou, le seul poste qui leur restât sur la rive droite de la Bidassoa.

La *division de gauche* (Moncey) se joignit à la *division du centre* (de La Borde) sur la rive gauche de la Bidassoa, à Lesaca. Le 1ᵉʳ bataillon de la 148ᵉ, dont La Tour d'Auvergne commandait toujours la compagnie de grenadiers, resta à la division Moncey.

Les Espagnols avaient évacué leur camp d'Irun, et s'étaient retirés, une partie sur la montagne d'Haya, derrière cette ville, et l'autre partie dans le camp fortifié de Saint-Martial, où déjà se trouvaient leurs réserves de seconde ligne.

Le 30 juillet, les deux divisions réunies partirent de Lesaca pour aller débusquer le corps ennemi campé sur la montagne d'Haya. Un brouillard très épais les força à s'arrêter. Le soir même, vers onze heures, elles se remirent en marche en deux colonnes et, après des difficultés inouïes, parvinrent au pied de la montagne qu'elles gravirent par les deux seuls chemins qui fussent accessibles. Elles traversèrent des défilés affreux. Les soldats furent obligés de passer un par un en se poussant, en s'accrochant aux rochers. Dans cette escalade, La Tour d'Auvergne montra autant de vigueur que les jeunes soldats dont il était entouré. Son énergie morale lui conservait, à cinquante et un ans, malgré les fatigues de deux années de campagne et malgré la blessure reçue en duel, la même vaillance physique. Dans la position avantageuse qu'ils occupaient, les Espagnols pouvaient causer des pertes considérables aux assaillants, mais ils étaient heureusement démoralisés. Après avoir tiraillé quelque temps, ils s'enfuirent, poursuivis la baïonnette aux reins.

Il régnait un enthousiasme indescriptible dans la troupe qui avait vu avec dépit la Convention décerner des éloges à d'autres armées sans jamais lui en accorder. Aussi, fiers de leur conduite dans cette série de combats heureux, les soldats criaient en montant à l'assaut : « Cette fois on parlera de nous! C'est bien à notre tour d'être félicités! » La Convention faisait adresser à tous les corps les bulletins de ses séances, « afin de propager dans toute la République l'amour de la liberté et de l'égalité dont le peuple français est animé ». Chaque compagnie devait recevoir au moins un bulletin. Plusieurs décrets rappelèrent aux généraux l'exécution de cette loi. Il était aussi envoyé des adresses et des chants patriotiques, surtout la *Marseillaise*.

Pendant que la *division du centre* et la *division de gauche* s'emparaient des positions de la montagne d'Haya, la *division de droite*, commandée par le général Frégeville, attaquait, avec 6.000 hommes environ, le camp Saint-Martial et les retranchements d'Irun, défendus par 12.000 Espagnols.

Tandis que deux bataillons menaçaient le pas de Béhobie, la principale colonne d'attaque, commandée par le général Dessein, traversa la Bidassoa au gué situé au-dessus de Biriatou. Les hommes avaient de l'eau jusqu'à mi-corps; ils étaient exposés au feu croisé de deux batteries ennemies et ils avaient à franchir un double rang de palissades plantées au milieu de la rivière. Rien ne les arrêta. Ils refoulèrent promptement les postes avancés et tournèrent la montagne pour attaquer le camp par son point faible. Le désordre le plus complet se mit dans les troupes espagnoles, qui prirent la fuite, abandonnant leurs batteries avec les munitions. Elles furent poursuivies sans relâche. La division Frégeville avait déjà dépassé Oyarzun, lorsque les divisions des généraux Moncey et de La Borde, descendues en hâte de la montagne d'Haya, y arrivèrent. En même temps Fontarabie se rendit, avec 800 hommes et 50 bouches à feu, à un détachement de 300 Français conduits par l'intrépide représentant du peuple Garrau, qui effraya le commandant de place en le menaçant de le passer au fil de l'épée avec sa garnison. Il ne lui accorda que six heures de répit. Le gouverneur réunit aussitôt le conseil de guerre, comprenant deux capucins, un curé, le major de la place, le chef de l'artillerie et quelques officiers, et la garnison capitula à l'expiration du délai accordé.

Dans cette journée, les Français s'emparèrent de 6 drapeaux, 200 bouches à feu, 2.000 prisonniers, 40.000 projectiles, 10.000 fusils et d'une quantité considérable d'effets militaires. La Convention décréta à l'unanimité que « l'armée des Pyrénées-Occidentales avait bien mérité de la patrie ». Les troupes n'en demandèrent pas davantage, satisfaites de voir leur courage et leur dévouement reconnus.

Après leur défaite au camp de Saint-Martial, les Espagnols se retirèrent sur une forte position près de la petite ville d'Ernani. Ils occupèrent également le poste du Port-du-Passage, et envoyèrent des détachements pour renforcer la garnison de Saint-Sébastien ; mais le général Muller ne leur laissa pas le temps de se fortifier sur ces différents points. Dès le 2 août, Moncey avec sa division vint attaquer Port-du-Passage. Il s'en empara et se porta aussitôt sur Saint-Sébastien. Le 4, les divisions de La Borde et Frégeville assaillirent les Espagnols à Ernani. Ceux ci n'osèrent pas résister et battirent en retraite vers Tolosa. Les Français les poursuivirent, après avoir renforcé la division Moncey devant Saint-Sébastien.

C'est à La Tour d'Auvergne qu'on dut la reddition de cette place. Cet épisode, un des plus surprenants de notre histoire militaire remplie de faits d'armes prodigieux, peut sembler invraisemblable. Il ne saurait pourtant être

mis en doute, car il eut pour témoin la division qui assié-
geait Saint-Sébastien et qui désespérait de s'en emparer.

Dès son arrivée, le général Moncey avait occupé les hauteurs environnant la ville, mais il ne possédait aucune
pièce de siège. La garnison était forte de deux mille
hommes et disposait de beaucoup d'artillerie. Le général
français n'essaya pas moins d'effrayer les Espagnols et
chercha un habile parlementaire. Son choix se porta sur
La Tour d'Auvergne.

Celui-ci, qui parlait très bien l'espagnol et qui était doué
d'une certaine éloquence, profita avec adresse de l'antagonisme qui existait entre la garnison et les habitants. Il
harangua le peuple, en imposa à l'alcade Michelena, et
parvint à épouvanter le gouverneur en lui exagérant les
forces des Français qu'il déclara résolus à réduire Saint-
Sébastien en cendres avec leur puissante artillerie. Cependant la garnison voulait absolument se défendre. La Tour
d'Auvergne fit alors intervenir l'alcade Michelena, l'enga-
geant à sauver la ville. Ce dernier supplia le gouverneur
de capituler, puisque toute résistance était impossible.

Le gouverneur, à la fin ébranlé, dit au parlementaire
français :

— Capitaine, vous voulez que je rende la place, et vous
n'avez même pas tiré un coup de canon. Si vous ne lui
faites pas cet honneur, je ne puis la livrer.

— Qu'à cela ne tienne ! répondit La Tour d'Auvergne.

Il retourna au camp et fit tirer l'unique pièce de 8 des
assiégeants. Les batteries des forts ennemis ripostèrent
par une grêle de boulets. Avec audace, le capitaine de la
148e se représenta dans la place et détermina le gouverneur
à se rendre.

La capitulation fut signée le 4 août. La garnison sortit avec les honneurs de la guerre, mais fut gardée prisonnière. Les habitants reçurent les Français avec des démonstrations de joie. L'armée trouva à Saint-Sébastien des approvisionnements considérables en munitions de guerre, en froment, en riz, en étoffes, en métaux de cuivre et de fer, en poudre, en plomb, ainsi que cent trente-neuf pièces d'artillerie.

Le 5 août, le général en chef Muller forma quatre divisions avec les trois qui avaient pénétré en Espagne. Ces divisions prirent des numéros, pour se conformer au nouveau règlement sur le service en campagne. Les trois bataillons de la 148ᵉ demi-brigade furent réunis et placés dans la 1ʳᵉ brigade de la 1ʳᵉ division (général Frégeville), qui était chargée de la défense de Saint-Sébastien, du Port-du-Passage et d'Ernani. Pendant ce temps, la 2ᵉ brigade s'empara de Tolosa, après un combat.

« Ces triomphes sur les Espagnols, dit M. Thiers, excitèrent une joie universelle. A la nouvelle, annoncée par Barrère, que « la France possède les deux Toulouses », la Convention, renouvelant le décret qu'elle avait rendu trois jours auparavant à l'occasion de la prise de Fontarabie et des redoutes de Saint-Martial, déclare, dans sa séance du 24 thermidor, que l'armée des Pyrénées-Occidentales ne cesse de bien mériter de la patrie; elle ordonne en outre que la nouvelle de la prise de Tolosa sera imprimée et envoyée sur-le-champ aux autres armées de la République. »

L'armée eut à réprimer des soulèvements de la population provoqués par des représentants du peuple, surtout par Pinet. Les généraux n'hésitèrent pas à se prononcer

contre eux, malgré les dangers de cette courageuse conduite, disant que l'incendie et le pillage des localités poussaient à bout un peuple bien disposé pour la France. La
Convention donna raison aux chefs militaires, et envoya
deux autres représentants : Baudot et Delcher.

Delcher, qui eut l'énergie de blâmer Pinet devant la Convention, s'efforça de remédier aux fautes commises, avec
l'aide de ses collègues. « Nous n'avons rien négligé pour
réparer ces malheurs ; nous avons invité les habitants des
provinces à revenir dans leurs domiciles ; nous avons mis
en liberté les détenus. Cette dernière mesure a ramené le
calme, et, depuis le 1er nivôse, nous avons eu la consolation
de ne le voir troublé par aucun excès ». (Séance de la Convention du 17 floréal an III.)

Le général Muller exerçait le commandement en chef à
titre provisoire depuis un an. Il était animé de bonnes
intentions que paralysait malheureusement une grande
indécision de caractère. Trouvant le fardeau trop lourd,
il sollicita son remplacement. Les représentants du peuple
désignèrent Moncey qui déclina cet honneur en disant
qu'il n'avait pas les qualités nécessaires pour faire un
général en chef. Les représentants persistèrent, et il prit
le commandement le 31 août. Le mois de septembre s'é-
coula sans aucun mouvement de l'armée qui attendait dix
bataillons de l'armée de l'Ouest.

La Tour d'Auvergne employait bien ses rares instants
de repos. On lui attribue la découverte, dans un vieux
couvent des capucins de Fontarabie, d'un des plus beaux
chants euscariens : *Le chant d'Altabiçar*, récit poétique de
la bataille de Roncevaux par les descendants des vainqueurs, écho d'une antique ballade.

Dès l'arrivée des renforts, on se prépara à reprendre l'offensive et à conquérir cette vallée de Roncevaux, célèbre par la mort du brave paladin Roland, que n'avaient pu sauver les prouesses de sa Durandal et les appels désespérés de son olifant inentendu par Charlemagne. Après dix siècles, les rochers de ces gorges sauvages allaient retentir des coups d'une épée aussi vaillante que Durandal et d'un nom devenu aussi fameux que celui de Roland.

CHAPITRE IX

Le général en chef Moncey forma quatre colonnes. Les
trois compagnies de grenadiers de la 148ᵉ, parties le 11
octobre de Tolosa, allèrent avec La Tour d'Auvergne à
Saint-Estevan, pour se mettre sous les ordres du général
de La Borde, qui commandait la deuxième colonne, dite
colonne infernale, parce qu'elle était composée de troupes
d'élite et en grande partie de bataillons arrivés de Vendée. « La colonne prend le nom de *colonne infernale* à
cause de l'excellence des troupes qui la forment, dit Bor-
denave, chef de bataillon du génie, dans un rapport du 17
octobre 1794. Elle est forte de 12.000 hommes ». C'est la
seule troupe qui ait existé sous cette dénomination à
l'armée des Pyrénées-Occidentales, et La Tour d'Auvergne
ne l'a jamais commandée. Comme plus ancien capitaine,
il eut sous ses ordres les trois compagnies de grenadiers
de la 148ᵉ demi-brigade pendant ces importantes opérations qui amenèrent la conquête de la vallée de Roncevaux.
Les rapports des officiers et des représentants du peuple

ne font mention que d'une seule *colonne infernale*, dont le chef fut le général de La Borde, qui signa Delaborde pendant la Révolution.

Le 15 octobre, le général Frégeville, commandant une des quatre colonnes, partit de Tolosa. Le lendemain, il défit 2.000 Espagnols à Gorrity, et se dirigea ensuite sur Lecumberry où il se heurta à 6.000 hommes de troupe de ligne et 8.000 paysans rangés en bataille. Cette division s'élança au pas de charge et enfonça les Espagnols qui se retirèrent par la route de Pampelune. Après cette victoire, le général Frégeville s'arrêta, attendant des nouvelles des autres colonnes, qui obtinrent aussi des avantages.

Le 17, la *colonne infernale* attaqua le poste d'Eguy, défendu par un corps de 4.000 Espagnols, composé d'infanterie et de cavalerie, sous les ordres du général Filanghieri. La Tour d'Auvergne, à la tête des grenadiers de la 148e demi-brigade et d'une compagnie de chasseurs basques, attaqua la redoute d'Eguy, l'emporta à la baïonnette et chassa l'ennemi qui s'enfuit en désordre. Il ne suffisait jamais au vieux capitaine d'avoir conquis une position ; il poursuivait le vaincu sans relâche, estimant que c'était l'instant favorable pour recueillir tous les bénéfices du succès. Il harcela l'arrière-garde qu'il culbuta, et garda de nombreux prisonniers, 10 chevaux, 16 mulets, 2 pièces de canon de 8 et 2 caissons d'artillerie.

Le général Filanghieri, apprenant la critique situation de son arrière-garde, revint sur ses pas pour la dégager, et prit position sur les hauteurs de Mesquiritz avec 6.000 Espagnols environ. Les grenadiers de la 148e et la compagnie de chasseurs basques, enhardis par leur première victoire, n'hésitèrent pas à exécuter une nouvelle attaque, et jetèrent la panique dans la colonne ennemie qui ne se rallia plus et ne parvint qu'avec peine à rejoindre la division du duc d'Ossuna à Burguette. Le représentant du peuple Garrau contribua à cette déroute en chargeant vigoureusement avec la cavalerie. La Tour d'Auvergne fit 730 prisonniers.

La *colonne infernale*, ayant le chemin libre, voulut opérer sa jonction avec les troupes du général Frégeville et marcha jusqu'au soir. Par malheur, ses guides l'égarèrent dans les bois. Elle dut s'arrêter, ne pouvant se reconnaître, la nuit, dans une contrée si accidentée et si dangereuse. Elle ne parvint que le 18 au matin à Burguette, au lieu de s'y trouver le 17 comme elle en avait reçu l'ordre.

Ce délai sauva l'armée espagnole d'une destruction complète. Le duc d'Ossuna, qui commandait dans la vallée de Roncevaux, profita avec habileté de l'intervalle qui était encore libre entre les deux colonnes françaises, traversa la petite rivière d'Arce et battit en retraite sur Pampelune par Aoyz, dans la nuit du 17 au 18, en suivant un sentier escarpé.

C'est l'explication qui a été donnée du retard de la *colonne infernale,* par le général Moncey lui-même dans son rapport au comité de Salut public : « Des colonnes se mouvant à des distances de 50 lieues sont venues former autour de l'ennemi un cercle d'où il n'aurait pas dû échapper un seul homme si, dans un pays de montagnes, à des distances si considérables, en pays ennemi, on pouvait calculer avec précision les marches et prévoir les obstacles sans cesse renaissants que l'aveugle hasard se plaît à faire naître. L'ennemi, instruit de notre mouvement, de la mar-

che des colonnes, a profité de la nuit du 26 au 27 (1) et
d'un brouillard épais, accompagné d'une pluie abondante,
pour faire sa retraite sur Sangüesa; il a passé entre les
colonnes venant de Tardets et la *colonne infernale* venant
par Lanz. Cette dernière colonne, égarée dans les bois par
le peu de connaissance des guides, n'est arrivée à Burguette que le 27 au matin; elle devait y arriver le 26. Les
Espagnols ont saisi avec précision notre mouvement et
pris le seul chemin de retraite que ce retard leur laissait
encore. Je n'en doute point, si la *colonne infernale*, que
j'avais ainsi appelée parce que seule elle eût pu écraser
l'armée espagnole réunie, n'avait été retardée, je n'en
doute point, je vous le répète, toute l'armée espagnole eût
été forcée de mettre bas les armes... Le croiriez-vous,
représentants, la *colonne infernale* a marché quarante-trois
heures sur quarante-huit pour arriver à sa destination
qu'elle aurait atteinte sans la maladresse des guides et le
mauvais temps! »

Si l'on s'en rapporte à un autre écrit du même général,
ce rapport serait inexact. Dans quel but Moncey a t-il
travesti la vérité? Sans doute pour sauver la tête du général de La Borde. Dans un certificat délivré au chef de brigade Harispe le 15 brumaire an VI (5 novembre 1798),
Moncey raconte les mêmes faits d'une façon tout à fait
différente : « Promu au commandement en chef de l'armée,
ce chef de brigade (Harispe) m'a été de la plus grande
utilité, tant dans mes dispositions que dans mon attaque
du 26 vendémiaire qui aurait entraîné la prise certaine de
la place de Pampelune sans l'inertie du général de division

---

(1) 26 au 27 vendémiaire, 17 au 18 octobre.

Delaborde, commandant la *colonne infernale*, lequel, loin de vouloir céder aux conseils et à l'impulsion du brave Harispe et du citoyen Harismendi, capitaine des guides, chargé de la conduite de cette colonne, a laissé échapper l'armée ennemie, qui aurait été forcée de déposer les armes si, sans trouver aucun obstacle, le général, au lieu de tenir un conseil de guerre qui l'a retardé de six heures, avait exécuté mes ordres écrits; *malgré cette .apathie plus que coupable,* c'est encore à Harispe que l'on doit la défaite du corps ennemi que cette colonne rencontra dans sa marche qu'il éclairait, et deux ou trois mille Espagnols restés sur le champ de bataille ou prisonniers de guerre. » (*Harispe,* par le capitaine Labouche). Ces deux documents contradictoires prouvent, une fois de plus, la difficulté d'établir la vérité historique.

En dépit des fautes commises, les Français avaient tué, blessé ou fait prisonniers 2.500 hommes, pris 50 pièces de canon et 2 drapeaux. Les fonderies d'Orbaïcet et d'Eguy, estimées trente-deux millions, avaient été détruites par les Espagnols qui perdirent, de plus, une immense quantité de fusils, de munitions de guerre et de vivres. Leur communication avec Pampelune se trouva interceptée.

A la fin des opérations, après plusieurs jours de marche pénible dans les montagnes, sous la pluie, les troupes, qui n'avaient eu pour toute nourriture que trois biscuits par homme, demandèrent du pain. Mais l'ennemi avait détruit tous les fours, et il fut impossible d'en cuire. On distribua de la farine pour faire de la bouillie, ne pouvant donner autre chose. Les soldats, à qui les officiers exposèrent cette situation, ne se plaignirent pas et crièrent : Vive la République !

La conquête de la vallée de Roncevaux eut un grand retentissement, et fut célébrée par la Convention. L'armée détruisit une pyramide commémorative de l'échec éprouvé par Charlemagne, et Moncey écrivit au comité de Salut public : « Ce monument honteux qui, depuis mille ans, attestait dans la plaine de Roncevaux la défaite de nos pères, a été abattu par les mains triomphantes de leurs fils républicains. » Les conventionnels Baudot et Garrau tinrent à rendre compte également de la destruction de cette pyramide : « Le drapeau de la République flotte aujourd'hui là où était le drapeau de l'orgueil des rois, et l'arbre nourricier de la liberté a remplacé la massue destructive du tyran (1). Une musique touchante et guerrière a suivi cette inauguration; les mânes de nos pères ont été consolés, et l'armée de la République a juré de vaincre pour la gloire du nom français de tous les âges et pour le bonheur de la postérité. »

Les troupes souffrirent beaucoup après ces combats. La pluie et la neige tombèrent pendant trois jours et trois nuits, puis, après un répit de quarante-huit heures, reprirent avec violence. Les communications se trouvèrent interrompues presque partout. Les soldats n'avaient plus que des effets en lambeaux. A moitié nus, ils subirent une cruelle misère, torturés à la fois par le froid et la faim. Cet hiver fut le plus rigoureux du siècle. C'est grâce à cette température exceptionnelle que l'armée de Pichegru put

---

(1) Allusion à une massue qui se trouvait à l'antique monastère de Roncevaux et qui, d'après la tradition, avait appartenu à Roland. Les Espagnols, en battant en retraite, incendièrent le village de Burguette, et mirent aussi accidentellement le feu à ce monastère où se trouvaient une paire de sandales que l'archevêque Turpin perdit en s'enfuyant, d'après la même tradition.

conquérir si rapidement la Hollande, en passant sur les fleuves et les canaux gelés, et qu'un petit détachement de troupes s'empara de la flotte hollandaise en s'aventurant sur les glaces du golfe de Zuyderzée.

Il fallut renoncer au siège de Pampelune et opérer un mouvement rétrograde, car la situation devenait intolérable. La dysenterie causait de jour en jour des ravages plus grands dans l'armée exténuée par des froids anormaux et par la mauvaise nourriture. Les eaux des montagnes aggravaient ce mal. Les cas de congélation devenaient de plus en plus fréquents. Des soldats étaient emportés par des tourmentes de neige et leurs corps ne se retrouvaient plus. Les vêtements et les souliers manquaient. L'ordre de retraite fut expédié par le général Moncey le 29 novembre. Pour le dissimuler aux Espagnols, la 1re division dut exécuter une expédition sur Bergara et Mondragon.

La Tour d'Auvergne était à ce moment très malade ; mais il avait à cœur de ne pas abandonner son rang tant qu'on se battrait, dût-il tomber d'épuisement sur le bord de la route et y mourir. Il avait perdu presque toutes ses dents, et ne pouvait pas manger le biscuit, qui était la seule nourriture. Il était dans un état alarmant d'anémie. Son indomptable énergie le maintenait seule debout. Il prit part avec la même ardeur aux derniers combats de cette belle campagne de 1794.

Le 27 novembre, la 1re division forma quatre colonnes sous les ordres des généraux Rouché, Frégeville, Laroche et Schilt. La colonne de grenadiers comprenant onze compagnies et à laquelle on adjoignit deux compagnies de chasseurs, fut cette fois placée sous les ordres du chef de bataillon Gravier, qui était le sergent-major de La Tour d'Auvergne en 1792. Le vieux capitaine, commandé par son sous-officier de la veille, ne marcha pas avec moins de zèle que d'ordinaire, et sa compagnie, comprise dans cette colonne, fut entraînée avec autant de vigueur. Les grenadiers firent partie des troupes du général Laroche, avec lesquelles se trouvaient deux bataillons de la 148e demi-brigade.

Toutes les colonnes se mirent en mouvement à la fois. Le général Roucher, avec cinq bataillons, attaqua l'avant-garde espagnole sur la route de Pampelune, la chassa de toutes les hauteurs et s'empara du village d'Irursun. Pendant ce temps, une autre colonne, commandée par le général Frégeville, passait par la vallée de l'Araquil, se dirigeant sur Mondragon pour couper la retraite à un corps d'environ 4.000 Espagnols, campé sur les hauteurs de Bergara.

Les deux autres colonnes, commandées par les généraux Laroche et Schilt, parties de Tolosa et Guétaria, étaient chargées d'aborder le corps ennemi de front et de le rejeter sur Mondragon. La première se porta le premier jour à Aspeitia et bivouaqua en avant de cette ville. La seconde prit le chemin de Plasencia. Le 28, à midi, toutes deux attaquèrent les Espagnols qui, en peu d'instants, furent mis en pleine déroute et se sauvèrent, laissant 300 morts sur le champ de bataille. Le général ennemi, marquis de Ruby, ne s'échappa qu'en lançant son uniforme brodé à un tambour qui le poursuivait le sabre à la main, et en traversant la Deba à la nage. Les Français s'emparèrent de 200 prisonniers, de 4 drapeaux, de la caisse militaire, d'un canon et de 5.000 fusils. Ils trouvèrent, de plus, à

Bergara, des magasins considérables de vivres et de munitions de guerre, ainsi que beaucoup de matières d'or et d'argent provenant de vases et de décorations d'églises « que le pieux général avait dévotement pillées lui-même pour éviter la profanation des Français ». (Rapport des représentants du peuple.) Si le général Frégeville ne s'était point égaré dans les montagnes et était arrivé à Mondragon le 28, comme il en avait l'ordre, le corps du général Ruby eût été pris tout entier.

Après ces brillants succès, toutes les divisions de l'armée purent effectuer leur retraite le 29 sans être inquiétées. Le 3 décembre, le général Moncey rentra à Tolosa avec les colonnes des généraux Frégeville et Laroche. Les représentants du peuple Garrau, Baudot et Delcher profitèrent du rassemblement de la plus grande partie des troupes pour remettre solennellement le drapeau et la couronne civique que la Convention avait décernés à l'armée des Pyrénées-Occidentales en récompense de ses victoires. Ce fut une belle fête, pleine d'enthousiasme. Les troupes formèrent le carré en présence des prisonniers. Les drapeaux espagnols furent apportés, foulés aux pieds, puis envoyés à la Convention.

Le lendemain, les troupes s'installèrent dans des cantonnements. Les deux premiers bataillons de la 148e demi-brigade rejoignirent à Saint-Sébastien le 3e, qui n'avait pas quitté cette ville.

Les neiges vinrent à tomber en telle abondance qu'elles comblèrent tous les cols. Les hostilités se trouvèrent forcément suspendues. A peine l'armée eut-elle pris un peu de repos que le nombre des malades s'accrut dans des proportions effroyables. Au commencement de l'année 1795, il y eut plus de 18.000 hommes dans les hôpitaux. Aucune épidémie ne sévissait, mais tous les soldats étaient épuisés ou fiévreux. La surexcitation qui les avait soutenus jus-qu'alors étant tombée, la réaction les laissa en proie aux maladies, conséquence fatale de la mauvaise nourriture et du manque de bons vêtements protégeant contre le froid. Ils avaient enduré sans se plaindre des privations de tout genre, des souffrances excessives pendant cette dure cam-pagne. Ils n'avaient cessé de bivouaquer malgré des froids terribles et malgré la neige.

Bientôt l'encombrement des hôpitaux occasionna une épidémie qui, après l'armée, gagna les habitants de toute la contrée. Les ravages s'étendirent des bords de la Deba jusqu'à ceux du Gers. Le mal prit une telle violence que, dans les seuls hôpitaux de l'armée, il y eut de 700 à 900 morts par semaine. Des villages furent presque entièrement dépeuplés. Deux mois après, les bataillons avaient à peine 200 combattants. L'effectif de l'armée descendit de 64.000 hommes à 33.732 hommes, disséminés sur une étendue de près de soixante lieues. Et ceux qu'on comptait comme présents étaient en grande partie malingres ou malades, en tout cas hors d'état de prendre les armes.

Cette épidémie durait encore lorsque la disette vint ajouter à ses horreurs. Dans les villes voisines de l'armée, les habitants ne se nourrissaient plus que de pommes de terre. Le 15 mars, on cessa toute distribution de pain aux soldats. Ils eurent seulement six onces de riz, deux onces de légumes secs, une ration d'eau-de-vie et une de vinaigre. Il en fut ainsi pendant vingt jours.

Ces hommes qui venaient de supporter tant de fatigues et de maux, se soumirent à ces privations avec un courage aussi admirable que celui qu'ils avaient montré dans les combats. On ne saurait trop louer la conduite exemplaire qu'ils eurent jusqu'au bout, surtout celle de la garnison de Saint-Sébastien qui, tourmentée par la faim, n'essaya jamais de s'emparer des pains blancs que les Espagnols étalaient tous les jours sur les places publiques et dans les boutiques. Les chefs militaires avaient ordonné les plus grands ménagements pour les pays conquis, et ils furent obéis. Les généraux auraient déployé beaucoup de sévérité pour les infractions à leurs ordres, mais il est surprenant qu'ils n'aient pas eu à sévir dans de telles circonstances. Et cette discipline merveilleuse avait été obtenue en peu de temps, dans une armée de jeunes soldats, par l'énergie et l'appel aux sentiments patriotiques. « Que de privations de tout genre n'a pas souffertes l'armée des Pyrénées-Occidentales ! disait Moncey dans un rapport. Elle a vu, faute de fourrage, périr toute sa cavalerie, tous ses chevaux d'artillerie et de transport ; elle a été, pendant vingt-trois jours, dans la saison la plus rude, sans pain... Il n'a rien moins fallu que le républicanisme des braves soldats pour ne pas la voir entièrement désorganisée. »

Il est utile d'évoquer ce passé qui montre ce qu'on peut obtenir des armées françaises, même improvisées, quand elles sont dirigées par de bons chefs, hardis, intelligents, énergiques, inspirant confiance. Les soldats de cette armée, qui comprenaient beaucoup de montagnards, surtout de Basques, ont été appelés par Jomini « les meilleurs volontaires de la République ». Un autre enseignement se dégage de ces faits : c'est que la victoire dépend surtout de la bonne organisation des troupes et que les chefs doivent avoir pour principal souci d'assurer le bien-être des soldats qu'ils commandent, car ce n'est pas le feu de l'ennemi qui décime les armées, c'est le froid, c'est la pluie, c'est la faim.

La Tour d'Auvergne avait à ce moment cinquante et un ans. Ses pénibles campagnes l'avaient beaucoup éprouvé. A cet âge, coucher constamment dans la boue ou dans la neige, passer des nuits aux avant-postes, se battre sans cesse!... Certes il avait bien mérité un peu de repos. Il n'en aurait pourtant pas pris, dominé par sa volonté de fer, s'il n'était tombé gravement malade. Atteint du scorbut, il se jugea décidément hors d'état de servir plus longtemps. Il demanda sa retraite, et obtint la permission de partir en congé en attendant qu'elle fût liquidée.

Sentant ses forces décliner, il avait, dès le 4 novembre 1794, étant à Guérandain (vallée de Roncevaux), écrit et présenté un mémoire rappelant son état civil et ses services, afin d'obtenir sa retraite à la fin de la campagne. Nous y relevons les passages suivants : « Son père était homme de loi et lui a laissé pour fortune une maison et quelques arpents de terre qui suffisent à ses besoins... Il a trente-trois ans de service accomplis sous les mêmes drapeaux, en y comprenant cinq campagnes, dont une à Mahon, une en Savoie et trois dans les Pyrénées-Occidentales... Son corps usé, sa santé épuisée par les années, les veilles, les fatigues ; réduit, par la privation des dents supérieures, à ne vivre, à bien dire, que de lait et d'aliments légers ; attaqué d'un vice dans les organes de la vue ; parvenu, enfin, à l'extinction de ses moyens physiques, il vient solliciter de la justice de la Convention de vouloir bien lui accorder sa retraite à l'expiration de cette campagne. A l'égard de son traitement, il demande qu'il soit appliqué aux citoyens nécessiteux de la ville où il est né... Il ne fera ici aucun exposé de sa conduite militaire ni de ses sentiments civiques ; ses frères d'armes peuvent attester s'il s'est jamais écarté de la ligne des principes et si quelqu'un l'a emporté sur lui par son dévouement à la patrie, à la cause glorieuse qu'il a embrassée. »

Il avait bien gagné la maigre pension accordée aux officiers retraités. Quoique ne possédant plus qu'une médiocre fortune, à peine mille francs de revenu à ce moment, il voulait accomplir encore une bonne action en abandonnant son traitement, impayé depuis longtemps, aux pauvres de Carhaix. Le comité de Salut public, plus prudent, songea qu'il pouvait en avoir besoin plus tard et ne tint pas compte de cette proposition. Comme retraite, il lui alloua une pension annuelle de 800 francs, par un arrêté du 18 nivôse an III (7 janvier 1795).

Quant aux témoignages qu'il demandait à ses « frères d'armes » pour sa conduite militaire et ses sentiments civiques, il les eut aussi nombreux et aussi élogieux qu'il pouvait le désirer.

Le général de La Borde, commandant la *colonne infernale*, annota le mémoire de retraite de la façon suivante : « J'atteste que, pendant tout le temps que le citoyen La Tour d'Auvergne-Corret a été employé dans la division dont le commandement m'est confié, il s'est comporté en militaire brave, intelligent, qu'il n'a cessé de donner des preuves non équivoques de son dévouement à la cause de la liberté, et que toutes ses qualités civiques et militaires ont toujours été utiles aux succès qu'a obtenus la division en combattant les Espagnols. »

« Je certifie, ajouta le commissaire des guerres Bailas,

attaché à la division, d'après l'opinion qui m'est bien
connue de mes frères d'armes de cette armée, que le capitaine La Tour d'Auvergne, qui en a toujours été l'exemple
par ses vertus civiques et guerrières, emporte tous nos
regrets ; que, témoin de ses travaux, de ses veilles et de ses
fatigues toujours soutenues, aux avant-postes, c'est avec
douleur que nous voyons tous l'épuisement de ses forces
qui nous prive d'un militaire dont l'expérience et les talents ont infiniment contribué aux brillants succès que
nous avons remportés sur l'Espagne. »

Les représentants du peuple en mission à l'armée décla-
rèrent de leur côté : « Les représentants du peuple près de
l'armée des Pyrénées-Occidentales, témoins de la conduite
que le citoyen La Tour d'Auvergne, capitaine dans la 148ᵉ
demi-brigade et commandant les grenadiers de la division
La Borde, a tenue depuis le commencement de la guerre
contre l'Espagne, attestent que ce citoyen a, dans toutes
les circonstances, démontré autant de zèle que de dévouement à la chose publique. Ses talents militaires, ses vertus
civiques, son intrépidité dans les combats, lui ont constamment attiré la confiance, l'estime et l'attachement de
tous ses frères d'armes et des représentants du peuple. Sa
retraite est une perte pour l'armée, mais elle est fondée
sur de longs et importants services et par l'impossibilité
de les continuer.

» Subiri, avant-garde de l'armée, 22 brumaire an III.

« GARRAU, M.-A. BAUDOT »

Ces représentants du peuple rendirent un arrêté invi-
tant toutes les autorités civiles et militaires à accueillir

La Tour d'Auvergne « comme un défenseur éprouvé de la cause publique ».

Enfin, pour parfaire ce concert de louanges, le général en chef Moncey lui délivra la permission suivante :

« Vu l'arrêté des représentants du peuple, qui autorise le capitaine La Tour d'Auvergne-Corret à se retirer chez lui, ou dans tout autre lieu de la République, pour y attendre une retraite qu'il a justement méritée par de longs, de pénibles et d'utiles services, il lui est permis de quitter l'armée dès qu'il le désirera.

» La haute réputation du brave La Tour d'Auvergne, connu par ses talents militaires et par son courage héroïque, me dispense de lui donner des attestations qui seront toujours bien au-dessous de celles que la renommée lui a prodiguées à si juste titre (1). »

La Tour d'Auvergne était d'une modestie incroyable. Il s'imaginait avoir besoin de certificats pour prouver que sa conduite avait été celle d'un bon militaire et d'un bon citoyen. Comme l'exprimait très bien le général Moncey, tous les éloges que pouvaient lui accorder ses supérieurs étaient superflus, car ils ne pouvaient atteindre l'éloquence de ceux qui lui avaient été déjà décernés par une armée tout entière, qui allaient être approuvés par la France et ratifiés par l'histoire.

---

(1) Le 26 mars 1840, le maréchal Moncey, gouverneur des Invalides, écrivait au baron Marochetti, sculpteur, chargé d'exécuter la statue du premier grenadier : « La Tour d'Auvergne était d'une assez haute stature, fortement constitué, et sa mâle physionomie laissait deviner toutes ses belles et nobles qualités. Dans nos premières campagnes, il commandait les grenadiers réunis à l'armée des Pyrénées-Occidentales dont je commandais les chasseurs. C'est alors que je le connus, que je le vis se distinguer par une bravoure et une fermeté d'âme peu communes, et que j'eus, enfin, le bonheur de l'avoir pour ami. »

CHAPITRE X

Pour se rendre en Bretagne, La Tour d'Auvergne avait à
choisir entre deux voies : celle de terre en traversant la
Vendée insurgée, ou celle de mer. Il préféra éviter les
contrées de l'Ouest où sévissait la chouannerie, et il s'embarqua à Bordeaux, le 5 janvier 1795, sur *la Lormontaise*,
petit transport en partance pour Brest. Il se trouva avec
quelques officiers et soldats bretons. *La Lormontaise* tou-
chait au terme de son voyage, quand elle fut prise par
une croisière anglaise. La mer était au pouvoir des plus
anciens et plus acharnés ennemis de la France, et ils
exerçaient bonne garde.

« Après avoir battu la mer pendant vingt-cinq jours,
raconte La Tour d'Auvergne dans une lettre à son ami Le
Coz, jeté par la tempête sur le rocher *Le Coq*, à trois ou
quatre lieues de Camaret (qui tient à Brest), notre bâtiment
faisait trois pieds d'eau par heure et était près de s'entr'ouvrir, quand nous nous vîmes entourés d'une escadre
anglaise de cinq frégates, à laquelle notre petit esquif, sur

lequel ne se trouvait pas un seul fusil, fut forcé de se rendre. »

Les Anglais exigèrent la remise par leurs prisonniers de leurs cocardes tricolores, ce à quoi ils se résignèrent, à l'exception de La Tour d'Auvergne qui résista avec tant d'énergie que, de guerre lasse, on lui laissa porter son insigne militaire et patriotique. Le commandant du navire, heureux de satisfaire sa haine sur un officier français, ne cessait de l'appeler ironiquement « Monsieur le chevalier ». Impatienté, le capitaine de grenadiers lui répondit :

— Appelez-moi simplement citoyen ! Je n'ai jamais été si fier de ce titre que depuis que je suis en votre compagnie !

— Hé bien, Monsieur le chevalier, allez à fond de cale ! Vous serez soumis à la ration des matelots, Monsieur le chevalier ! Nous pratiquerons l'égalité que vous aimez tant !

Son indomptable fierté valut bien d'autres tracas au capitaine français. Au début de sa captivité en Angleterre, des geôliers, exaspérés de lui voir toujours la cocarde tricolore, cet insigne d'un ennemi exécré, s'approchèrent pour la lui arracher, sur son refus de la remettre. La Tour d'Auvergne la prit, la perça de la lame de son épée et, résolu à se faire tuer plutôt que de céder, recula de quelques pas en criant :

— Venez la prendre si vous l'osez ! Malheur à qui touchera l'épée qui la défend !

Ses tourmenteurs ne s'y risquèrent pas, et on le laissa tranquille quelque temps. Mais cette cocarde de la France lui attira bientôt d'autres avanies.

« Je ne vous entretiendrai pas de tout ce que j'ai eu à souffrir, ajoutait-il dans la même lettre à son ami Le Coz,

pendant une année de captivité, de la part des Anglais...
Mon âme républicaine ne connaissant pas la faiblesse de
dissimuler et de se prêter aux circonstances, je me mon-
trai toujours tel que j'étais, Français et patriote. Le signe
révéré de ma nation, la cocarde tricolore, fut toujours sur
mon casque, et mon costume, dans les fers, fut celui que
j'avais dans les batailles. De là, la haine qui se déchaîna
contre moi et les persécutions que j'ai eu à endurer. »

Il fut emmené en captivité à Plymouth, puis à Bodmin,
chef-lieu du comté de Cornwall. Son patriotisme excita les
fureurs des Anglais. Quelque temps après, des soldats
essayèrent encore de lui arracher cette cocarde qu'il avait
si bien défendue, et le maltraitèrent indignement à cause
de sa résistance. Il adressa aussitôt une réclamation digne
et ferme à M. Wallis, agent chargé de la police des prisonniers français sur parole à Bodmin, où il était interné :

« Le 1ᵉʳ octobre 1795,

l'an IV de la République Française une et indivisible.

» MONSIEUR,

» Je m'adresse à vous comme à l'agent chargé par votre
Gouvernement de la police immédiate des prisonniers
français à Bodmin, pour vous faire part de l'outrage qui
vient de m'être fait par plusieurs soldats du détachement
anglais en garnison dans cette ville, et qui, en revenant de
l'exercice, m'ont assailli avec leurs armes et se sont portés
aux plus violentes extrémités à mon égard, dans la vue de
m'arracher ma cocarde, distinction qui fait partie de mon
uniforme militaire. Je l'ai portée depuis ma détention en

Angleterre, et les officiers de votre nation prisonniers dans
ma patrie y ont toujours porté la leur, sans aucune contra-
diction. Il est impossible, Monsieur, qu'une telle conduite
envers un officier de la République française ait été ordonnée par votre gouvernement, et qu'il autorise aucun
outrage envers des prisonniers paisibles qui sont ici sous
votre sauvegarde. Dans ces sentiments, Monsieur, je vous
prie d'aller à la source de l'insulte qui m'a été faite, afin
que je puisse y conformer ma conduite ultérieure. Dans
quelque extrémité où je me trouve réduit par ma détermination de ne pas quitter ma distinction caractéristique,
je ne regarderai jamais comme une infortune des malheurs
dont la source aura été si honorable pour moi. »

Au lieu de lui rendre justice et de punir les coupables,
les Anglais n'admirent plus sa qualité de prisonnier sur
parole et l'emprisonnèrent. Son ami Legard, qui connut
les détails de sa captivité, a rappelé sa douleur en voyant
« la misère de tant de braves Français entassés dans des
cachots infects, luttant contre tous les besoins, exposés à
toutes les rigueurs arbitraires, à toutes les vexations ima-
ginables et dévorés par de cruelles maladies. Il soutenait
leur courage ; il leur prodiguait des soins ; il partageait
avec eux l'argent qu'il possédait ; il s'indignait d'entendre
les agents du ministère anglais essayer de les séduire, de
les corrompre, de leur rendre le gouvernement français
odieux ».

Il fut enfin rendu à la liberté. Il a raconté de quelle
façon : « Je suis parti de ma prison le 7 janvier (1796), sur
ma parole de me faire échanger pour un officier anglais de
mon grade, ce que le ministre de la guerre, à qui j'avais
écrit, m'a obligeamment accordé. Débarqué au Havre-de-

Grâce, le 12, mes pieds, pour la première fois depuis un an, marchèrent sur le sol de la liberté. Quelle différence entre ma patrie et le pays que je quittais! Partout, j'ai été reçu et accueilli, non avec des démonstrations, mais avec les sentiments du plus sincère intérêt, et surtout à Paris, où tous les députés des départements, sans exception, m'ont comblé de caresses. Qu'il est doux, qu'il est heureux d'être aimé! Je n'ai fait ce chemin dans le cœur des Français que par ma franchise et ma loyauté, et par ma fidélité inviolable, dans l'adversité comme dans la prospérité, à la cause glorieuse que j'ai embrassée. Je suis venu ici solliciter mon échange et ma retraite. Mon pays étant occupé par les Chouans, et ne voyant aucune possibilité d'y finir tranquillement mes jours, je pense à me retirer dans le pays des Basques et près des frontières où j'ai combattu et où je suis plus particulièrement connu... »

Il voulait s'éloigner de Paris; puis il changea d'avis et choisit sa demeure à Passy, qui n'était, à la fin du XVIIIe siècle, qu'un village d'un millier d'habitants, détaché de la paroisse d'Auteuil, localité plus ancienne et plus importante. Il n'existait que deux grandes voies : la grand'rue, qui conduisait à la Meutte (aujourd'hui la Muette), et la rue Basse, composée principalement d'hôtels et de villas. Des Parisiens avaient commencé à demeurer dans cette campagne après la découverte des sources d'eaux minérales, qui avait eu lieu vers 1700.

La Tour d'Auvergne s'installa au numéro 66 de la rue Basse, chez les frères Paulian, qui avaient acheté deux propriétés contiguës communiquant par leurs cours et leurs terrasses et comprenant plusieurs bâtiments. La première petite maison avait l'enseigne suivante : *Nouvelles eaux mi-*

nérales, vitrioliques, ferrugineuses et astringentes. Le puits de la source était sur une des terrasses (1).

Le capitaine de grenadiers loua une petite chambre dont ses armes et ses livres constituaient le plus bel ornement. Il était vraiment en pleine campagne comme il le désirait, et respirait un air pur, dans un paysage verdoyant, qui dominait la Seine, dont on voyait couler les eaux tranquilles. Il avait bien dans ce modeste et paisible logis la paix qu'il recherchait.

Il était revenu de captivité avec des effets complètement usés et sans argent. Dans cette extrémité, il se rendit au comité de Salut public pour réclamer une partie de l'arriéré de sa solde qui ne lui avait pas été payée depuis longtemps. Les membres du comité l'envoyèrent au ministre de la guerre en le recommandant chaleureusement. Celui-ci, par une faveur spéciale, offrit au capitaine 1.200 francs en écus au lieu de lui donner des assignats qui n'avaient presque plus de valeur. Le louis d'or coûtait, le 1er décembre 1795, 3.500 francs d'assignats; le 1er janvier 1796, 4.500; le 1er mars, 7.200. La Tour d'Auvergne, surpris en voyant tant d'argent, s'écria :

— Ce sac est bien lourd! Je ne puis me charger d'une si grosse somme!

---

(1) M. le capitaine Paimblant du Rouil et M. Léopold Mar, vice-président de la *Société historique d'Auteuil-Passy,* ont retrouvé l'emplacement exact de l'ancienne demeure de La Tour d'Auvergne; c'est aujourd'hui le n° 21 de la rue Raynouard (propriété de Mme la baronne Bartholdi, née Delessert). Ils ont demandé qu'une plaque commémorative y soit apposée, et le comité des inscriptions parisiennes s'en occupe activement.

La source de la maison Paulian (ancienne maison Calsabigé) avait été récemment découverte, et faisait concurrence à la vieille source, exploitée depuis 1720. Le puits de la maison Paulian existe encore et on en laisse prendre l'eau ferrugineuse.

Il ne prit que 120 francs, malgré les instances du ministre de la guerre.

— Je vous remercie, citoyen ministre. C'est bien suffisant pour le moment. Je reviendrai si j'ai de nouveaux besoins.

Il ne revint jamais.

Il avait d'autant plus de mérite à refuser cette somme que les revenus de sa petite propriété de Bretagne lui étaient rarement payés par suite de l'insurrection des provinces de l'Ouest. Il vécut quelque temps avec sa faible pension de retraite de 800 francs, dont la plus grande partie lui était donnée en *mandats territoriaux*, qui remplacèrent les assignats au mois de mars 1796, et qui tombèrent vite dans le même discrédit. « Quoique je ne reçoive que 25 livres par mois en numéraire et le reste en mandats, j'en ai assez pour aller doucement dans la vie, disait-il philosophiquement. Je me prosterne bien plus volontiers devant la Providence pour la remercier que pour lui rien demander. Du pain, du lait, de la liberté et un cœur qui ne puisse s'ouvrir à l'ambition, voilà l'objet de tous mes désirs. » Avec les faibles revenus du petit bien qui lui restait, il secourait les infortunes. Il força son ami Le Coz à accepter la moitié d'une somme de 30 louis lui appartenant, que ce dernier avait en dépôt depuis longtemps. Un peu plus tard, il entendit parler d'une mère de famille tombée dans l'indigence après avoir été dans une situation brillante. Le chagrin lui avait fait perdre la raison, et elle restait abandonnée, sans amis, sans secours. Il la fit entrer dans un asile où il paya pour elle une pension annuelle de 600 francs. Jamais un malheureux ne frappa en vain à sa porte.

S'il avait toujours la main ouverte pour donner, il la gardait invinciblement fermée quand il s'agissait de recevoir. Il repoussa toutes les offres de service, conservant jusqu'à la fin de sa vie la même susceptibilité et le même mépris de l'argent, n'acceptant pas plus de ses parents ou de ses amis que du gouvernement.

Son désintéressement se manifesta dans ses relations avec le duc de Bouillon. Son ancien protecteur, Henry-Charles-Godefroy, avait émigré et était mort le 3 décembre 1792; son fils unique, Jacques-Léopold-Charles-Godefroy de La Tour d'Auvergne, était resté en relations cordiales avec le capitaine, qui eut l'occasion de payer au fils la dette de reconnaissance contractée envers le père

Il a été raconté, au début de cette histoire, la résistance opposée par le parlement à l'échange de 1651 consenti par Mazarin à l'avantage d'un duc de Bouillon. Aucune solution n'était encore intervenue pour le règlement de cette affaire lorsqu'éclata la Révolution. Une loi, du 1er décembre 1790, visa les échanges non consommés; elle n'admit que ceux conclus régulièrement, après les évaluations ordonnées par un édit d'octobre 1711, et complétés par un enregistrement en règle, dans les cours, des lettres de ratification. Une autre loi, du 10 frimaire an II, abrogea tout échange non consommé. La famille de Bouillon se trouvait ainsi complètement dépossédée de tous les duchés, comtés et domaines qui lui avaient été donnés sous le règne de Louis XIV.

Le fils du duc Godefroy, Léopold de La Tour d'Auvergne, ne manqua pas de crânerie. Il réclama à la Convention — en pleine Terreur — contre l'exécution des lois relatives aux échanges non consommés. La réponse se fit moins attendre

que la décision judiciaire vainement réclamée sous Louis
XIV, Louis XV et Louis XVI. A la séance du 29 avril 1794,
le rapporteur Loiseau conclut, au nom des comités de
Salut public, de finances, d'aliénation et des domaines,
que « le peuple étant souverain, Bouillon n'avait pu céder
ce qui ne lui appartenait pas... C'est au peuple des ci-
devant principautés de Sedan et de Raucourt que doit être
restituée la souveraineté de ces pays ». Le duc n'avait
donc droit à rien. La République consentait pourtant à
le remettre en possession des biens territoriaux « qu'a-
vaient ses ancêtres dans les deux principautés, à l'exception des établissements dont la conservation était
commandée par l'intérêt public ». La Convention vota,
conformément aux conclusions du rapport, que l'échange
fait par Louis XIV était révoqué, et que Léopold de
La Tour d'Auvergne recevrait une indemnité, fixée par
experts, représentant la valeur des biens fonciers possédés
par le duc de Bouillon en 1651, exception faite des fortifications, terrains et établissements nécessaires à la République.

La solution était moins bonne que ne le désirait le solli-
citeur, mais elle était pourtant plus favorable qu'on ne
pouvait le supposer en un tel moment. Cependant les restrictions apportées à la restitution faite en argent pouvaient être illimitées. Elles effrayèrent Léopold de la Tour
d'Auvergne, qui ne demanda plus rien et attendit des
jours meilleurs.

Ils vinrent bientôt avec le Directoire, dont certains membres aimaient assez coqueter avec les personnages importants de l'ancien régime. Le duc renouvela sa réclamation,
et il eut le bonheur, cette fois, d'être soutenu par le

capitaine La Tour d'Auvergne. L'officier n'avait jamais rien voulu demander pour lui en récompense de ses services. Mais il s'agissait du fils de son ancien protecteur, du dernier rejeton de cette célèbre famille dont il avait l'honneur de porter le nom, il ne pouvait se dérober à cette dette. Il n'y songea même pas un instant. Il déploya beaucoup d'activité et profita des relations cordiales qu'il avait conservées avec plusieurs représentants du peuple envoyés en mission dans les Pyrénées pour intercéder avec succès.

Le duc lui écrivit de Navarre, le 21 décembre 1796, pour le remercier de l'envoi de son ouvrage des *Origines gauloises*. Il ajouta :

« Je prends bien part à la satisfaction que vous devez éprouver en consacrant vos jours à la défense de votre patrie et à l'instruction de vos concitoyens; puissent-ils tous partager les sentiments que je vous porte. J'espère que je touche à la fin de mon affaire. Serson (intendant du duc) ne m'a pas laissé ignorer le vif intérêt que vous y preniez et les démarches que vous faites pour en assurer le succès. Recevez-en, je vous prie, mes remerciements. Vous ajouterez à ma reconnaissance en venant partager ma joie; elle augmentera en m'y livrant avec mes fidèles amis. Votre ouvrage étant fini, je ne vois aucun motif d'un refus qui m'affligerait beaucoup.

» Je vous assure de mon amitié.

« LA TOUR D'AUVERGNE. »

Le conseil des Cinq-Cents donna gain de cause au duc, et le conseil des Anciens se montra non moins favorable. Il entra en possession des biens cédés par Louis XIV : les duchés d'Albret et de Château-Thierry, les comtés d'Auvergne et d'Evreux. « La fameuse forêt d'Evreux, dont la coupe annuelle est du produit de 150.000 francs, vient aussi de lui être restituée, écrivait le capitaine de grenadiers le 4 janvier 1797. Je pense que M. de Bouillon ne tardera pas à venir habiter Paris. »

Ce résultat était dû en grande partie aux efforts de l'officier à qui le duc écrivit de Navarre, le 24 décembre 1796 : « Je connais tout l'intérêt que vous avez pris à la justice que l'on vient de me rendre. Nous portons le même nom et notre amitié porte le même caractère. Je vous prie de croire que mon attachement ne le cède en rien au vôtre. »

Cette immense fortune était en des mains généreuses. Les derniers ducs de Bouillon surent en faire un noble usage, et secoururent beaucoup de malheureux. Le duc Godefroy, par son testament, daté du 19 novembre 1788, confirmé par le codicille du 4 mai 1791, avait laissé une rente perpétuelle de 4.000 francs aux vieillards pauvres et malades de la ville de Saint-Germain-les-Evreux, et ce don fut confirmé par son fils (1).

Le duc Léopold voulut reconnaître l'important service que lui avait rendu le capitaine. Il lui écrivit au mois de février 1797 :

« J'espère, mon ami, que vous voudrez bien me donner la particulière marque d'amitié d'accepter ma maison de Beaumont-le-Roger. C'est un lieu retiré où vous pourrez

---

(1) Le dernier duc de Bouillon est mort le 7 février 1802 sans postérité. La maison de La Tour d'Auvergne a produit 15 ducs souverains de Bouillon, 3 cardinaux, 1 vice-roi de Navarre, 1 sénéchal de France, 6 grands chambellans et 2 maréchaux.

vous plaire. Je vous l'offre de bon cœur. Je me flatte que vous voudrez bien me marquer votre façon de penser sur ce que je vous propose et me croire avec amitié,

» De BOUILLON. »

Cette propriété était située à cinq lieues environ du château de Navarre, dans un joli paysage ; la maison était confortablement meublée ; les jardins étaient grands, très bien entretenus et possédaient de belles pièces d'eau avec un vivier. Pour ce pauvre officier, qui abritait mal sa vieillesse dans une misérable chambre de Passy, quel rêve ! C'était une retraite paisible et gaie au sein d'une campagne riante, ce qu'il avait toujours désiré. C'était la vie largement assurée pour ce simple, qui vivait de peu. Les revenus de la propriété étaient évalués de huit à dix mille francs. Combien eussent accepté sans balancer !

La Tour d'Auvergne, lui, n'hésita pas une seconde, et il répondit le 13 février :

« Vos bontés et les offres que vous me faites pénètrent mon cœur de reconnaissance ; mais mon cœur est tel que, s'il s'ouvre avec joie à ce sentiment, il se ferme par anti- pathie à toutes sortes de dons. N'attribuez pas, je vous prie, ce refus à une ridicule vanité ; celle-ci est aussi éloignée de mon caractère qu'elle me conviendrait peu vis-à-vis de vous. Puisse votre générosité être aussi généralement connue qu'elle est vivement sentie par celui qui ne cessera de vous honorer, de vous respecter, de vous aimer.

» Le citoyen LA TOUR D'AUVERGNE-CORRET. »

Le capitaine communiqua cette réponse à sa famille en

l'expliquant : « La bonne volonté que j'ai témoignée dans l'affaire de M. de Bouillon aurait pu faire croire qu'un cadeau accepté de sa part était la récompense des attentions que j'avais données à une affaire dont il n'a dû l'heureuse issue qu'à la justice de sa cause et aux soins persévérants et infatigables de son intendant, le citoyen Serson. » Il diminuait, selon son habitude, la part qu'il avait eue dans la réussite. Il ajoutait que le duc devait s'installer à Paris ou aux environs, mais après les élections seulement, « parce qu'il craignait des troubles que rien ne faisait prévoir. » (Lettre du 2 mars 1797.)

Ce serait mal connaître l'ordinaire humanité que s'imaginer que sa conduite excita l'admiration de sa famille. Les hommes de la nature de La Tour d'Auvergne sont rares, trop rares, et leur sort est, hélas ! d'être méconnus pendant leur vie, parfois même après leur mort. Le vulgaire, que guide presque exclusivement l'intérêt personnel, s'étonne de ces traits peut-être plus qu'il ne s'en extasie. Et même certains s'en irritent, blessés de se voir si petits à côté de tels hommes.

Les proches de La Tour d'Auvergne, braves gens, de vie exemplaire, de vertu bourgeoise, qui avaient pour lui de l'estime et de l'affection, demeurèrent interdits de son refus. Quelle singularité ! Comment peut-on refuser le don d'un généreux seigneur qui vous considère comme son véritable parent, surtout lorsqu'on lui a rendu des services signalés et lorsqu'on est dans une si triste situation ! Quel manque de bon sens !

Le pauvre capitaine ne reçut pas de félicitations. Il resta même assez longtemps sans nouvelles de sa chère Bretagne.

CHAPITRE XI

On pourrait supposer que La Tour d'Auvergne, vivant tristement dans sa petite et froide chambre, éprouva parfois quelques regrets de n'avoir pas accepté le cadeau du duc de Bouillon. Sa correspondance prouve que, s'il n'hésita pas dans son refus, il n'y songea même plus après l'avoir prononcé irrévocablement. Il ne se plaignit jamais de son sort. En vrai philosophe, il supporta gaiement sa misère. Il se contentait de si peu! Quant à son isolement, il était volontaire. Il avait fui la grande ville pour être seul, méditer et travailler à son aise, loin des importuns et loin du bruit. « La raison qui me fait quitter Paris, expliquait-il à son ami Le Coz dans une lettre du 9 mai 1796, est que la vie qu'on y mène a quelque chose de trop agité pour satisfaire les goûts d'un homme simple, qui a besoin aujourd'hui de faire succéder un peu de repos à de longues fatigues et à de pénibles travaux. A la campagne ou dans les petites villes, on se trouve dans sa situation naturelle ; et, étant placé entre la société et la retraite, aussi bien

qu'entre le repos et d'agréables occupations, l'on se tire de
la dépendance en cherchant les sentiers qui nous dérobent
à la foule, et on jouit enfin de cette précieuse liberté sans
laquelle on ne peut être véritablement heureux. C'est dans
ces sentiments que j'ai quitté avec joie Paris et la grande
scène des événements pour chercher l'oubli et l'obscurité. »
A Paris, il logeait maison de la Marine, rue Croix-des-
Petits-Champs. C'est là qu'il demeura plusieurs mois
avant de s'installer à Passy.

Il retourna à Paris pendant quelque temps, à la fin de
1796, pour s'occuper des affaires du duc de Bouillon, de
ses parents et de quelques personnes qui avaient recours
à son obligeance inlassable; mais il revint vite à Passy au
mois de février 1797, dès qu'il eut terminé.

Sa santé délabrée l'obligeait à beaucoup de tranquillité
et de soins. Il se traitait lui-même et toujours de la même
façon : par la sobriété. Le lait constituait sa principale nourriture, comme l'avait constaté Carnot aux Pyrénées. Il écrivait, le 2 mars 1797, à M. Limon du Timeur : « Des temps
infinis se sont écoulés, mon cher beau-frère, depuis que je
n'ai reçu de vos nouvelles ni de celles de nos parents de la
Haye. Je ne sais à quoi attribuer ce long silence et s'il est
l'effet de quelque froideur que je n'ai certainement méritée
ni de votre part ni de la leur. J'ai quitté Paris depuis quinze
jours pour revenir à mon ancienne retraite de Passy y respirer l'air pur de la campagne. J'y ai retrouvé ma chèvre,
mon excellente nourrice, et ai déjà éprouvé beaucoup de
soulagement à ma sciatique qui me tourmente violemment
depuis plus de deux mois et qui s'est logée dans mes dernières vertèbres. Comme je l'ai gagnée dans mes campagnes des Alpes et des Pyrénées, à la suite de mille fatigues,

je crains qu'elle n'en soit que plus difficile à déraciner et qu'il n'y ait que les eaux thermales qui puissent m'en délivrer entièrement... » Il est probable que ce fut le manque d'argent qui l'empêcha de réaliser ce désir de soigner ses douleurs par les eaux. Et réduit à cet état de délabrement, il allait encore faire trois campagnes en volontaire !

Sa correspondance nous ouvre son grand cœur, aimant et dévoué, bon jusqu'à la naïveté, qui garda jusqu'au dernier battement les passions généreuses et les illusions de la jeunesse. Loin de rougir de son dénuement, il en plaisantait. Le 23 décembre 1796, il écrivait à son beau-frère pour le remercier de l'envoi de 520 francs apportés par le représentant du peuple Guyomard, et il s'inquiétait de ne pas recevoir sa malle, envoyée le 6 frimaire, de Morlaix, par son neveu. Il écrivait à ce dernier, « Guyart de Kersosic », demeurant « à la terre de la Haye près Carhaix », le 4 janvier 1797 : « Ma malle ne m'est pas encore parvenue. Condamné à aller ainsi dans la vie à travers des conditions continuelles, celle-ci est d'autant plus sensible pour moi que je me vois forcé, par rapport à la rigueur de la saison, de ne plus différer de me procurer des parties d'habillement que j'aurais trouvé dans ma malle et qui vont me coûter ici très cher. On est mal vêtu en hiver du drap de patience. Dans mes besoins cependant, j'ai eu souvent recours à celle-ci, et elle m'a assez bien servi... »

Il aurait pu sortir de sa gêne en s'adressant à des amis ou au ministère de la guerre, mais il poussait le désintéressement à l'extrême. Il ne réclamait même pas sa solde de retraite à date régulière. Il déployait une activité juvénile pour s'occuper de tous les malheureux qui recouraient à sa bonté, et il n'oubliait que lui. Il s'apitoyait sur les misères d'autrui et riait des siennes. Dans la même lettre, il mandait à son neveu : « Dites, je vous prie, confidentiellement au citoyen Belleville, de ma part, que s'il désirait une place de commissaire du pouvoir exécutif auprès d'une administration municipale dans l'étendue de l'ancienne Bretagne, qu'il s'informe où il s'en trouve une vacante et qu'il me le fasse savoir. Je m'estimerai heureux de pouvoir rendre service à ce vertueux citoyen que j'ai laissé dans l'infortune. Mon crédit est bien peu de chose, mais j'ai la plus grande volonté d'obliger, et quelquefois ce désir n'est pas infructueux. »

Au mois de décembre 1799, il sollicitait du ministère de la guerre un congé en faveur de Maurice Dupin, petit-fils du maréchal de Saxe. « Ce jeune homme, disait-il, sans être de la réquisition, vint l'année dernière, de son propre mouvement, s'offrir à faire la campagne du Danube. » La faveur qu'il demandait pour ce fils unique d'une veuve était certes méritée (1).

Dans une autre lettre, du 16 mai 1800, au chef du bu-

---

(1) Pendant sa campagne en Suisse, en 1799, La Tour d'Auvergne s'occupa de Maurice Dupin, comme l'atteste une lettre du 8 novembre 1799, envoyée de Passy, après son retour, à la mère, Mme Dupin-Francueil, née de Saxe, grand'mère de George Sand. « Soyez tranquille, madame, disait-il, sur le sort de votre enfant : le grand homme sur les traces duquel il marche fièrement, veille sur ses jours et sur sa destinée... J'ai été témoin de l'impression que sa présence fit sur nos généraux, à notre rencontre, à Rieder-Willer. Sa conduite, pendant le temps qu'il y resta, nous offrit à tous un assemblage de discrétion, de politesse et de délicat dans ses manières qui lui gagnèrent tous les cœurs. Le général Humbert voulut obtenir sa parole qu'il le suivrait en Irlande. Le général Molitor vient de l'appeler près de lui pour suppléer un de ses aides de camp qui est malade... » Maurice Dupin, placé au 10e chasseurs à cheval, fut bientôt nommé brigadier.

reau des prisonniers de guerre de la marine, il appuyait chaleureusement le capitaine Rioux, commandant le corsaire *La Sophie*, de Bordeaux. « Ce brave mais infortuné marin, pris par les Anglais et renvoyé en France sur sa parole depuis quatorze mois, est chargé d'une famille nombreuse qui ne subsiste que de son travail ; hors d'état d'exercer sa profession, jusqu'à ce que son échange ait été consommé, il ne lui reste plus aucun espoir que dans vos bontés. Je prends le plus vif intérêt au sort de cet honnête homme plongé dans le malheur… » Il se faisait toujours le protecteur des humbles, des braves gens sur qui s'appesantissait l'adversité.

S'il ne ménageait pas ses démarches pour autrui, il ne songeait jamais à ses propres besoins, aux récompenses qu'avait méritées son zèle pour ses parents, pour ses amis, pour la patrie. Il n'admettait même pas qu'on en parlât. N'était-ce pas le devoir ? Il ne comprenait pas l'égoïsme et s'indignait quand il le constatait, demeurant surpris et attristé de ne pas trouver chez tous ce dévouement pour le prochain et pour le bien public. Il écrivait à son ami Guezno aîné, ancien représentant du peuple à la Convention et aux Cinq-Cents, qui avait contribué à la pacification de l'Ouest avec Hoche : « Une cruelle et effrayante expérience m'a, depuis quelque temps, pénétré d'une vérité à laquelle mon cœur ne peut plus se refuser : c'est que l'apathie glace ici tous ou presque tous les hommes dès que l'intérêt particulier ne les remue pas ; cette idée éloignée, toutes les autres ne les occupent et ne les touchent que bien faiblement. Je ne sais où cette morosité nous conduira… »

Les hommes d'un tel caractère étaient devenus rares, en

effet. Il dut souffrir de n'être pas compris. L'atmosphère d'enthousiasme patriotique, dans laquelle il avait vécu à l'armée, n'existait plus à Paris sous le Directoire. Les mœurs avaient changé. La capitale, sortie d'un cauchemar sanglant, ne songeait qu'au plaisir et s'étourdissait dans des fêtes continuelles.

Il ramenait tout à son constant souci : le bien public et le respect des lois. Il répondait à son ami Le Brigant, dont il n'approuvait pas les idées antirépublicaines : « Quelque fortes que soient les nuances entre nos opinions politiques, je ne vous ferai jamais un crime des vôtres; mais je crois que le parti le plus sage, entre amis, est de ne jamais toucher à cette corde délicate à laquelle est attachée une partie de nos faiblesses. » Il disait encore « au citoyen » Guillard de Kersosic, son neveu, dans la lettre du 4 janvier 1797 déjà citée : « Le royalisme et la terreur ont beau s'agiter dans les convulsions de la mort, ils ne se relèveront pas. Leurs batteries se dirigent en vain contre l'opinion dominante, celle du maintien des lois constitutionnelles que nous avons adoptées; ils échoueront dans leurs entreprises et éprouveront le sort du serpent de la fable qui perdit toutes ses dents en se dévouant à ronger une lime d'acier. Les inconstitutionnels de toute description doivent, pour leur intérêt, désirer l'ordre; une autre secousse les perdrait infailliblement. Arrangez-vous pour continuer d'aimer et de respecter les lois de votre pays. »

Animé de tels sentiments, il ne se laissa jamais englober dans une coterie politique, comme tant d'officiers abusés. Quoiqu'il cherchât de plus en plus le calme et la solitude, il fut porté sur une liste de quinze personnes proposées pour remplacer un des cinq directeurs qui devait abandonner ses fonctions le 21 mars 1797. D'après la Constitution de l'an III, le Directoire, composé de cinq membres, qui furent d'abord La Réveillère-Lépeaux, Rewbel, Letourneur, Carnot et Barras, devait être renouvelé tous les ans par cinquième. C'est Letourneur qu'il s'agissait de remplacer en 1797. La Tour d'Auvergne se montra plus étonné et mécontent que flatté, et il exprima son sentiment à son beau-frère dans sa lettre du 2 mars : « Je ne sais comment je me suis trouvé placé sur une liste qui a, dit-on, paru ici, il y a environ trois semaines, de quinze personnes dont l'une serait désignée pour remplacer celui des directeurs qui doit quitter au 1er germinal. Tout le monde connaît mon incapacité et mon abnégation des honneurs et des rangs que j'ai toujours repoussés. Je n'ai apporté dans la Révolution d'autres sentiments, d'autres idées, que ceux du bonheur et de l'indépendance de ma patrie, et je n'ai jamais séparé l'amour de l'ordre et du bien public de toute ma conduite civique. Mon attachement inviolable aux lois constitutionnelles de mon pays a nécessairement dû me faire beaucoup d'ennemis, moi qui ne hais personne ; aussi, je range au nombre de leurs procédés insidieux la désignation qu'ils auraient faite de moi, en me plaçant dans le nombre des quinze dont je viens de parler, désignation d'autant plus insignifiante et ridicule que le choix des remplaçants en question n'appartient qu'aux deux conseils. Vous avez bien pu vous apercevoir combien j'étais insensible aux honneurs par toute ma conduite dans cette Révolution. En me parlant, dans votre dernière, des intentions de votre département en ma faveur à l'époque des élections, avez-vous rien trouvé dans ma réponse qui annonçât mon inclination de répondre à l'honorable souvenir de mes compatriotes? Paris est dans une parfaite tranquillité. Tous les esprits reviennent à la paix et à l'ordre. Le parti constitutionnel entraîne tous les autres et les factions de toute espèce renoncent aujourd'hui de la meilleure foi à leur coupable et ridicule espoir. »

Il conservait toujours aussi vivace la fierté du nom que le duc de Bouillon l'avait autorisé à porter. Il écrivit aux membres du Directoire, le 11 janvier 1798, pour demander s'il pouvait être atteint par la loi qui interdisait à tout citoyen français de prendre d'autres noms et prénoms que ceux portés dans l'acte de naissance. Il rappela les autorisations qui lui permettaient de conserver le nom de La Tour d'Auvergne. « Cette addition, qui ne lui a jamais été contestée sur ses brevets et commissions, avant ni depuis la Révolution, *la* serait-elle (*sic*) aujourd'hui où cet officier s'efforce, devant les ennemis de son pays, de rendre au nom qu'il porte une partie du lustre qu'il en retire? »

Le capitaine trouva à Passy la tranquillité qu'il désirait, et s'y fixa définitivement. Il reprit ses études favorites et fit paraître une nouvelle édition, revisée et complétée, des *Origines gauloises*, dont le *Moniteur* publia un compte rendu élogieux le 4 février 1797. Il envoya son ouvrage à M. Limon du Timeur et lui écrivit, le 23 décembre 1796 : « Je vous ai fait passer, sous le contre-seing du représentant Macaire, un exemplaire d'un ouvrage de 340 pages que j'ai fait imprimer ici, sur les *Origines gauloises;* j'en ai aussi adressé un à mon neveu Kersosic et un au président de l'administration municipale de Carhaix. Il n'a encore paru, pour m'éclairer, aucune critique de cet ouvrage, qui m'a valu au contraire des lettres très flatteuses de nombre de savants de ce pays, entre autres du citoyen Villebrune,

chef de bureau des relations extérieures pour la partie
politique, ancien professeur de langue hébraïque et de
langue grecque au collège ci-devant royal, et directeur en
chef de la Bibliothèque nationale il y a quelques années.
Sa lettre de quatre pages serait trop longue à transcrire ici.
Vous verrez avec plaisir celles que j'ai reçues dernièrement
de deux de nos directeurs :

« Paris, 26 frimaire an V de la République une et indivisible.

» Carnot, membre du Directoire exécutif, au citoyen La
Tour d'Auvergne-Corret, capitaine d'infanterie et ci-de-
vant commandant de grenadiers à l'armée des Pyrénées-
Occidentales.

» J'ai reçu, citoyen, les deux exemplaires que vous avez
bien voulu m'adresser de votre ouvrage sur les *Origines
gauloises*. Je l'ai parcouru avec le plus grand intérêt et je
vous prie d'agréer mes remerciements.

» Citoyen aussi éclairé que militaire intrépide, il vous
appartenait, après avoir servi glorieusement la patrie de
votre épée, de lui consacrer encore votre repos et de
dévouer votre plume aux progrès de l'instruction et des
sciences.

» Salut et fraternité.

» CARNOT. »

« Paris, 24 frimaire an V de la République.

» Citoyen,

» J'ai reçu avec bien de la reconnaissance l'exemplaire
de votre ouvrage sur la langue bretonne que vous avez bien
voulu m'adresser. Il m'a procuré un instant de distraction

infiniment agréable ; cet ouvrage est également intéressant par son objet et par la manière dont vous l'avez présenté. Il est rare de voir un militaire brave, loyal et modéré dans ses désirs, employer ses loisirs à instruire ses compatriotes et à célébrer dans les anciens Gaulois les qualités généreuses dont il sait donner en même temps l'exemple.

» Salut et fraternité.

» La Réveillère-Lépeaux. »

Il a paru une 3ᵉ édition des *Origines gauloises* à Hambourg en 1801, après la mort de La Tour d'Auvergne. C'est la plus complète, celle à laquelle il travaillait encore en 1800, avant son départ pour l'armée du Rhin. Le *Précis historique sur la ville de Keraës,* qui faisait partie de la 1ʳᵉ édition, a été republié à Paris, chez Quillau, en l'an V (in-8°, brochure de 32 pages), et il a été encore reproduit dans le *Dictionnaire de la Bretagne* par Ogée.

Dans son précis sur Keraës, La Tour d'Auvergne adoptait une vieille opinion des érudits romanistes sur l'origine de Carhaix : *Ker-aës,* ville d'Aétius ; or, il est démontré que ce général romain, préfet des Gaules, vainqueur d'Attila, ne parut jamais en ce pays. Il donnait comme preuves qu'il avait été découvert une voie que les Bretons nomment *Henchou-aës,* chemin d'Aétius, et qu'on avait trouvé des briques de forme romaine, des bronzes, des débris de colonnes, des médailles en or et en argent, etc. Il demandait, pour sa ville natale, un entretien et des soins particuliers, car elle le méritait par son antiquité et par les services qu'elle pouvait rendre à la science.

Si les critiques qu'il réclamait pour ses *Origines gauloises* sont arrivées trop tard et n'ont pu l'éclairer, en revanche elles ont été nombreuses et sévères. C'était son ouvrage de prédilection, celui auquel il travailla toute sa vie, mettant à porfit ses séjours en Espagne, en Angleterre et en Suisse pour continuer ses recherches sur les langues ainsi que sur les antiquités, surtout sur les médailles. On doit être indulgent pour ses erreurs qui étaient celles de son époque. De toutes les œuvres de l'esprit, celles relatives aux sciences vieillissent le plus vite, les découvertes étant continuelles, les progrès incessants.

Dans son *Histoire des peuples bretons,* M. de Courson s'est montré impitoyable : « Trois philologues ont surtout contribué à déconsidérer les études celtiques : Le Brigant, Bullet et La Tour d'Auvergne. Ce fut le père Pezron qui ouvrit le premier la carrière aux anciens celtomanes. » « De même que les Henri Estienne, les Guichard, les Ménage voulaient tout faire dériver du grec, de l'hébreu, du latin, de même le père Pezron, confiné dans sa Basse-Bretagne, prétendit tout expliquer par le celtique. La mort emporta le savant religieux au milieu de ses affirmations tranchantes. Ses disciples, suivant l'usage, exagérèrent à l'envi le système du maître. Le franc-comtois Bullet, armé de ses lourds in-folio, descendit dans l'arène, et, de prime abord, il déclara que le celtique se retrouvait non pas seulement dans l'irlandais, mais encore dans le basque et dans les anciens monuments..... Enfin Le Brigant parut, et bientôt les exagérations dépassèrent celles de Bullet lui-même. Comme son savant compatriote le père Hardouin, Le Brigant poussait jusqu'à l'extrême l'amour du paradoxe... » « Une réaction s'est opérée dans les premières années de ce siècle, et aujourd'hui la science, se tenant également éloignée du système de Le Brigant et de celui de Ménage, se borne à constater que la Gaule, asservie par les Romains, latinisée par l'Eglise, conquise et violentée par les Francs, n'a pas, ainsi qu'on l'a prétendu, perdu jusqu'à la trace de son idiome et de ses mœurs nationales. »

Michelet s'est montré un peu plus indulgent, sinon dans le fond, du moins dans la forme : « Le tort de Le Brigant et surtout de ses aventureux disciples fut d'affirmer la priorité absolue des Celtes sur tous les peuples, de rattacher bon gré mal gré toutes les langues à la langue celtique, de subordonner le monde à la Gaule. Savants hasardeux, ardents citoyens, ils voulaient que leur patrie eût été la mère des langues et des nations, la reine de toute la terre. Entreprise touchante plus encore que ridicule ! »

Le Brigant et La Tour d'Auvergne ont effectivement affirmé avec trop de hardiesse que « la langue celtique est la mère des langues ». Tous deux se sont exagéré le rôle et l'importance d'une race qui n'a été qu'une petite fraction de la grande masse indo-européenne. Mais ils ont pressenti le lien originel des Celtes et des Indo-Européens, que des études plus récentes sur l'Inde ont certifié. Avec sagacité, La Tour d'Auvergne a indiqué, dans son livre, les premières origines de ceux qu'il a appelés les Celto-Scythes et qui représentent les races slaves, finnoises, germaniques et celtiques. Il a expliqué que ces peuples vinrent de la haute Asie par la Bactriane, l'Hyrcanie, le Caucase, peupler notre continent désert, avant les premières olympiades. « Traversèrent-ils les mers sans autres guides que les étoiles du pôle ou vinrent-ils en Europe par la Moscovie et la Pologne? C'est sur quoi nous n'avons aucune notion exacte. » Il y a donc de bonnes parties dans les

Origines gauloises, et tout ne doit pas être condamné à cause de l'erreur initiale.

Il est vrai que de nouveaux ouvrages nient aujourd'hui l'origine asiatique qui était la croyance d'hier. Elisée Reclus explique qu' « il n'est pas encore admis par tous les savants que les Aryens, c'est-à-dire les ancêtres d'où proviennent les Peslages et les Grecs, les Latins, les Celtes, les Allemands, les Slaves, soient d'origine asiatique. La parenté des langues fait croire à la parenté des Aryens d'Europe avec les Persans et les Indous ; mais elle est loin de mettre hors de doute l'hypothèse d'une patrie commune qui se trouverait vers les sources de l'Oxus. D'après Latham, Benfey, Cuno, Spiegel et d'autres encore, les Aryens seraient des aborigènes d'Europe. Le fait est qu'il est impossible de se prononcer avec quelque certitude. » (*Géographie universelle.*)

Lorsque les variations et les doutes sont encore si nombreux de nos jours, on doit se montrer indulgent pour les opinions de La Tour d'Auvergne et de son maître. *Les Origines gauloises* méritent l'estime des philologues pour la découverte de certains rapports entre les langues, encore soutenus par des savants modernes. L'auteur a trouvé certaines analogies entre le grec et le celte. Dans l'hébreu, il a signalé beaucoup de racines communes : *bagad,* une foule ; *avel,* vent ; *rhedeg,* courir ; *adare,* encore ; etc.

Il ne sut pas se garder, en un tel sujet, de ses préférences et ressentiments patriotiques. Il témoignait de la sympathie pour les Germains, citait leur éloge par Strabon et prétendait que les Gaulois avaient des affinités avec eux, entravées un moment par les conquêtes romaines et les invasions des Barbares. Il croyait que ces deux peuples

seraient attirés l'un vers l'autre et redeviendraient ju-
meaux, *fratres gemini,* comme du temps de Strabon. Il
était mauvais prophète. Il indiquait des étymologies nouvelles aux mots germains ; *all* tout et *man* homme venaient,
disait-il, des mots celtiques *gar* tout et *man* homme. Il
reprochait aux Anglais, dont il avait gardé à juste titre un
détestable souvenir, d'avoir « usurpé le titre de Bretons.
Les Armoricains les appellent encore *Saozonet,* Saxons ; les
Gallois, *Saëson,* Saxons ; les fils d'Erin, *Sasonag* ou *Saxso-
nach,* Saxons. Ces dénominations datent de la conquête de
l'Angleterre par les Saxons, vers l'an 819. » Il n'admettait
donc pas que les Anglais prissent pour leur pays le nom
de *Grande-Bretagne* en appelant la patrie antique *Britanny,*
petite Bretagne.

On doit encore citer des pages intéressantes sur la cos-
mogonie celtique et sur les Basques. Il niait la consangui-
nité de ces derniers avec les Celtes et les supposait plutôt
des descendants des Ibères, mais il était tenté de les croire
« une colonie étrangère transplantée en Europe ». Il louait
beaucoup les Basques qu'il avait eus sous ses ordres et
qu'il avait étudiés à loisir.

La vérité oblige à reconnaître que l'auteur, entraîné par
son imagination, a eu quelques inventions malheureuses.
C'est ainsi qu'il a voulu démontrer que la langue bretonne
remontait au paradis terrestre. Eve ayant présenté la
pomme à son compagnon, celui-ci lui en donna un morceau, *à tam,* d'où le nom d'Adam. La première femme
ayant offert de l'eau en disant *ev,* bois, conserva le nom
d'Eve. Il y a d'autres assertions de ce genre, prêtant à rire,
sur les noms propres de la Bible. Elles ont donné beau jeu
aux adversaires des celtomanes.

En résumé, les *Origines gauloises*, malgré toutes ces erreurs, ne manquent pas d'intérêt et de valeur; elles témoignent de beaucoup de recherches et d'une vaste érudition. Les déductions, souvent trop hardies, attestent un esprit original. Il faut surtout louer la précision, la clarté dans un sujet ardu, l'exposition sobre, le style simple, net et ferme, qualités rares à une époque où florissaient les ambiguïtés, les mots vides et sonores, les périphrases emphatiques et prétentieuses.

L'ouvrage de La Tour d'Auvergne eut du succès. « Il apporta, dit G. Lejean, un renfort inespéré à la jeune école Le Brigant, Eloi Johanneau, Gebelin, école pleine de ferveur et patriotiquement bénédictine. Il valut à son auteur une auréole scientifique. » Et lorsqu'on songe dans quelles circonstances ce travail fut conçu et poursuivi, au milieu de quelles souffrances et de quelles misères il fut achevé et présenté au public, tout autre sentiment cède à l'admiration.

CHAPITRE XII

Dès son début dans la carrière militaire, La Tour d'Auvergne, séduit par les théories philologiques de son compatriote Jacques Le Brigant, dont il avait étudié les ouvrages, engagea une correspondance qu'il continua jusqu'à sa
mort. Le Brigant, né en 1721 à Pontrieux, d'abord avocat
au parlement de Bretagne, avait abandonné le droit pour
l'étude des langues. Il obtint son heure de célébrité dans
le monde scientifique et eut, avec des disciples enthousiastes, des détracteurs passionnés. Ces derniers raillaient
sans pitié sa prétention de connaître tous les idiomes pour
en avoir étudié les racines dans le celte, qu'il prétendait
l'origine de tous les langages du monde. Dans le prospectus développé de son dernier ouvrage, Le Brigant repro-
duisit cette phrase de la Genèse : « Dieu dit que la lumière
se fasse et la lumière se fit », et la donna en langue hébraïque, chaldéenne, arabe, syriaque, persane, grecque,

latine et française, pour montrer l'analogie des mots avec ceux de la langue celtique.

Ses adversaires l'ont beaucoup plaisanté. Un contemporain a raconté qu'on lui présenta un jour un farceur parisien des faubourgs comme un sauvage d'Océanie que personne ne pouvait comprendre. Aussitôt Le Brigant lui parla un dialecte extraordinaire, et son interlocuteur répondit par un idiome plus extraordinaire encore, auquel il ne comprenait rien lui-même. Le celtologue approuva, et donna sans hésiter une traduction à l'auditoire qui éclata de rire et lui fit une ovation.

Cette anecdote est sans importance. Combien de savants ont été en butte aux mauvaises plaisanteries ! Cette espèce d'hommes est la plus aisément mystifiable parce que, vivant en dehors du monde ordinaire, elle en ignore et en dédaigne les usages, les petites ruses et les perfidies.

Cet ardent celtologue était évidemment un original ; on le constate par les nombreuses lettres qu'il adressa à Oberlin, le savant philologue, bibliothécaire de Strasbourg, qui fut son collaborateur et qui l'aida à imprimer ses ouvrages. Ce dernier a conservé une partie des correspondances de Le Brigant et de La Tour d'Auvergne, qui, encore inédites, sont intéressantes à consulter.

Le Brigant était très érudit, et il en avait conscience. Il affichait hautement la bonne opinion qu'il avait de lui-même. Il disait d'un de ses ouvrages : « Mon travail fera honneur à ma nation. » Il en jugeait un autre avec non moins de bienveillance : « Il y aura de l'érudition, du droit et des faits. » Comme notre éducation nous accoutume à l'affectation de la modestie, ce langage, d'une sincérité si naïve, devait surprendre et offusquer le commun. Ce vieux

savant n'en était pas moins très estimable et sympathique
par son labeur acharné, aussi par le courage et la gaîté
avec lesquels il supportait la misère. Il expliquait à Oberlin, dans une de ses lettres, qu'il voulait lui envoyer un
vers de Théocrite, mais que pour le donner bien exact il
attendrait le jour, car il écrivait à la lueur d'une pauvre
petite chandelle, et son « édition était menue ». Souvent il
plaisantait lui-même sa pauvreté. Il avait confiance dans
son œuvre et acceptait sans fausse honte tous les secours
de n'importe quelle nature. C'est ainsi qu'il n'hésita pas
à s'adresser à La Tour d'Auvergne pour se faire rendre
son dernier enfant, et qu'il admit sans scrupule que ce
vieux capitaine remplaçât son jeune fils. Il ne vivait que
pour ses démonstrations philologiques. « Je suis si pressé
de travail qu'à peine ai-je, pour le repos et les deux repas,
six heures sur vingt-quatre » (1779). Il n'était pas républicain, mais avait quelques raisons pour cela. Il avait été
emprisonné deux fois à Avranches avec trois de ses enfants,
pendant la Terreur. Peut-être même aurait-il subi plus
triste sort s'il n'avait été délivré par les chouans qui infli-
gèrent à ses accusateurs, au nom de la royauté, la peine
de mort que ceux-ci projetaient de lui appliquer au nom
de la République, ce dont il s'égaya fort.

S'il a risqué beaucoup d'assertions excentriques, Le
Brigant a signalé un certain nombre d'analogies reconnues
exactes. En l'état des connaissances de son époque, il
montrait, avec trop d'imagination, un savoir incontestable,
témoigné par quelques ouvrages qu'il a pu faire imprimer,
malgré sa pauvreté, et parmi lesquels on doit citer *Éléments
de la langue des Celtes Gomériques ou Bretons* (1779), *Mémoires
sur la langue des Français* (1787), et son fameux prospectus

intitulé *Observations fondamentales sur les langues anciennes et modernes* (Paris, 1787, in-4°). On s'explique donc l'estime en laquelle le tenaient les érudits comme Oberlin, La Tour d'Auvergne, l'abbé Grandidier, Eloi Johanneau, Gébelin, etc. La Convention lui accorda un secours de 3.000 livres. Clément de Ris, chef de bureau, lui écrivit, au nom de la Commission exécutive de l'instruction publique, qu'il était attendu avec impatience à Paris : « Voici le moment où le Comité d'instruction publique vient de donner une grande et sublime impulsion au progrès de la science par l'établissement de l'Ecole normale. Les savans, les hommes de lettres les plus distingués y ont été appelés..... Vos importantes découvertes doivent tenir une place distinguée dans le vaste plan de l'instruction publique. Un encouragement de 3.000 livres, décrété par la Convention nationale, vous attend ici..... La Commission est de plus autorisée à pourvoir aux frais de votre voiage.....»

Marié deux fois, Le Brigant avait eu vingt-deux enfants; il ne lui en restait plus que treize en 1779 et dix en 1795. Il raconta ses infortunes à Oberlin; il lui écrivit, le 22 février 1795 : « Les vingt et unième et vingt-deuxième sont à présent à peu de distance de vous, à Lauterbourg, volontaires forcés, que je demande à la Convention..... Je demande qu'on me rende mes deux fils dont le cadet écrit supérieurement et figure sous mes yeux les caractères hébreux, caldaïques (*sic*), siriaques, indiens, arabes, irlandais, rhuniques (*sic*) et tous autres, excepté les chinois qui, n'étant pas des lettres qui rendent des sons, se trouvent hors de rang. » Au sujet de cette demande, Clément de Ris lui avait répondu, dans la lettre déjà citée, que son mémoire pour obtenir ses deux enfants , « braves soldats de la Liberté », avait été examiné et qu'il lui serait facile d'obtenir un congé pour eux quand il serait à Paris.

Malgré cette invitation, il ne se déplaça pas, sans doute faute d'argent, et perdit encore à l'armée un autre fils vers la fin de février 1795. « Dieu m'avait donné vingt-deux enfants ; il m'en restait dix encore : quatre garçons, de dix, et six filles, de douze. Le vingt et unième, Eugène, celui que je viens de perdre, avait vingt-deux ans ; il avait fait des études passables que j'avais rectifiées depuis deux ans de séjour en mon désert (manoir de La Haie-Penel, près d'Avranches), éloigné de quarante lieues de ma demeure, où est ma femme avec cinq filles encore, mais distance que nous pouvions franchir en douze ou quatorze heures quand la mer, qui était à nous la Manche, *mare i aou am*, la mer qui est nôtre, *ma pink*, ma mer étroite était libre entre les deux familles des Bretons (1). Que Dieu, qui a pitié de ceux qui croient en lui, adoucisse nos peines, qu'il nous rende notre cher enfant qui, n'étant que captif, laisse encore de l'espoir, et à moi mon vingt-deuxième, mon Benjamin, l'enfant de ma main droite, qui est à présent, par son absence, mon Benoni, l'enfant de ma douleur !.... Avez-vous touché votre somme? La mienne ne l'est pas encore. Je leurs (*sic*) demandais mes enfants et leur laissais leur argent. » (Lettre du 5 avril 1795). Au mois de juin, ce dernier fils, le plus chéri de tous et le plus utile, car il

---

(1) Les mots étrangers, d'apparence celtique, ne sont pas bretons. A quelle langue appartiennent-ils? Sont-ils dénaturés ou forgés de toutes pièces? Le Brigant ne reculait pas devant les falsifications et parfois les inventions de mots, comme on l'a constaté dans ses œuvres. Il voulait trop prouver. De plus, après avoir tant jonglé avec des vocables variés, il avait contracté la fâcheuse passion du calembour. Ses lettres inédites contiennent des jeux de mots français et étrangers.

était « capable de tracer tous les caractères graphiques des nations », entra à l'hôpital de Wissembourg. On s'imagine les transes du père qui envoya lettres sur lettres à Paris, « mais les souverains sont tellement embarrassés que les grandes choses les démontent et les petites ne peuvent obtenir leur attention. »

Le 21 décembre 1796, il disait : « Mon dernier fils, Jean, vingt-deuxième, soldat dans la 3e compagnie du 1er bataillon de la 105e demi-brigade, division de Lefèvre, armée de Sambre-et-Meuse, depuis la mort de son frère nous consolait en nous écrivant souvent, lorsqu'il le pouvait (1)... Depuis quatre mois bientôt, nous n'avons eu aucune lettre de lui... La flotte sur laquelle j'ai encore un des trois fils qui me restaient, et qui était lieutenant de vaisseau, est partie on ne sait pour où... »

Le Brigant avait vainement frappé à maintes portes, sollicité beaucoup de gens au pouvoir. En 1797, il n'avait encore pu obtenir le retour de son fils Jean, et il vivait dans une angoisse perpétuelle. Il écrivit à La Tour d'Auvergne, et le supplia de solliciter une dispense de service militaire. Il supposait qu'il avait quelque influence, et ne comptait plus que sur lui. « Je me suis marié deux fois, lui expliquait-il; j'ai été père de vingt-deux enfants; une partie sont morts, les autres sont établis loin de moi et ne peuvent m'être d'aucun secours. Je viens de perdre une de mes filles qui était mon seul soutien. Trois de mes fils sont morts en combattant pour la patrie; il ne me reste plus que

---

(1) Jean-Marie Le Brigant, dit Romulus, fils de Jacques Le Brigant et de Jeanne Huon, était né en 1775 à Treigney, canton de Lannion. Il avait été incorporé en 1794, comme réquisitionnaire, à la 149e demi-brigade qui devint la 105e demi-brigade de 2e formation.

mon plus jeune, mon Benjamin, celui que je considérais comme l'appui de ma vieillesse; la réquisition vient de me l'enlever, et il a été envoyé à l'armée de Sambre-et-Meuse. Je viens, mon cher ami, vous prier d'appuyer de votre crédit la demande que j'adresse au Directoire pour me faire rendre cet enfant chéri. J'ai soixante-seize ans, et il me semble qu'après avoir fourni trois défenseurs morts glorieusement au champ d'honneur, on peut bien ne pas me priver du seul enfant qui me reste. »

La Tour d'Auvergne avait conçu pour ce savant une grande estime qu'il n'a cessé de témoigner toute sa vie, d'abord dans son ouvrage *Les Origines Gauloises*, où il le signale comme son maître, ensuite dans plusieurs lettres.

« Il y a plusieurs années que je n'ai vu mon digne compatriote Le Brigant, écrivait-il à Oberlin le 25 août 1796; je n'ai jamais été en relation avec lui. La justice que je lui ai rendue dans mon ouvrage est partie de mon cœur; je le reconnais pour mon maître, et je l'ai toujours regardé comme un des savants les plus versés dans la métaphisique des langues et dans les origines anciennes... Je regrette infiniment que le gouvernement ne soit pas venu à son secours et n'ait pas été aussi généreux à son égard que la Société philanthropique de Strasbourg le fut il y a seize ou dix-huit ans. »

La Tour d'Auvergne fut attendri par l'appel désespéré de Le Brigant. Mais ce qu'on lui demandait était impossible! Lui, le soldat dévoué, qui s'était sacrifié pour son pays, il essaierait de faire dispenser un jeune homme de l'impôt sacré du sang, et à un moment critique où la France avait besoin du courage de tous? Jamais il ne solliciterait une telle faveur! Puisque son vieil ami se trouvait réduit à une si triste situation, hé bien, il partirait pour remplacer son fils! Il n'avait personne à soutenir, pas de femme et pas d'enfant qu'affligerait son départ. Il était bien libre de disposer de sa vie comme il l'entendait? Pouvait-il mieux employer ses derniers jours qu'à cette bonne action?

Sa résolution fut vite prise. Il écrivit au ministre de la guerre ce court billet qu'il est impossible de lire sans émotion :

« CITOYEN MINISTRE,

» Le citoyen La Tour d'Auvergne-Corret, capitaine d'infanterie, désirerait prendre sa retraite dans l'armée aux ordres du général en chef Moreau et y être attaché à la suite d'un corps quelconque d'infanterie. La privation entière de ses dents supérieures et les inférieures ne tenant plus qu'avec un fil, cette incommodité lui ôtant la faculté de s'énoncer et, par conséquent, de commander, il ne sollicite d'autre place de vos bontés que celle de simple volontaire et de relever un de ses frères d'armes.

» LA TOUR D'AUVERGNÉ-CORRET.

» Passy, près Paris, le 19 germinal an V. »

Le ministre de la guerre ne refusa pas un tel secours. Ce vieux capitaine, avec sa réputation, valait un régiment. Le 17 avril, le gouvernement lui répondit :

« Paris, le 28 germinal an V de la République une et indivisible.

» Le Directoire exécutif, citoyen, satisfait des services que vous avez jusqu'à présent rendus dans les armées de la République, voit avec satisfaction la demande que vous faites de servir encore la cause de la liberté, malgré l'acceptation de votre retraite. Vous pouvez, en conséquence, joindre, quand vous le voudrez, celle des armées que vous trouverez convenable. On n'y exigera de vous que le service de simple volontaire.

» Le Président du Directoire exécutif,

» REWBEL. »

La Tour d'Auvergne serait, sans doute, retourné avec joie à la 148e demi-brigade où il avait laissé tant de souvenirs, mais elle avait disparu. Depuis qu'il était en retraite, l'armée avait été réorganisée parce que le premier amalgame des volontaires avec les troupes de ligne avait produit un nombre trop considérable de demi-brigades, hors de proportion avec les effectifs. Aussi, un décret, du 1er février 1796, avait-il prescrit de refondre tous les anciens corps, trois par trois, ou deux par deux, suivant le nombre d'hommes, de manière à constituer 140 demi-brigades nouvelles : 110 de ligne et 30 légères. Cette opération était complètement terminée en 1797. Ces dernières demi-brigades, dites de deuxième formation pour les distinguer des premières demi-brigades de la République, ont vécu jusqu'au licenciement opéré en 1815. Ces corps ont seulement repris en 1803 l'ancienne dénomination de *régiment*.

La 148e demi-brigade de ligne de première formation, où s'était popularisé La Tour d'Auvergne, avait servi à la constitution de la 34e de deuxième formation. Son ancien corps ayant disparu, il choisit l'armée de Rhin-et-Moselle, commandée par le général Moreau, qu'il connaissait, et se proposa d'entrer dans une demi-brigade où il retrouverait de vieux compagnons d'armes. Il y avait justement à Strasbourg, où il se rendit aussitôt après avoir reçu la lettre du Directoire, une demi-brigade de ligne, la 46e, qui avait incorporé plusieurs détachements de l'armée des Pyrénées-Occidentales. Formée le 22 octobre 1796 à Lorient, la 46e avait été organisée avec des détachements comprenant chacun 20 soldats avec un officier et provenant de 67 corps différents, parmi lesquels la 148e demi-brigade et des bataillons de volontaires basques. Ces fractions avaient été tirées de l'armée des Pyrénées-Occidentales pour renforcer l'armée de l'Ouest.

La Tour d'Auvergne se trouva heureux de revoir des soldats et des officiers qui le connaissaient et qui l'accueillirent avec cordialité. La 46e était à l'armée de Rhin-et-Moselle depuis la fin de mars. Elle était commandée par le chef de brigade Forty, officier très énergique et très brave, que sa sévérité dans le service avait fait surnommer « Pierre le dur ». Cette rigidité n'était pas pour effrayer le capitaine de grenadiers qui, aux Pyrénées, avait été soumis à la terrible discipline des représentants du peuple.

Les armées de Sambre-et-Meuse (Hoche) et de Rhin-et-Moselle (Moreau) devaient agir par la Franconie et la Souabe pendant que Bonaparte marcherait par la Carinthie sur la capitale de l'Autriche. Hoche franchit le Rhin à Neuwied, et, en quatre jours, fit 140 kilomètres, livra cinq combats et gagna trois batailles sur l'armée autrichienne de Kray (du 17 au 20 avril). Moreau franchit le Rhin de vive force le 20 avril, prit 20 pièces de canon, fit 3.000 prisonniers, enleva Kehl et occupa la rive droite. Il allait poursuivre les Autrichiens, qui risquaient, d'autre part, d'être enveloppés par Hoche, lorsque, le 21 avril, il apprit la suspension des hostilités. « Un courrier que je reçois à l'instant du général Buonaparte, écrivit-il au Directoire, m'annonce la signature des préliminaires de la paix » (à Léoben). Bientôt Bonaparte vint, avec M. de Latour, commandant les armées impériales du Rhin, lui confirmer la nouvelle et lui demander d'arrêter son mouvement en avant. La droite de l'armée s'était avancée dans le Brisgau jusque près d'Ettenheim.

La Tour d'Auvergne resta quelque temps à Strasbourg, où il revit Oberlin, qui avait été prévenu de son arrivée par une lettre de Le Brigant, datée du 12 avril : « Notre bon M. Corret, rétabli à ce qu'il me marque, va partir pour votre païs, et sûrement il vous verra. Mon pauvre Jean 22 existe en santé encore sur les bords du Rhin ; des généraux et des ministres me font espérer son retour. Mais, comme je leur marque, l'eau, bénite de cour n'a pas cessé de couler en France parmi des flots de sang. » Le Brigant, qui connaissait de longue date La Tour d'Auvergne et sa famille, l'appelait simplement « notre bon M. Corret », ne lui accordant aucune particule.

Le Directoire rappela le général Moreau le 3 septembre. Les deux armées de Sambre-et-Meuse et de Rhin-et-Moselle n'en formèrent plus qu'une, dénommée armée d'Allemagne et commandée d'abord par Hoche, puis, après la mort subite de ce dernier, par Augereau. La Tour d'Auvergne, se voyant inutile, demanda un congé et revint à Passy au mois de novembre. On ne lui rendit sa liberté que momentanément, comme le prouve cette note du ministre de la guerre, en date du 22 décembre : « Le ministre a permis au citoyen La Tour d'Auvergne de jouir du congé qui lui a été accordé par le général en chef Augereau, en attendant qu'il se présente une nouvelle campagne, pendant l'espace de trois mois. » On ne voulait plus laisser en repos ce vieux serviteur qui se vit obligé de solliciter une prolongation de congé pour rester à Passy. Il obtint encore quatre décades le 28 mars 1798. Puis, la paix se prolongeant, on le laissa tranquille.

Son sacrifice avait été inutile ; on avait pris le remplaçant sans lâcher le remplacé. Jean Le Brigant était toujours à la 105ᵉ demi-brigade, malgré les supplications du père et malgré les démarches du capitaine de grenadiers, qui écrivait à Oberlin le 5 janvier : « J'ignore, mon cher ami, quelle sera désormais ma destination... La seule affaire qui m'ait occupé ici, depuis mon arrivée, est celle du congé de son fils (de Le Brigant) que je ne suis pas encore parvenu à obtenir. On m'objecte des lois et des règles, mais les règles ne sont aujourd'hui, comme autrefois, que pour les personnes qu'on ne veut pas obliger. Voilà cependant comme l'on est forcé d'aller dans la vie... »

Enfin, tant de peines reçurent leur prix. Jean Le Brigant obtint un congé le 28 janvier 1798, et fut exempté du service militaire par un arrêté du Directoire, en date du 16 mai, avec 130 autres jeunes gens se destinant comme lui à des carrières libérales. Néanmoins, il n'était pas à l'abri de tout rappel à l'activité, et les besoins d'hommes augmentant, on allait encore le convoquer malgré les réclamations désolées de son père.

La Tour d'Auvergne comptait jouir d'un repos bien gagné. Il ne songeait pas à rentrer dans l'armée. Il avait cinquante-cinq ans, et sa vieillesse était aggravée par les infirmités contractées dans ses pénibles campagnes. Des bruits de guerre l'arrachèrent à sa tranquillité. Une deuxième coalition, aussi menaçante que la première, s'apprêtait

à écraser la France. L'Angleterre avait réussi, grâce aux
intrigues et à l'or du haineux Pitt, à unir l'Autriche, la
Russie, une partie de l'Allemagne, le royaume de Naples,
le Piémont et la Turquie. La coalition mettait sur pied
360.000 hommes auxquels le Directoire n'avait à opposer
que 170.000 hommes, en cinq armées dispersées à Naples,
sur le Pô, en Suisse, en Allemagne et en Hollande. La
meilleure armée était confinée en Egypte avec Bonaparte.
Nos troupes d'Italie furent écrasées par Souvarow. La
France semblait encore perdue. Il n'y avait plus qu'un
espoir : l'armée du Danube qui était en Suisse, sous les
ordres de Jourdan.

La Tour d'Auvergne s'émut de ce péril. Son sang ardent
de patriote bouillonna en ses veines, et il voulut se trouver
au poste de danger dès le début des hostilités. Il écrivit au
général Schérer, ministre de la guerre :

« Citoyen ministre,

» Le capitaine La Tour d'Auvergne-Corret, jouissant de
son traitement, en attendant sa retraite ou d'être de nouveau employé par le gouvernement, vous demande, aujour-
d'hui que sa santé se trouve raffermie, de vouloir bien lui
accorder la même grâce qu'il obtint de votre prédécesseur,
le citoyen Pétiet, le 28 germinal an V, celle de joindre
comme volontaire une de nos armées, celle qu'il vous plaira
de lui indiquer.

» Privé de toutes ses dents supérieures et ne pouvant,
par cette raison, prendre de commandement, il s'estime-
rait heureux et très honoré si, dans les circonstances de la
reprise des hostilités entre la France et l'empereur, il lui

était permis de donner encore à sa patrie une dernière marque de son dévouement dans le grade qu'il sollicite de votre part. Il n'a que ce seul désir, et il vous prie de vouloir bien le seconder par vos bontés.

» Salut et respect.

» Citoyen La Tour d'Auvergne-Corret.

» Passy, le 24 nivôse an VII de la République française. »
(13 janvier 1799.)

Le ministre de la guerre fit un rapport favorable au Directoire : « Aujourd'hui que sa santé lui permet de se rendre encore utile à la cause de la liberté, il sollicite avec instance la même faveur. Le ministre propose au Directoire exécutif d'autoriser le citoyen La Tour d'Auvergne-Corret à rejoindre une des armées de la République, pour y faire le service de son grade comme simple volontaire, avec le traitement de capitaine soit de 1re, soit de 2e ou de 3e classe, que le Directoire est prié de déterminer. » Le ministre indiquait bien que, tout en servant comme volontaire, cet officier devait faire le service de son grade. On ne saurait trop le répéter pour détruire une légende vivace : jamais La Tour d'Auvergne n'a servi comme simple grenadier; il est toujours resté capitaine.

Le Directoire sanctionna les conclusions du rapport ministériel par un arrêté du 9 germinal (29 mars), qui alloua à La Tour d'Auvergne le traitement de capitaine de 3e classe. C'était une erreur qu'aurait dû lui éviter le ministre, car, certes, si un capitaine avait l'ancienneté voulue pour être de 1re classe, c'était bien celui-là ! La faute fut réparée par un autre arrêté, du 23 floréal, qui lui alloua

les appointements de capitaine de 1re classe « à compter
du jour de son arrivée à l'armée ».

Le ministre de la guerre lui écrivit le 5 avril : « Je vous
préviens, citoyen, que le Directoire exécutif, par arrêté du
9 de ce mois, vous autorise à rejoindre une des armées de
la République pour y faire le service de votre grade comme
simple volontaire. Vous voudrez bien en conséquence faire
vos dispositions et prendre une feuille de route pour vous
rendre à l'armée du Danube. Je vais prévenir le général
en chef de cette armée de votre prochaine arrivée et l'in-
viter à vous employer dans tel corps et de la manière qu'il
jugera la plus avantageuse pour le service. » Le ministre
envoya en même temps une lettre, conçue à peu près dans
les mêmes termes, à Jourdan, qui était à ce moment général en chef de l'armée du Danube, mais qui donna sa démission pour cause de maladie, le 3 avril, et qui fut remplacé par Masséna. Un décret, du 21 avril, réunit l'armée
d'Helvétie à l'armée du Danube dont le nom fut seul conservé.

Masséna, l'*enfant chéri de la victoire*, comme l'appela
Bonaparte après la campagne d'Italie de 1796-1797, ne
trompa point les suprêmes espérances mises en lui. Se-
condé par l'habile Lecourbe, il remporta une série de
succès dus à de remarquables manœuvres, qui signalent
la campagne de 1799 en Suisse comme une des plus belles
de nos fastes militaires.

La Tour d'Auvergne se rendit directement à Bâle, siège
du quartier général de Masséna, d'où il écrivit, le 1er mai,
à Oberlin : « J'ai de nouveau recours à vos bontés pour
vous prier de vouloir bien retirer chez vous jusqu'à ce que
les événements de cette campagne aient décidé de mon

sort, un grand portemanteau en cuir de Roussi (*sic*) que j'ai chargé aujourd'hui, port payé, à la diligence de Basle pour Strasbourg. Ce portemanteau renferme, entre autres effets, un paquet à l'adresse de ma nièce Guillard Kersosic..... Ce sont des papiers de famille qu'il serait bien essentiel de lui faire parvenir. Si vous apprenez que j'ai payé à la nature le tribut que nous lui devons tous, vous ne tiendrez absolument compte à ma nièce que de ce seul paquet, vous priant, en cas de décès, de disposer du portemanteau et de son contenu comme vous le jugerez convenable. » Il envisageait toujours la mort, la croyant proche, et la considérait avec un calme stoïque. Pourquoi l'eût-il redoutée avec une conscience irréprochable?

S'il tenait à ce que ses papiers de famille fussent transmis à sa nièce; il y avait des papiers intimes, remis à Oberlin avant sa précédente campagne sur le Rhin, qu'il voulait conserver secrets pour tous. Peut-être auraient-ils révélé ses pensées cachées et donné l'explication de son duel mystérieux, de son amour mystique et de son célibat? Toujours est-il qu'il y attachait beaucoup d'importance. Il l'avait recommandé instamment à Oberlin et il le lui rappelait à la fin de sa lettre de Bâle : « Nous sommes convenus, si la mort me survenait, que vous voudriez bien faire brûler sous vos yeux et sans examen tous les papiers quelconques et brochures renfermés dans le petit portemanteau de drap, que j'ai déjà confiés à vos soins. » L'ami fidèle a dû tenir sa promesse, car nous n'avons pas trouvé trace de ces papiers dans les manuscrits d'Oberlin, et on ignorera toujours ces secrets si jalousement gardés et emportés dans la tombe.

La Tour d'Auvergne quitta Bâle le lendemain, avec l'état-major, pour se rendre à Zurich, où fut d'abord installé le quartier général. Il revit la 46ᵉ demi-brigade, qu'il avait adoptée, et rentra dans la même compagnie de grenadiers. Les deux bataillons de guerre de la 46ᵉ faisaient partie de la 3ᵉdivision (centre de l'armée) et campaient près de Zurich. Le capitaine venait de rejoindre cette demi-brigade lorsqu'elle reçut l'ordre de renforcer l'armée d'Italie avec six autres demi-brigades et trois régiments de cavalerie. Le Directoire, adoptant les mauvaises combinaisons du cabinet topographique de la guerre, qui élaborait les plans, ordonna trop souvent des déplacements extraordinaires qui exténuaient les troupes sans motif sérieux. Masséna perdit plusieurs fois patience, et refusa d'exécuter certains ordres malencontreux qui lui arrivaient de Paris, lui prescrivant tantôt d'envoyer des troupes en Italie ou sur le Rhin, tantôt d'attaquer un adversaire supérieur en forces avec des troupes manquant de tout. Il dut autant ses succès à l'énergie qu'il montra contre le gouvernement qu'à celle qu'il déploya contre l'ennemi (1).

La 46ᵉ demi-brigade se mit en route le 18 mai. Arrivée à Turin, le 2 juin, après beaucoup de fatigues, elle reçut l'ordre de repartir en Suisse. Elle fut de retour à la fin de

---

(1) Le Directoire, mécontent de la résistance et des justes plaintes de Masséna, le rappela et le remplaça par Moreau, le 17 juillet. Masséna ne reçut pas la lettre l'en informant; il ne l'apprit que par un autre arrêté, du 16 août, qui rapportait le premier et lui conservait son commandement. Il écrivit aussitôt pour demander un successeur et persista plusieurs jours à se retirer. Heureusement, le Directoire, mieux inspiré, le maintint à son poste. Masséna ne cessa de se plaindre qu'on lui enlevât les officiers et les troupes les plus utiles. A la veille de la bataille de Zurich, le Directoire lui expédia l'ordre d'envoyer 24.256 hommes à l'armée du Rhin (ordre ministériel du 24 septembre). Un autre ordre fit partir Lecourbe au moment des opérations les plus actives contre Souvarow en retraite. (*Archives de la guerre.*)

juin, et entra provisoirement dans la division de réserve
commandée par le général Humbert (1). Ce général apprécia
le mérite de La Tour d'Auvergne et se montra plein de
prévenances pour lui. Ils nouèrent des relations amicales
indiquées par une lettre dans laquelle le capitaine de
grenadiers lui dit : « Adieu, valeureux et galant général.
Il ne sera jamais en mon pouvoir d'oublier les marques de
bienveillance et d'amitié que j'ai reçues de votre part. »
(Passy, 6 mars 1800.)

A ce moment, les deux armées restaient sur la défensive.
Après de furieuses attaques de l'archiduc Charles à Zurich
(3 et 4 juin), Masséna avait été contraint de reculer sur la
chaîne de l'Albis, sa droite se prolongeant jusqu'à Zug, sa
gauche appuyée au Rhin. Son ancienne position de la
Limmat « n'était plus tenable », expliquait-il. L'archiduc
Charles avait placé ses troupes sur les hauteurs qui
séparent la Glatt de la Limmat, et il avait laissé 4.000
hommes dans Zurich. Masséna attendit les renforts qui lui
avaient été promis, et l'archiduc, le corps auxiliaire russe
commandé par Korsakof. Pendant cette trêve, qui dura
jusqu'au mois d'août, la réserve se tint près du quartier
général et campa d'abord à Bremgarten, puis à Mellingen,
au centre de la ligne française.

Le 1ᵉʳ juillet, La Tour d'Auvergne écrivit à Oberlin, du
camp devant Bremgarten, pour lui demander s'il avait reçu
son portemanteau qui le préoccupait beaucoup, et il s'inti-
tula « ancien capitaine d'infanterie attaché comme volontaire à la 46ᵉ demie-brigade (*sic*) ». Il commettait parfois

---

(1) Le 3ᵉ bataillon de la 46ᵉ resta à Mayence, puis à Cologne, malgré
les réclamations du chef de brigade Forty, mais les bataillons de guerre
avaient avec eux la compagnie de grenadiers des trois bataillons.

des fautes d'orthographe, comme le savant Le Brigant, ce qui n'enlèvera rien à son prestige, car il eut cela de commun avec nombre de gens célèbres : Napoléon, Lannes, Paul-Louis Courier, Châteaubriand, etc. La difficulté que des esprits supérieurs éprouvent à connaître cette orthographe compliquée et illogique témoigne plus contre elle que contre eux.

Masséna recommença les hostilités contre les Autrichiens avant l'arrivée de Korsakof. Il renforça son aile droite, qui devait agir seule, sans se lier au reste de l'armée, et ordonna à son chef (Lecourbe) de s'emparer du Saint-Gothard et de chasser l'ennemi des cantons de Schwitz et d'Uri. En même temps, pour empêcher l'archiduc de renforcer sa gauche, qu'allait attaquer Lecourbe, Masséna fit des démonstrations vigoureuses au centre. Le 14 août, la 3e division (Soult) attaqua les Autrichiens dans leur camp en avant de Zurich avec sa brigade de gauche (Brunet), tandis que sa brigade de droite (Mortier) s'emparait de Kilchberg. Moins heureux que le général Mortier, qui bouscula l'ennemi, le général Brunet se heurta à des masses imposantes, qui s'avancèrent dans la plaine de Zurich avec 20 pièces d'artillerie et le forcèrent à reprendre ses anciennes positions. Masséna n'en ordonna pas moins une nouvelle attaque le lendemain. Mortier enleva encore Kilchberg et repoussa l'ennemi jusqu'à Wolishofen; il ne rentra qu'à huit heures du soir. Brunet eut affaire à des forces encore plus considérables, car l'ennemi, croyant à une tentative sérieuse, s'était renforcé. Il dut se replier.

C'est ainsi que Soult a expliqué ces combats dans son rapport. Il ne parle pas de la réserve du général Humbert, qui intervint pourtant utilement, si l'on se fie à une lettre de ce général à un de ses amis, d'après laquelle l'échec de la brigade Brunet aurait été plus grave et sa retraite moins régulière. « La division chargée de l'opération n'était point sous mon commandement, raconte-t-il, et je n'avais rien à y faire, mais, l'ayant vu fléchir et pour ainsi dire prendre la fuite, je n'ai pu rester spectateur d'une défaite. J'ai sçu par ma conduite inspirer assez d'intérêt à nos braves. Je les ai ralliés et me suis emparé avec eux des positions qui ont promptement décidé le succès de l'affaire. » Il se plaignait des injustices qu'il avait à subir depuis son retour de l'expédition manquée d'Irlande, mais, disait-il, « au reste, c'est ma patrie, c'est l'honneur que je sers et non l'ambition ». On comprend que, avec de tels sentiments, il sympathisât avec La Tour d'Auvergne.

Les hardies manœuvres de Lecourbe dans les montagnes eurent un plein succès et valurent aux Français la possession du Valais, du Simplon, du Saint-Gothard, des petits cantons et de la basse Linth.

Le conseil aulique, qui dirigeait les opérations des coalisés, avait ordonné à Souvarow de quitter l'Italie, où il avait été victorieux à Cassano, à la Trebbia et à Novi, pour passer en Suisse, et prescrit à l'archiduc Charles d'abandonner la Suisse pour se rendre en Allemagne. Ce dernier commença l'évacuation le 27 août. Il emmena 36.000 hommes, ne laissant que 22.000 Autrichiens sous les ordres du général Hotze, avec le corps russe de Korsakof et 3.000 Suisses à la solde de l'Angleterre. Masséna saisit avec à-propos l'instant propice pour écraser ces forces après le départ de l'archiduc et avant l'arrivée de Souvarow.

Les deux bataillons de la 46e furent employés par fractions séparées dans les divisions du centre et dans quel-

ques colonnes spéciales. Les trois compagnies de grenadiers de cette demi-brigade furent réunies à celles du
centre et de la gauche de l'armée pour constituer une
colonne d'élite, composée de quatre bataillons et commandée par le général Humbert. Ces grenadiers, joints à
quatre régiments de cavalerie et trois compagnies d'artillerie légère, formèrent une division placée sous les ordres
du général Klein.

Dès qu'il reçut la nouvelle de la marche de Souvarow sur
le Saint-Gothard, le général en chef donna des ordres pour
une attaque générale qu'il fixa au 25 septembre.

A la faveur d'une fausse attaque sur Bruck par le général
Ménard, Masséna surprit les Russes et franchit la Limmat
à Dietikon, à dix kilomètres au-dessus de Zurich, avec
14.000 hommes, tandis que Soult passait la Linth, entre
les lacs de Zurich et de Wallenstadt, et que Mortier dis-
trayait l'extrême gauche ennemie qu'il refoulait sur Zurich
avec l'aide d'un bataillon de grenadiers conduit par Humbert. Le résultat de ces deux passages heureux fut l'occupation de la partie occidentale du Zurich-Berg et l'établissement de toutes les troupes françaises sur la rive droite
de la Limmat. La journée du 25 se termina par la défense
désespérée du corps russe réuni sous Zurich et par la
défaite du corps autrichien qui gardait la Linth.

Le lendemain, Korsakof ayant réuni pendant la nuit la
plus grande partie de ses forces, lança une colonne pour
reconquérir la route de Winterthur, sa seule ligne de retraite. Ses troupes furent battues et dispersées. Masséna
fit attaquer la ville de Zurich par les deux rives de la
Limmat. Oudinot envoya une forte colonne commandée
par le chef de brigade Lacroix, intrépide vieillard de

soixante-huit ans, s'emparer de la porte de Baden, qui fut enfoncée à coups de canon.

La 37e demi-brigade, un bataillon de la 46e, la Légion helvétique et un escadron de hussards pénétrèrent dans la ville, mais déjà les grenadiers de la réserve (division Klein) s'y trouvaient.

Ils étaient entrés du côté opposé, par le quartier de la Petite-Ville, et avaient massacré les postes ennemis. Un combat furieux s'engagea dans les rues. Les Russes se défendirent vaillamment pour sauver leurs équipages et leurs blessés entassés dans la ville, justifiant le mot de Frédéric le Grand : « Il faut deux coups pour abattre un Russe : le premier pour le tuer, le second pour le mettre à terre. » Malgré leur belle résistance, ils ne purent rien sauver; 6.000 blessés, avec tous les bagages, le trésor et 100 pièces de canon restèrent au pouvoir des Français.

La Tour d'Auvergne, après avoir bravement combattu, s'efforça, avec sa générosité habituelle, de mettre fin aux scènes de carnage. Emu du courage déployé par les derniers groupes russes cernés dans les rues, il se jeta constamment entre eux et les grenadiers pour arrêter la lutte. Par des démonstrations amicales, il amena les farouches soldats de Korsakof à déposer les armes. C'est un petit tambour qui montra le plus d'acharnement, ne cessant de battre la charge avec rage. La Tour d'Auvergne lui fit sauter les baguettes des mains avec son épée, puis, le saisissant par l'oreille, lui dit : « Veux-tu te rendre petit entêté? »

Les grenadiers, qui avaient été employés de divers côtés pendant ces dures journées, et qui étaient entrés les premiers dans la ville, furent récompensés par Masséna. Il leur distribua près de trois mille louis d'or trouvés dans la voiture de lord Wicklam, représentant de l'Angleterre à l'armée des alliés, qui avait failli être pris avec sa femme pendant son déjeuner. Les troupes n'avaient pas reçu de solde depuis quatre mois, car le Directoire subvenait très mal aux besoins de ses armées, les laissant manquer des choses essentielles (1). Stupéfaits de cette aubaine inespérée, les grenadiers dépensèrent royalement le même jour cette petite fortune, payant un louis d'or une tasse de café, en disant fièrement que les grenadiers français étaient tous assez riches pour faire de telles libéralités.

Korsakof gagna le Rhin par Bulach et Eglisau. Une autre colonne se retira par la route de Winterthur sur Schaffouse. Souvarow, harcelé par l'habile Lecourbe dans la vallée de la Reuss, arriva à Altorf le 26 au soir, avec des troupes épuisées par de sanglants combats, et, là, apprit que Zurich, où il croyait joindre Korsakof, était au pouvoir des Français. Il se jeta dans les montagnes, avec l'espoir de rallier les débris du corps russe et du corps autrichien, mais, arrivé à Muotta le 28, il trouva la route de Schwitz barrée par la division Mortier. Sans vivres, sans artillerie et sans munitions, sa position était critique. Il attaqua furieusement Molitor, qui, avec 1.500 hommes, résista victorieusement aux 15.000 Russes le 30, et, avec 1.500 hom-

---

(1) Masséna écrivait au Directoire qu'il était dû « trois mois d'appointements aux officiers et près de quatre mois de solde aux soldats ». (Lettre du 3 octobre.) « Les officiers de tout grade sont dans le dénuement le plus absolu ; la plupart d'entre eux sont réduits à vendre leurs effets ; leur état est fait pour inspirer la commisération. » (Lettre du 9 septembre.) Au mois de juillet, Masséna disait que le gouvernement laissait son armée manquer de tout, que le non-paiement des marchés avait ruiné le crédit, que les troupes étaient dans une position désespérée par le défaut de subsistances. Il voulait faire une attaque sur le Saint-Gothard, mais il avait dû y renoncer parce qu'on avait suspendu la fabrication de 150.000 rations de biscuit, faute de fonds.

mes de renfort, chassa définitivement l'ennemi de Næfels, le 1er octobre. Souvarow battit en retraite par Glaris et la vallée d'Engi, harcelé par plusieurs divisions françaises lancées à sa poursuite, et réunit à Coire, du 6 au 10 octobre, les derniers restes de son armée.

Masséna résuma en quelques lignes éloquentes les résultats de ces admirables manœuvres :

« L'armée du Danube avait terminé par une victoire signalée la campagne de l'an VII. Elle avait repris le Saint-Gothard et tous les petits cantons helvétiques. Il lui était réservé d'ouvrir par des victoires plus brillantes encore la campagne de l'an VIII.

» Point de moyens, soit matériels, soit pécuniaires. Point de solde depuis plusieurs mois. Des baïonnettes, l'amour de la République et la passion de vaincre; voilà les ressources qui restaient à cette armée.

» Une bataille de quinze jours sur une ligne de plus de 60 lieues de développement, contre trois armées combinées, conduites par des généraux expérimentés, occupant des positions réputées inexpugnables; voilà ses opérations.

» Trois armées battues et dispersées, 20.000 prisonniers, plus de 10.000 morts ou blessés, 100 pièces de canon, 15 drapeaux, tous les bagages de l'ennemi, 9 de leurs généraux tués ou pris, l'Italie et le haut Rhin dégagés, l'Helvétie libre, le prestige de l'invincibilité des Russes dissipé; voilà les résultats de ses combats. »

L'armée française n'avait perdu que 8.000 hommes, tués, blessés ou prisonniers.

Korsakof avait rassemblé les débris de son corps à Busingen sur le Rhin. Il fut renforcé par le contingent

bavarois et par le corps d'émigrés du prince de Condé qui
était à la solde de la Russie. Il résolut de faire une diversion favorable au feld-maréchal Souvarow en attaquant
les deux divisions Lorge et Ménard placées en observation
sur la Thur. Le prince de Condé fut envoyé à Constance.

Sur ces entrefaites, Masséna arriva pour diriger les opérations de son aile gauche. Le 7 octobre, il porta en avant
les deux divisions, précisément à l'instant où les Russes
prenaient eux-mêmes l'offensive. La division Lorge marcha sur Diessenhofen et Stein, la division Ménard sur
Paradis et la tête de pont de Busingen. Cette dernière rencontra la colonne de Korsakof, comptant 12.000 Russes et
Bavarois, et subit des pertes importantes par suite de son
infériorité numérique. Le 1er bataillon de la 46e demi-
brigade, qui venait d'être envoyé comme renfort à cette
division, se trouva isolé à une aile et résista courageusement, pendant une heure, sous le commandement du chef
de bataillon Lanchantin, qui fut blessé. Ce bataillon eut encore un officier tué et un autre blessé. La division Ménard
allait succomber sous le nombre, lorsque la réserve de
grenadiers accourut d'Andelfingen et la sauva.

La Tour d'Auvergne dirigea les trois compagnies de grenadiers de la 46e, formant une petite colonne de 246
hommes, et se porta au secours du 1er bataillon de la demi-
brigade, qui était entouré par 900 Russes. Ce renfort se
dissimula dans un pli de terrain, et tomba à l'improviste
sur les flancs et les derrières de l'ennemi qui, pris entre
deux feux, déposa les armes. La 46e s'empara de cinq
drapeaux et de deux pièces de canon.

La brusque intervention de la réserve de grenadiers fut
décisive. La colonne de Korsakof s'enfuit jusque sous le

canon de Busingen, poursuivie à coups de baïonnette.

Le même jour, le général Gazan enleva Constance aux émigrés. L'archiduc Charles fit évacuer la tête de pont de Busingen ainsi que Diessenhofen, dont le pont fut détruit.

Après quelques derniers combats, le Rhin devint la ligne de démarcation entre les deux armées. Masséna accorda à ses troupes un repos mérité. Toute l'armée du Danube prit ses quartiers d'hiver au commencement de novembre. Comme l'avaient décrété les deux conseils, « elle avait bien mérité de la patrie », car elle avait sauvé la France d'un des plus grands périls qui l'eussent menacée.

La Tour d'Auvergne, soumis à toutes les privations, avait beaucoup souffert pendant cette campagne. Il était temps qu'elle prît fin, car jamais il n'aurait demandé merci devant l'ennemi et serait peut-être mort de fatigue et de misère, comme tant d'autres dont le corps enfoui au bord d'une route n'a pas laissé plus de trace que leur nom, vite oublié, que personne ne se soucie de tirer de la poussière des archives. Le capitaine de grenadiers partit des bords du Rhin quelques jours après le combat de Busingen. Il écrivit à Oberlin, de Vesoul, le 16 octobre : « La campagne d'Helvétie étant finie, j'ai sollicité et obtenu un congé de repos indispensable à l'état d'épuisement où ma santé se trouve réduite. Je suis en pleine marche pour me rendre à Paris... Je fais état de passer quinze jours ou trois semaines à Paris, et de là me rendre en droiture en Bretagne pour y régler quelques affaires de famille. »

Il était obsédé par ce désir de retourner dans son pays natal, mais il ne devait plus le revoir. Son destin était de revenir toujours au milieu de l'armée, sa chère et grande famille, et d'y mourir.

CHAPITRE XIII

La Tour d'Auvergne fuyait les honneurs, mais sa réputation allait grandissant et ils venaient maintenant à lui. Des armées, son renom s'était propagé dans toute la France. Son courage, son désintéressement, sa modestie, sa pauvreté, excitaient la sympathie publique. On cherchait comment on pourrait récompenser ce brave homme.

Après le coup d'État du 18 brumaire et la promulgation de la nouvelle Constitution, dite de l'an VIII (en date du 15 décembre 1799), le Sénat, chargé de choisir les membres du Corps législatif, nomma La Tour d'Auvergne député du Finistère. Dès que celui-ci fut averti de cette élection, il refusa, prétextant de son incapacité administrative et de son rôle qui était de combattre encore aux frontières de la République : « Mon poste à moi est aux armées ; je ne puis en même temps me battre et faire des lois ; je ne veux en ce moment faire qu'une chose : observer ces lois et les défendre. Si la France jouissait de la paix, je n'aurais pas hésité à servir mon pays dans le sein du Corps législatif ou du Sénat, mais l'instant n'est pas encore arrivé... »

La vérité, c'est qu'il avait de l'éloignement pour les luttes politiques et voulait rester fidèle à sa mission de militaire dévoué à sa patrie, toujours prêt à se faire tuer pour elle, comme il le disait souvent. De plus, sa fierté ombrageuse ne pouvait supporter qu'on eût l'air de payer ses services passés avec des distinctions pour lesquelles il éprouvait de l'antipathie.

Il s'en expliqua un peu plus ouvertement avec son ami Le Brigant, dans une lettre du 25 décembre : « Je me suis excusé d'accepter la place dont vous parlez (sa nomination au Corps législatif). La faveur, la fortune, l'éclat des rangs et des honneurs ne m'ont jamais ébloui ; je me suis toujours tenu à la place où la Révolution m'a trouvé, et l'ai gardée avec autant de soin que le soldat fidèle en met à conserver le poste qui lui est confié. Mon âge et mes infirmités m'ayant mis hors de la lice, je vis maintenant ici dans la plus profonde retraite, avec ma pension de réforme, celle d'un simple capitaine. Je ne vais plus à Paris et n'approche d'aucune personne en place ; je ne lis aucuns journaux, me trouvant beaucoup plus heureux par ce qu'on me laisse ignorer que par ce qu'on pourrait m'apprendre. Vous me parlez toujours de votre reconnaissance, tandis que c'est moi qui vous en dois une bien grande de m'avoir mis à même de faire une bonne action. Ne m'humiliez pas, je vous en prie, en la publiant, et ne me faites pas perdre le désir, qui m'occupe sans cesse, de trouver des occasions d'obliger mes semblables. J'ose attendre cette grâce de votre amitié ; si je l'obtiens, je veux la payer de toute ma reconnaissance, ainsi que de mon invariable attachement. Mille choses affectueuses, je vous prie, à votre aimable fils (Jean, qu'il avait remplacé) ; assurez-le que je tiens à lui comme à vous par les plus forts liens. »

Quelle modestie en parlant du service rendu à son ami

Le Brigant! Il n'a qu'un désir, c'est que sa belle conduite reste ignorée.

Le Sénat ne voulut pas d'abord tenir compte de son refus, espérant qu'il n'était pas définitif, mais La Tour d'Auvergne était inflexible dans ses résolutions, et, le 5 janvier 1800, il envoya une deuxième lettre pour que sa démission fût acceptée :

« CITOYENS SÉNATEURS,

» J'ose vous demander avec insistance de vouloir bien satisfaire à la chose publique en acceptant la démission, que j'ai déjà pris la liberté de vous offrir, d'une place que je suis hors d'état de pouvoir remplir (celle de législateur), à laquelle une prévention beaucoup trop favorable de votre part m'avait élevé. Mais, en même temps, comme je n'eus jamais à rougir d'avoir hésité de servir ma patrie, ni d'avoir été sourd à sa voix, ne consultant ni mon âge, ni mes infirmités, je déclare être prêt à rentrer dans les rangs de nos valeureux défenseurs et à marcher partout où la gloire et l'intérêt de la patrie pourraient de nouveau m'appeler. D'autres la serviront avec plus d'avantage et de succès pour elle, mais personne avec plus d'affection et de dévouement. Ces sentiments et le souvenir de vos bontés seront toujours unis dans mon cœur à la sincère et respectueuse reconnaissance dont je vous prie d'agréer ici l'hommage.

» LA TOUR D'AUVERGNE-CORRET,
» Capitaine réformé d'infanterie. »

La lecture de cette lettre, qui témoignait à la fois d'une noble indépendance, d'un rare désintéressement et d'un ardent patriotisme, provoqua au Sénat un murmure

d'étonnement et d'admiration. Les trois cents membres du
Corps législatif avaient une dotation annuelle de 10.000
francs. C'eût été une fortune pour La Tour d'Auvergne, qui
vivait difficilement avec de faibles revenus. Jamais il ne se
soucia de l'argent et n'eut crainte ni honte de la misère. Il
s'intitulait à ce moment « capitaine réformé ». C'était, en
effet, sa nouvelle position, depuis le 20 octobre 1799, par
application de la loi du 14 septembre de la même année.

La Tour d'Auvergne, en sacrifiant si simplement ses
intérêts, n'avait pas une arrière-pensée de popularité ou le
souci plus élevé de laisser une grande et pure réputation
à la postérité. Il n'y eut jamais chez lui calcul d'aucune
sorte. Il ne songeait pas plus à la gloire présente qu'à la
gloire de l'avenir. Chaque fois qu'il entendit ou lut son
éloge, loin d'en être heureux, il s'en montra peiné, presque
offusqué.

Il estimait n'avoir accompli dans sa vie que son devoir, le
devoir de tout honnête homme et de tout bon Français, et
il ne comprenait pas qu'on s'en étonnât au point de l'ap-
plaudir. Il était vraiment contrarié quand il s'entendait
complimenter, et se défendait avec vivacité de mériter
une attention particulière. Il ne laissa jamais écrire des
appréciations flatteuses sur son compte sans protester. « Il
est étonnant combien La Tour d'Auvergne portait loin la
délicatesse à cet égard, observe Le Coz. Au moindre signe
d'admiration, au moindre mot d'éloge, son âme se contrac-
tait, se flétrissait pour ainsi dire, semblable à cette plante
qui resserre ses feuilles et manifeste une sorte de douleur
lorsqu'on l'approche de trop près pour l'observer ou pour
l'admirer. » Son ami Éloi Johanneau a raconté qu'il n'osa
jamais insérer une louange du capitaine dans un journal,

de crainte de le blesser. « Il devenait chagrin quand il savait qu'on avait prononcé son nom au Directoire et quand il était cité dans une gazette. » Un ancien lieutenant du régiment de Champagne, nommé Gensoul, qui l'avait connu avant la Révolution, crut lui causer une agréable surprise en l'amenant, un jour, chez Lebourg, libraire du Tribunat, pour lui montrer un ouvrage en trois volumes intitulé : *Services des officiers de tous grades, recueil de hauts faits militaires*, dont plusieurs pages concernaient La Tour d'Auvergne. Celui-ci, aussi étonné que contrarié, déchira les feuilles relatant ses actions d'éclat et partit brusquement, après avoir payé les trois volumes qu'il ne voulut pas emporter. Le libraire Lebourg garda l'ouvrage qu'il montra à tous ses clients en leur contant cette anecdote.

Le général Lamarque, que La Tour d'Auvergne avait connu à l'armée des Pyrénées-Occidentales, lui communiqua la mention flatteuse qu'il lui consacrait dans une histoire militaire qu'il se proposait de publier. Le capitaine lui répondit le 30 décembre 1799 : « L'histoire des campagnes des Pyrénées, confiée à une plume telle que la vôtre et à un des braves qui s'y signalèrent, ne peut manquer d'exciter le plus vif intérêt. Ce que vous me dites du passage où je suis désigné est beaucoup trop flatteur; ma faible portion de mérite, si j'en ai obtenu dans cette armée, consiste uniquement en celle que mes braves frères d'armes ont fait réfléchir sur moi; ainsi, elle leur est due; c'est à eux que je vous conjure de la reporter. Qu'une prévention trop favorable, mon cher Lamarque, ne vous égare pas sur mon compte. Vous connaissez les traits de l'envie; si vous et moi avions pu échapper à la haine des méchants, nous n'aurions peut-être en ce moment aucune idée du malheur. Vous avez de l'amitié pour moi; vous me le prouverez en ne faisant aucune mention d'un officier qui n'a jamais été employé qu'en sous-ordre. Je n'ai plus d'autre ambition que celle de finir ma carrière dans l'oubli et dans la plus profonde obscurité; aidez-moi, je vous prie, dans ce projet, et faites que mon cœur qui s'ouvre sans effort à la reconnaissance puisse vous rapporter cette obligation. Je vous réitère ici, avec un nouveau plaisir, les assurances de ma constante amitié. Il m'est bien flatteur de pouvoir me vanter d'avoir quelque part à la vôtre. »

Il ne sollicite que le silence. Le plus grand plaisir qu'on puisse lui causer, c'est de ne pas rappeler ses belles actions. Bonaparte a eu raison de dire : « La Tour d'Auvergne est un homme de Plutarque. » L'antiquité présente-t-elle un plus beau caractère?

Un passage de sa lettre à Lamarque prouve qu'il n'échappa pourtant pas « aux traits de l'envie ». Ses actes durent être dénaturés. Il entendit les sifflements de la jalousie et sentit les morsures de la calomnie. Doué de beaucoup de sensibilité, il en souffrit plus qu'un autre. Hélas! personne n'est à l'abri de la haine et de la diffamation. Les plus grands et les meilleurs sont même les plus exposés. Tout ce qui est élevé et tout ce qui domine dans la nature est en butte aux injures des éléments.

CHAPITRE XIV

Le rêve de La Tour d'Auvergne. — Ses réponses à ceux qui sollicitent
des faveurs. — Initiative de Carnot. — Le conseil d'administration
de la guerre demande un sabre d'honneur pour La Tour d'Auvergne.
— Bonaparte le nomme *premier grenadier des armées de la République.* — Protestations du capitaine. — Le Brigant recourt de nouveau à lui. — La Tour d'Auvergne demande à rejoindre la 46ᵉ demi-
brigade. — « Son destin est de finir sur un champ de bataille ».

La Tour d'Auvergne n'avait plus qu'un désir : voir une
paix glorieuse récompenser son pays de tant d'efforts et
de sacrifices, lui rendre la tranquillité avec la richesse ;
alors, il rentrerait dans sa Bretagne aimée, consacrerait
ses derniers jours, dans la chaumière qui lui restait, à ses
travaux favoris de littérature et de science, puis, à l'approche de l'éternel sommeil attendu comme un espoir,
s'éteindrait doucement dans la satisfaction du devoir accompli, en jetant un regard heureux sur son épée devenue
inutile après avoir contribué au triomphe et à la fortune
de la patrie. C'était un beau rêve, dont il avait bien mérité
d'obtenir la réalisation. Ce repos vainqueur, la France
l'obtint pendant une année seulement, après le traité
d'Amiens, et le capitaine n'eut pas le contentement de le
connaître. Il était mort pour aider à conquérir cette paix
convoitée.

Il a exprimé en termes d'une émouvante simplicité son

intention de terminer ses jours dans la mélancolie et l'obscurité d'une campagne bretonne, dès que son pays n'aurait
plus besoin d'un nouvel effort de son bras tremblant. Il
écrivait, le 2 février 1800, à un propriétaire d'Auch : « Je
ne m'arrêterai pas aux choses infiniment trop flatteuses
que vous me dites à l'occasion de ma nomination à la
législature : ce serait vouloir m'enivrer d'amour-propre.
Je me suis fait justice en m'excusant d'accepter la place
qui m'a valu un compliment de votre part; je ne regrette,
par la privation de cette place, que l'occasion que j'ai perdue d'être utile à de vertueux républicains et surtout à
l'ami respectable dont vous me parlez. Parvenu à l'extinction de mes forces physiques, je vis ici de la manière la
plus conforme à mes goûts, dans la retraite et l'obscurité
la plus profonde, n'approchant les hommes constitués en
dignité que pour les saluer, jamais pour leur rien demander. J'attends le moment où le chouannage, qui infeste
encore ma malheureuse patrie, me permettra, lorsqu'il
sera enfin entièrement détruit, de revoir mes foyers, d'habiter ma chaumière, qui m'est restée, et d'aller choisir
mon tombeau à côté de mon berceau. Voilà quelle est
aujourd'hui mon unique ambition, après celle de voir ma
patrie libre, heureuse et en paix. Si je recouvre une partie
de la bienveillante santé que j'ai perdue, j'emploierai à
écrire pour le pays qui m'a vu naître le temps où je me
verrai réduit à ne pouvoir plus me servir de mon épée.
Cette douce occupation, à laquelle se mêlera souvent le
souvenir de mes amis, fera le principal bonheur du soir
de ma vie. »

Comme tous les personnages en vue auxquels on sup-
pose de l'influence, La Tour d'Auvergne fut souvent assiégé

par des solliciteurs plus ou moins méritants qui cherchaient à obtenir des faveurs par sa protection. Il sut les écarter avec dignité et leur donner, par ses écrits et surtout par ses actes, une leçon de désintéressement. Lui, qui avait tant de titres à des récompenses, n'avait jamais demandé que l'honneur de se faire tuer pour la défense de son pays. Et il était résolu à ne jamais accepter que cela.

Il n'avait plus l'intention de rentrer dans l'armée, comme le montre ce fragment d'une lettre à Oberlin, datée du 8 février 1800 : « Je vis à Passy dans la retraite et l'obscurité la plus profonde. Cette manière d'être est la plus conforme à mes goûts ; mais je ne sais si l'on ne m'en arrachera pas encore au printemps, ce qui me dérangera un peu, ayant besoin encore de cinq à six mois pour achever mon travail sur le rapprochement des langues de l'Europe et de l'Asie comparées au bas-breton. Mon maître, le véritable dépositaire de la langue celtique, vit toujours dans l'indigence. Il se trouve hors d'état de faire jouir ses ouvrages de la liberté typographique, et le gouvernement s'obstine à ne vouloir rien faire pour lui. »

Nous avons cité beaucoup de lettres de La Tour d'Auvergne pour révéler son état d'esprit aux diverses périodes de son existence. Par ses seules actions d'éclat, il paraîtrait un personnage un peu fabuleux ; ses confidences, en mettant à nu son âme, en dévoilant ses grandeurs et ses faiblesses, montrent qu'il fut homme et que, suivant la belle pensée de Térence, rien de ce qui touche à l'humanité ne lui resta étranger. On ne s'étonnera plus, après avoir bien pénétré son caractère, de sa fin héroïque.

Le premier consul, habile à saisir toutes les occasions de surexciter le patriotisme et l'instinct guerrier de la nation, cherchait un moyen de récompenser La Tour d'Auvergne. Des fonctions ou une pension, il n'y fallait pas songer, connaissant son fier désintéressement. Bonaparte, dont le cerveau était fertile en expédients, trouva ce qui pouvait le plus dignement reconnaître les services éclatants et la belle carrière de cet officier modeste.

Déjà Carnot, ministre de la guerre, avait songé lui-même à accorder une distinction honorifique à celui qu'il avait pu apprécier à l'armée des Pyrénées, ainsi qu'il ressort du procès-verbal d'une séance du conseil d'administration de la guerre tenue le 24 avril 1800 et à laquelle assistaient ce ministre et les conseillers d'Etat Petiet, Lacuée et Bernadotte. Carnot entretint le conseil de la situation intéressante de La Tour d'Auvergne. « Cet officier, dit-il, l'un des plus anciens de l'armée, celui de tous qui peut compter le plus grand nombre d'actions d'éclat, s'est obstiné à refuser tout grade supérieur. Il s'est même, dans plusieurs circonstances, placé volontairement parmi les soldats. On l'a vu remplacer un réquisitionnaire dont le père, son ami, aurait déploré l'absence, faire deux campagnes le sac sur le dos et, dans toutes les affaires, rester au premier rang des grenadiers qu'il animait par ses discours et son exemple. A cette prodigieuse bravoure se joignent en lui toutes les qualités qui perfectionnent une éducation distinguée et qui rendent digne de commander. Né pauvre, il a aussi constamment dédaigné la fortune que les honneurs. Il est encore capitaine à la suite et sa solde n'est pas payée. »

Lacuée, qui avait également connu le capitaine dans les Pyrénées, en 1793, renchérit sur ces éloges. « Il était proclamé, ajouta-t-il, le plus brave soldat et le plus religieux observateur de la discipline militaire. Dans des moments difficiles où tous les hommes doivent être mis à leur véritable place, on voulut, à l'armée des Pyrénées-Orientales (*sic*), donner un commandement à La Tour d'Auvergne. Vingt compagnies de grenadiers furent formées. On ne nomma point de chef à ce corps. La Tour d'Auvergne était le plus ancien capitaine. Ce fut pour obéir qu'il consentit à commander. Les Français et les Espagnols nommèrent bientôt cette colonne la « colonne infernale ». A la paix, La Tour d'Auvergne rentra dans son rang. Il n'a cessé depuis de servir comme capitaine que quand il a servi comme soldat. Aujourd'hui qu'on réclame le paiement de la solde qui lui est due, il vient de refuser une terre de 8.000 francs de rente que le ci-devant duc de Bouillon, son cousin, lui offrait en pur don. »

Le ministre fut chargé par le conseil de présenter au premier consul un brevet accordant un sabre d'honneur à La Tour d'Auvergne.

Lacuée avait commis plusieurs erreurs et quelques-unes se trouvèrent malheureusement répétées dans une lettre de Carnot à La Tour d'Auvergne, rendue publique. De là, toutes les amplifications et toutes les fables qui ont été admises jusqu'à nos jours. Lacuée, qui n'était plus à l'armée des Pyrénées-Occidentales (et non Orientales) au moment des principales opérations militaires, se trompait en disant que le capitaine avait commandé la colonne appelée infernale. D'ailleurs, on comprend, en lisant attentivement sa petite improvisation, qu'il n'employait ces mots que comme figure de rhétorique. Il se trompait encore en ajoutant que La Tour d'Auvergne avait servi comme soldat et était cousin du duc de Bouillon. S'il avait consulté les documents du ministère, il aurait vu que le capitaine avait toujours rempli les fonctions de son grade, qu'il n'avait jamais cessé d'en garder le rang et les appointements. Cet officier ne pouvait évidemment commander les compagnies où il n'était attaché qu'à titre provisoire, et il demeurait à la suite. Mais il se tenait à sa place, en avant de la troupe, pour l'entraîner, sur le champ de bataille. Il eut constamment son costume et ses épaulettes de capitaine, même un cheval et un domestique. S'il porta parfois le sac, ce fut comme les autres officiers subalternes. Jamais il ne fit le service de simple soldat. Comment s'étonner que la légende se substitue si souvent à l'histoire quand on voit les contemporains eux-mêmes en fournir les éléments?

Deux jours après cette séance du conseil d'administration de la guerre, Carnot présenta à Bonaparte le brevet d'arme d'honneur. Le premier consul, qu'inspiraient les souvenirs de l'antiquité pour laquelle il était passionné, trouva une récompense plus digne du glorieux capitaine. Il dicta séance tenante l'arrêté suivant, qui parut, le lendemain, à la date du 7 floréal an VIII (27 avril 1800) :

« Bonaparte, premier consul de la République,

» Sur la proposition du ministre de la guerre, arrête ce qui suit :

» Le défenseur de la Patrie La Tour d'Auvergne-Corret est nommé *premier grenadier des armées de la République*.

» Il lui sera décerné un sabre d'honneur.

» Le ministre de la guerre est chargé du présent arrêté.

» BONAPARTE. »

Le premier consul recommanda au ministre de la guerre
d'envoyer l'arrêté à La Tour d'Auvergne « avec une lettre
de satisfaction ». Suivant l'ordre reçu, Carnot écrivit :

« Paris, 7 floréal an VIII.

» En fixant mes regards sur les hommes dont l'armée
s'honore, je vous ai vu, citoyen, et j'ai dit au Premier Consul :

» La Tour d'Auvergne-Corret, né dans la famille de Turenne, a hérité de sa bravoure et de ses vertus. C'est l'un
des plus anciens officiers de l'armée ; c'est celui qui compte
le plus d'actions d'éclat. Partout, les braves l'ont surnommé
le plus brave.

» Modeste autant qu'intrépide, il ne s'est montré avide
que de gloire et a refusé tous les grades.

» Aux Pyrénées-Occidentales, le général commandant
l'armée rassembla toutes les compagnies de grenadiers,
et, pendant le reste de la guerre, ne leur donna point de
chef. Le plus ancien capitaine devait commander, c'était
La Tour d'Auvergne. Il obéit, et bientôt ce corps fut
nommé par les ennemis la *colonne infernale*.

» Un de ses amis n'avait qu'un fils dont les bras étaient
nécessaires à sa subsistance. La conscription l'appelle. La
Tour d'Auvergne, brisé de fatigue, ne peut travailler, mais
il peut encore se battre. Il vole à l'armée du Rhin, remplace le fils de son ami, et, pendant deux campagnes, le
sac sur le dos, toujours au premier rang, il est à toutes les
affaires et anime les grenadiers par ses discours et son
exemple.

» Pauvre, mais fier, il vient de refuser le don d'une terre
que lui offrait le chef de sa famille. Ses mœurs sont sim-

ples; sa vie est sobre. Il ne jouit que du modeste traitement de capitaine à la suite, et ne se plaint pas.

» Plein d'instruction, parlant toutes les langues, son
érudition égale sa bravoure, et on lui doit l'ouvrage intéressant intitulé *Les Origines gauloises*.

» Tant de vertus et de talents appartiennent à l'histoire,
mais il appartient au Premier Consul de la devancer.

» Le Premier Consul, citoyen, a entendu ce précis avec
l'émotion que j'éprouvais moi-même; il vous a nommé
sur-le-champ *premier grenadier des armées de la République*
et vous décerne un sabre d'honneur.

» Carnot. »

Ce fut brusquement la gloire éblouissante pour un homme
qui se plaisait dans l'obscurité, et ce fut en même temps
sinon la fortune, du moins l'aisance après de longs jours de
misère. Carnot, non content de cette récompense à laquelle
il avait eu une grande part, s'ingénia à le tirer de sa
position précaire par des générosités administratives qu'il
ne pût décliner. Il écrivit au commissaire ordonnateur en
chef de la 17e division militaire, le 5 mai :

« J'ai décidé, citoyen ordonnateur, que le citoyen La
Tour d'Auvergne-Corret, capitaine d'infanterie de 1re classe,
serait considéré comme en activité de service dans la 17e
division militaire, sans aucune fonction déterminée, jusqu'à
nouvel ordre, et qu'il y jouirait du traitement attribué à
son grade, ainsi que des indemnités pour fourrages et
logement.

» Je vous adresse ci-joint copie de l'arrêté du Premier
Consul qui nomme cet officier premier grenadier des armées
de la République et lui décerne un sabre d'honneur. D'après

cet arrêté et en vertu des dispositions de l'article 5 de l'arrêté des consuls du 4 nivôse an VIII, cet officier a droit de toucher un double traitement (1).

» Vous voudrez bien, en conséquence, à compter du 1er floréal présent mois, arrêter ses revues sur ce pied, en y comprenant aussi le double de l'indemnité due pour le logement et les fourrages attribués à son grade.

» Je vous recommande très particulièrement de veiller à ce qu'il n'éprouve jamais aucun retard, délai ou renvoi dans l'expédition de ses revues. Je désire même que chaque mois vous preniez le soin de les lui envoyer à l'avance et d'une manière certaine à son domicile, rue Basse de Passy, n° 66.

» Un militaire si recommandable à tous égards doit être accueilli par tous les Français, et surtout dans les administrations de la guerre, avec la considération et le respect que lui ont mérités les services éclatants et sans nombre qu'il a rendus à la patrie.

» CARNOT. »

Carnot, avec sensibilité, s'inquiétait non seulement d'améliorer le sort de l'illustre et pauvre capitaine, mais encore de lui assurer des égards de la part de l'administration militaire, en lui évitant les démarches nombreuses et les attentes pénibles qu'imposaient aux officiers en réforme les innombrables formalités bureaucratiques.

---

(1) L'article 87 de la Constitution de l'an VIII portait que des récompenses nationales seraient décernées « aux guerriers qui auraient rendu des services en combattant pour la République ». L'arrêté du 4 nivôse an VIII, signé par Bonaparte, énuméra ces récompenses consistant en armes d'honneur. L'article 2 accorda une haute paye de cinq centimes par jour aux militaires qui obtiendraient un fusil ou une carabine d'honneur (une baguette pour les tambours, une trompette pour les trompettes), et l'article 5 accorda « double paye » aux officiers et soldats qui recevraient un sabre d'honneur pour « actions d'une valeur extraordinaire ».

Sur l'ordre du ministère, la manufacture d'armes de Versailles se hâta de confectionner et d'envoyer l'épée d'honneur dont le conseil d'administration donna la description suivante au « citoyen ministre » : « Cette épée est en vermeil, garnie d'un ceinturon richement brodé en or et d'une plaque enrichie d'une tête de Victoire et de grenades, plus une dragonne en or du grade de capitaine. » (Lettre d'envoi, du 24 mai.) Carnot tint à remettre lui-même cette épée à La Tour d'Auvergne.

La récompense décernée par Bonaparte eut du retentissement et accrut l'enthousiasme pour le vieux grenadier. De toutes parts lui arrivèrent de touchants témoignages d'admiration.

Soudain tiré de son ombre, le bruit de ces acclamations, les prévenances délicates du ministre de la guerre le laissèrent un moment interdit. Puis il s'effaroucha de cette attention publique portée sur lui. Loin de s'enorgueillir, il s'effara, presque scandalisé de tant d'éclat et de tant de marques d'estime. Il s'analysa, chercha ce qui pouvait lui attirer ces honneurs, et, comme il le dit à un ami, bien naïvement et bien sincèrement, il ne comprit pas, jugeant qu'il n'avait jamais rempli que son devoir. Il finit par déclarer cette distinction exagérée, même injuste, parce qu'il n'était pas le plus brave. Ses scrupules augmentant de plus en plus, il écrivit au ministre de la guerre pour protester et demanda « les changements que le premier consul voudrait bien apporter à ses dispositions ». « Il m'est impossible de soutenir l'idée que mes titres à ce brevet restent fondés sur un mérite et des qualités que ma pensée repousse avec réluctance et que je me contesterai jusqu'au dernier de mes jours. »

Il se refusa à accepter des compliments pour ce titre honorifique. « Vous me deviez des consolations bien plus que des félicitations sur les événements dont vous me parlez, écrivit-il à son ami Le Coz. Avant d'accepter un rang aussi éminent que celui de premier grenadier, j'ai dû commencer à compter avec moi-même. Comme je n'ai rien aperçu en ma personne qui pût justifier l'insigne faveur dont le gouvernement me rendait l'objet, et que la distinction éclatante dont il m'honorait ne me paraissait fondée que sur les qualités que je suis le premier à me contester, tout m'a fait un devoir de m'excuser de l'accepter et de ne me point parer d'un titre qui, à mes yeux, ne paraît applicable à aucun soldat français, et surtout à un soldat attaché à un corps où l'on ne connut jamais ni premier ni dernier. Je suis trop jaloux de conserver des droits à l'estime des grenadiers de l'armée et à leur amitié, pour aliéner de moi leur cœur en blessant leur délicatesse. Les voies où j'ai marché ont toujours été droites et faciles. » Ces caractères exceptionnels sont généralement méconnus, même de leur entourage, ce qui leur est peine plus cuisante. Le Coz lui répondit : « Prenez garde ; rappelez-vous l'axiome : les deux extrêmes se touchent. La modestie poussée trop loin peut devenir de l'orgueil. » Le pauvre capitaine, surpris d'être si mal compris, s'expliqua de nouveau : « Quelqu'un, dit-il, qui ne compta jamais avec sa patrie que pour briguer l'honneur de la servir, et qui rangea toujours parmi les choses les plus indifférentes les éloges et les honneurs, pouvait-il n'être pas vivement affecté de se voir louer en face et d'une manière qui ne ménageait pas même sa pudeur ? »

Bien entendu, ni le ministre de la guerre ni le premier

consul ne voulurent écouter ses protestations. Il dut conserver le sabre d'honneur, qu'il acceptait, avec le titre de *premier grenadier des armées de la République* qu'il n'acceptait pas. Mais il persista jusqu'à la fin de sa vie à repousser cette dénomination dont il se prétendait indigne; jamais il ne s'en para. C'est à peine s'il croyait avoir gagné le sabre d'honneur. Il pensa qu'on ne le mettait entre ses mains que pour donner une preuve suprème de son courage et de son patriotisme. Il ne songea plus qu'à *mériter* sa récompense par le dernier sacrifice qu'il pût faire à la France, celui de sa vie.

L'occasion qu'il cherchait ne tarda pas à se présenter. La guerre allait reprendre avec plus d'activité, car le premier consul avait vainement essayé d'obtenir la paix. Seule la Russie s'était retirée de la coalition.

Le Brigant, encore menacé de perdre son fils Jean qu'on rappelait sous les drapeaux, recourut de nouveau à La Tour d'Auvergne pour obtenir une dispense. Ce dernier répondit : « Il n'est pas en mon pouvoir, mon cher compatriote, de vous rendre le service que vous me demandez; ceux que l'on obtient dans ce pays ne sont nullement en proportion de ce qu'ils coûtent. On ne les achète qu'à un prix capable d'effrayer, et que par mille et mille démarches, le plus souvent infructueuses et toujours humiliantes. Ils deviennent, de la part de ceux qui consentent à les faire, des gages de leur déférence et de leur entière soumission à ceux qui les accordent... Je ne vois, je n'approche et n'écris plus à aucune personne en place. Tout ce qui est en mon pouvoir, tout ce qui n'est pas étranger à moi, je l'offre à mes amis avec plaisir. Dans ces sentiments, vous pouvez vous prévaloir auprès du premier consul de ma lettre et de la détermination que j'exprime de retourner de nouveau dans les rangs de nos valeureux défenseurs, d'y servir une troisième campagne comme volontaire. Si à ce prix il consent de vous laisser jouir du bienfait qui vous a été accordé par ses prédécesseurs, et aime à faire des heureux, il est bien assuré, dans cette circonstance, d'en faire deux à la fois : vous, en vous assurant la possession de votre fils, devenu l'unique soutien de votre vieillesse, et moi, par l'inexprimable plaisir que j'éprouverai d'avoir contribué à ce nouvel acte de justice et de bienfaisance de la part du premier magistrat de la République. »

La lettre au premier consul, dont il est question dans cette réponse, fut envoyée le 29 avril. Il est supposable que la demande de Le Brigant confirma le capitaine dans sa résolution. Il voulut à la fois justifier sa récompense et accomplir une bonne action. Il écrivit donc à Bonaparte :

« LE CAPITAINE LA TOUR D'AUVERGNE-CORRET AU PREMIER CONSUL DE LA RÉPUBLIQUE, LE GÉNÉRAL BONAPARTE.

» Le mérite de mes faibles services ne serait jamais parvenu jusqu'à moi, n'y ayant jamais attaché aucune importance. Vous les rappelez et vous les récompensez d'une façon si éclatante que j'éprouve combien il est difficile à un soldat français honoré de votre estime et de votre suffrage de se défendre d'un sentiment d'orgueil. De tous les devoirs qui me sont aujourd'hui imposés, je sens qu'il n'en est qu'un seul qu'il me soit facile de remplir parce qu'il me reste un cœur qui n'est point usé.

» Je suis cependant un de ces vieux guerriers sensibles à l'honneur et à la gloire, qui brûlent aussi de vous suivre dans cette campagne décisive. Si ceux chez lesquels les forces du corps ne secondent plus celles de l'âme sont réduits à se traîner, il n'en est aucun parmi eux qui ne trouve encore beaucoup de gloire à marcher de loin sur vos traces. Pénétré de ces sentiments, je désirerai (si ce désir n'est point indis·cret), rejoindre une de nos armées; mais comme on s'identifie, autant par instinct que par goût, avec le corps dans lequel on a servi, avec les principes d'honneur qu'on y a puisés, ne pouvant et ne devant plus rechercher d'autre rang que celui de simple volontaire, s'il m'était permis d'exprimer un souhait, ce serait qu'il me fût accordé de combattre jusqu'à l'extinction de mes forces physiques à côté des valeureux grenadiers dont j'ai partagé les travaux pendant les deux dernières campagnes, dans les rangs de ceux de la 46ᵉ demi-brigade de ligne. Si je suis assez heu·reux pour obtenir de vous cette faveur, vous mettrez le comble aux bontés dont vous m'avez honoré.

» Je suis, avec la reconnaissance la plus respectueuse,

» Le citoyen La Tour d'Auvergne-Corret. »

Le gouvernement s'empressa d'agréer la demande de La Tour d'Auvergne, et le ministre de la guerre Carnot l'en informa au mois de juin, en le félicitant de consacrer ses derniers jours au service de la patrie. Celui-ci répondit avec enthousiasme « qu'il était prêt, jusqu'au dernier soupir, à verser son sang pour la France, et que, chaque fois qu'elle lui ferait appel, il serait toujours de la première réquisition ».

Carnot tint à prévenir lui-même le général Moreau, commandant en chef de l'armée du Rhin, du départ du premier grenadier, et il le fit en des termes qui l'honorent autant que son protégé. Voici sa lettre, du 2 juin 1800:

« Je vous adresse, citoyen général, le capitaine La Tour d'Auvergne-Corret. Vous voudrez bien l'employer, dans l'armée que vous commandez, de la manière que vous jugerez la plus utile et la plus convenable. Il a choisi lui-même jusqu'à présent sa place dans le rang des grenadiers ; c'est parmi eux qu'il a donné l'exemple le plus mémorable du courage et des vertus guerrières ; c'est au milieu d'eux que les services qu'il a rendus à son pays lui ont mérité le sabre d'honneur que lui a décerné le premier consul.

» C'était assez pour la gloire de La Tour d'Auvergne, mais la campagne est ouverte, les lauriers cueillis ne sont plus rien pour lui ; il en reste d'autres à moissonner ; il croit entendre la voix de ses compagnons d'armes qui se demandent entre eux où est La Tour d'Auvergne? Dès lors, rien ne peut l'arrêter ; il oublie la fatigue de plusieurs campagnes pénibles et les infirmités qu'elles lui ont occasionnées, elles lui commandent impérieusement le repos, mais l'amour des armes et de la patrie parle encore plus haut à son âme ardente, et j'ai cédé à ses instances réitérées pour servir à l'armée du Rhin.

» Je suis persuadé, citoyen général, que cet officier n'a pas besoin auprès de vous d'autres recommandations pour être bien accueilli que la réputation qu'il s'est acquise dans les armées de la République.

» Je vous prie de vouloir bien donner les ordres les plus précis pour que cet officier touche le double traitement de son grade de capitaine de 1re classe, à raison de l'arme d'honneur qui lui a été décernée par le premier consul et en vertu de l'article 5 de l'arrêté des consuls du 4 nivôse dernier.   » Salut et fraternité.

» CARNOT. »

La Tour d'Auvergne avait le pressentiment d'une fin prochaine; il écrivit à l'un de ses meilleurs amis, Johanneau : « Rappelez-vous, mon cher camarade, La Tour d'Auvergne. Nous étions amis. Ma carrière va finir. L'armée est ma famille, et c'est au sein de ma famille que je dois mourir... Toujours en paix avec ma conscience, j'ai été toujours heureux. »

Il dit à son compatriote Roujoux :

« Je vais rejoindre l'armée de Moreau, mon ami, mon compatriote... Je retrouverai là mes anciens camarades, les grenadiers de la 46e. Cette épée d'honneur, je la montrerai de près à l'ennemi; j'inspirerai à mes frères d'armes le désir d'obtenir la même récompense; à cinquante-sept ans, la mort la plus désirable est celle d'un grenadier sur le champ de bataille, et j'espère que je l'y trouverai. » Enfin, au général Moncey, son plus ancien compagnon d'armes, il exprima la même pensée : « Mon destin est de finir sur les champs de bataille; mon titre de premier grenadier de France est un arrêt de mort. »

Il prévoyait que cette nouvelle campagne serait la dernière, qu'il recevrait sa première blessure de guerre sur les bords du Rhin et qu'elle serait mortelle. Il en avait si bien la conviction, qu'il fit son testament et le remit, cacheté de noir, à son ami Eloi Johanneau, la veille de son départ. N'est-il pas supposable qu'il s'exposa encore plus que de coutume, et que la mort, au-devant de laquelle il courait, ne fit qu'exaucer ses vœux? Il n'avait plus d'avenir, il ne traînait qu'une existence misérable et désolée. N'était-il pas mieux de s'éteindre ainsi au milieu de l'armée, « sa famille », comme il l'appelait, dans les bras de ses enfants,

des grenadiers qui l'adoraient, braves gens à l'abord rude
et au cœur plein de tendresse naïve?

Ce désir de finir sous les drapeaux, en défendant la France,
dans l'apothéose d'un triomphe, bien d'autres militaires
l'ont eu. Le vieux maréchal de Villars, l'illustre vainqueur
de Denain, s'écria, en apprenant la mort du maréchal de
Berwick, qui eut la tête emportée par un boulet après avoir
enlevé Kehl au prince Eugène : « J'avais bien dit que cet
homme-là était né plus heureux que moi! »

CHAPITRE XV

La 46ᵉ demi-brigade, que La Tour d'Auvergne voulait
rejoindre, était toujours sur les bords du Rhin. Par un
arrêté du 24 novembre 1799, les armées du Danube et du
Rhin avaient été réunies sous la dénomination d'armée du
Rhin et sous le commandement du général Moreau, qui
avait, dans une brillante campagne, refoulé et battu
l'armée autrichienne, en lui infligeant une perte de 30.000
hommes. Il avait franchi le Rhin, le 25 avril 1800, et remporté plusieurs victoires : à Engen le 3 mai, à Mœskirch
le 5 et à Biberach le 9. Ces succès permirent à Bonaparte
de passer le Grand-Saint-Bernard pour tomber sur les derrières de l'armée de Mélas, qu'il défit, le 14 juin, à Marengo.

La Tour d'Auvergne s'éloigna de Paris le 7 juin, et se fit
suivre d'un domestique qui, retardé par une demande de
passeport, ne le rejoignit plus. Le capitaine paya d'avance,
avant son départ, une année de la pension de 600 francs
qu'il servait pour le traitement de la malheureuse femme
qu'il avait placée dans un asile. Il passa par Bâle, et arriva
à l'armée du Rhin le 21, au moment où les opérations
étaient des plus actives. Lorsqu'il avait appris l'heureux
passage des Alpes par Bonaparte, Moreau avait manœuvré

pour forcer les Autrichiens, commandés par le général
de Kray, à abandonner la position d'Ulm où ils s'étaient
réfugiés, et avait remporté une éclatante victoire dans une
série de combats livrés sur une étendue de sept à huit
lieues, aux plaines d'Hochstædt, du 16 au 19 juin. Moreau,
qui aurait pu recevoir à ce moment la nouvelle de la bataille
de Marengo, obtint sur le Danube, et par la même manœuvre, un avantage pareil à celui de Bonaparte sur le Pô. Les
résultats gagnés par l'armée du Rhin ne furent pas moins
importants que ceux de Marengo, puisque 5.000 prisonniers,
20 pièces de canon, 1.200 chevaux, 300 voitures et plusieurs
drapeaux et étendards restèrent entre les mains des vainqueurs. Cette bataille eut pourtant peu de retentissement.

Kray ne pouvait plus tenir à Ulm, sous peine d'être coupé
de ses communications. Il s'échappa dès le lendemain, et
prit la route de Nordlingen, gagnant un jour d'avance sur
Moreau, qui ne parvint à le poursuivre que le 21. Le temps
était affreux; des averses diluviennes entravèrent la rapi-
dité des mouvements.

La Tour d'Auvergne revint à son ancienne place de capitaine volontaire à la suite de la compagnie des grenadiers
du 2e bataillon de la 46e demi-brigade. Le docteur Moreau,
ancien chirurgien-major de l'armée du Rhin, a donné des
détails sur son arrivée (1) :

« Après la bataille de Neresheim, nous étions en marche
des environs de Nordlingen sur Donauwerth, où nous
passâmes le Danube, lorsque le bruit se répandit, dans la
division, que La Tour d'Auvergne venait d'arriver à l'armée,

---

(1) Cette lettre, datée de Tours, 16 avril 1841, a été adressée à
M. Bernard, maire de Carhaix, en réponse à une demande de renseignements sur les derniers moments du premier grenadier.

qu'il avait repris son rang à la 46e demi-brigade et qu'il
marcherait au feu à la tête des grenadiers. On disait, le
lendemain, qu'il avait couché au bivouac avec les grenadiers et avait voulu aller lui-même chercher sa paille;
qu'il disait : « Il n'y a pas de premier grenadier, le dernier
» vaut le premier »; qu'il avait refusé une belle aigrette en
crin rouge (aigrette de capitaine) que lui avaient offerte les
grenadiers, disant : « C'est trop beau, donnez-moi un vieux
» pompon de grenadier. » Tous ces propos enchantaient les
soldats; toute la 46e demi-brigade, du reste, était fort glorieuse de son choix. Deux ou trois jours après, étant en
marche, **La Tour d'Auvergne** s'arrêta près de nous pour
examiner notre *wurst*; il n'avait pas encore vu ce moyen
nouveau de porter rapidement des secours aux avant-
gardes. C'est là que je le vis très bien. »

Le docteur Moreau disait en terminant : « Il doit exister
une lettre bien intéressante écrite par La Tour d'Auvergne
quelques heures avant sa mort. Etant un jour à causer avec
un de nos compatriotes (M. Rupérou, juge au tribunal de
cassation), il me dit : « Un ami de La Tour d'Auvergne, mon
» voisin, serait bien content de vous entendre; allons le voir ».
En effet, cet ami, son ancien camarade, nous lut une lettre
de La Tour d'Auvergne, datée de Rain. Je me rappelle fort
bien du commencement à cause sûrement de cette expression : « Nous partons; je t'écris sur la caisse d'un tambour ».

Cette lettre, la dernière de La Tour d'Auvergne, qui n'a
pas encore été publiée, est effectivement d'un grand intérêt.
Elle témoigne de l'énergie morale de ce vieillard qui écrivait avec une lucidité parfaite et un calme stoïque après un
combat et à la veille d'un autre où il allait trouver la mort,
cette mort qu'il pressentait et qu'il attendait :

« Dettingen, près de Donauwerth, dans le Palatinat,
8 messidor an VIII.

» Mon vieil ami, je vous écris sur un tambour et fort à la hâte. Les grenadiers de la 46ᵉ formant l'avant-garde sont au moment de se mettre en marche et doivent, je crois, se diriger sur Ingossaad (Ingolstadt). L'ennemi se retire et nous abandonne de toutes parts ses provisions. J'ai joint l'armée à Dettingen. Le 3 et le 4, la 46ᵉ demi-brigade, à laquelle je suis attaché, reçut l'ordre de détacher quatre compagnies pour fouiller le bois à droite de l'abbaye de Neresheim. L'ennemi, qui occupait une partie de la plaine, dirigea son artillerie sur mon 2ᵉ bataillon. Réuni aux quatre compagnies, le 3ᵉ bataillon auquel j'étais attaché était resté en position pour garder le débouché de Neresheim et vint ensuite rejoindre le 2ᵉ bataillon dans la plaine. Toute l'armée fut bientôt en ligne, et la 46ᵉ placée au centre. L'ennemi avait toute la cavalerie sur les hauteurs qui dominent la plaine de Neresheim, et son artillerie était dirigée sur tous les points, mais l'armée s'avançait en ordre à sa rencontre et l'eût infailliblement enveloppé s'il n'avait fait sa retraite, à la faveur de la nuit, sur les hauteurs en avant de Nidershausen ; il y eut un feu très vif dans cette partie et qui dura jusqu'à onze heures du soir.

» La 1ʳᵉ division du centre s'y porta, et l'ennemi lui céda son terrain. Depuis la journée du 4 nous poursuivons l'ennemi sans relâche.

» Nous voilà dans le Palatinat et si nous continuons à être heureux, nous irons toucher barre à Munich pour y attendre le résultat des arrangements qu'on dit à la veille de se terminer entre les puissances belligérantes et qui sans doute amèneront bientôt la paix.

» J'ai reçu l'accueil le plus flatteur de tous mes braves frères d'armes et en général de tous les généraux et officiers de l'armée ; ma joie est à son comble.

» Je ne puis vous écrire plus au long pour ce moment. Cette lettre est la quatrième que vous avez dû recevoir de moi. Il ne m'en est parvenu aucune de votre part ou de la France. Vous m'obligerez de vouloir bien communiquer ma lettre à l'hôtel de Bouillon, à mon ami Beaumont ; celui-ci voudra bien en communiquer le contenu à son frère avec les assurances de mon respectueux attachement.

» Je vous embrasse de tout mon cœur, vous et tous nos amis.

» Le capitaine LA TOUR D'AUVERGNE-CORRET,
voluntaire attaché à la 2ᵉ compagnie de
grenadiers de la 46ᵉ demi-brigade de ligne.

» Je suis inquiet de mon domestique, n'en recevant aucune nouvelle. Je l'attends dans huit à dix jours au plus tard. Je prie votre frère de vouloir bien donner de mes nouvelles au citoyen Lombard Lachaux, rue Nicaise, près le Carrousel. Le portier de la maison qu'il occupait il y a trois mois lui enseignera sa demeure actuelle à vingt ou trente pas de l'ancienne.

» Civilités et amitiés aux citoyens Johanneau, Rupérou et Gouslai. Le meilleur esprit règne dans cette armée toujours triomphante. »

Les troupes étaient lancées, à marches forcées, sur les traces des Autrichiens en retraite. La 46ᵉ demi-brigade appartenait à la division Grandjean du centre de l'armée. Cette division comprenait, avec la 46ᵉ, la 57ᵉ surnommée

La Terrible, le 4ᵉ hussards, le 11ᵉ chasseurs et une compagnie d'artillerie. Les grenadiers suivaient fièrement leur capitaine volontaire, ayant pour lui mille attentions délicates, plus touchantes de la part de ces vieux troupiers, au teint hâlé, au parler brutal, endurcis par les dangers continuels, les fatigues et les misères.

L'ennemi suspendit sa retraite et résolut d'empêcher.les Français de déboucher par Rain. A cet effet, il concentra son armée à Neubourg. Il avait une journée de marche d'avance, les Français ayant été retardés par le franchissement de trois défilés : la Vernitz, le Danube et le Lech. Le pont de ce dernier cours d'eau avait dû être réparé, ce qui avait fait perdre aux poursuivants plus de douze heures. Grâce à ce retard, l'ennemi prit à loisir ses dispositions pour parer au mouvement offensif de Moreau.

Les troupes aux ordres du général Lecourbe, qui commandait l'aile droite de l'armée (divisions Gudin et Montrichard), s'avancèrent le 26 juin au soir, sans être inquiétées. Le 27, Lecourbe reçut l'ordre de marcher sur Neubourg. Le centre de l'armée (divisions Grandjean, Leclerc, Decaen et la réserve du général d'Hautpoul) prit position sur le Lech pour servir de renfort à l'aile droite. L'aile gauche se posta à Donauwerth.

Les deux divisions du général Lecourbe se mirent en marche avant le jour. Tout à coup le général en chef Kray déboucha de Neubourg avec la plus grande partie de son armée. La division Montrichard eut à supporter tout l'effort de cette attaque imprévue. Les deux brigades Espagne et Schiner, qui composaient cette division, résistèrent longtemps avec courage à ces masses dans le village de Strass et sur les hauteurs d'Oberhausen, que les rapports officiels

appellent Unterhausen. Il y avait une trop grande dispro-
portion de forces. Bientôt les Français se trouvèrent débor-
dés et contraints à la retraite. On prévint le général Lecourbe ; celui-ci accourut, après avoir envoyé un officier
au général en chef pour réclamer des secours.

Un témoin de ces événements, le capitaine Bigarré, qui
devint général sous l'Empire, vit à cet instant La Tour
d'Auvergne et raconte, dans ses mémoires, la dernière
entrevue qu'il eut avec lui : « Le 27 juin, dit-il, étant à
Donauwerth et suivant le général Moreau dans une inspection qu'il fit du camp retranché qui domine cette ville, je
vis arriver un aide de camp du général Lecourbe, qui lui
annonça verbalement que l'ennemi, en forces supérieures,
avait passé le Danube à Neubourg et faisait battre en retraite
la division de Montrichard. Tout aussitôt, le général Moreau ordonna à la division de Grandjean de se porter rapidement au secours de celles de Gudin et de Montrichard.
Chemin faisant, je rencontrai La Tour d'Auvergne, qui,
depuis peu de temps, était arrivé à l'armée, auquel je
souhaitai le bonjour en breton. Il marchait à la tête d'une
compagnie du 46ᵉ de ligne, et fut aussi aise que moi de
trouver un compatriote. Nous nous entretînmes un bon moment de la Bretagne et surtout d'une vieille tante à lui chez
laquelle j'avais logé à Carhaix. Il était vêtu tout simplement
d'un habit de garde national, portant pour toute décoration
une vieille paire d'épaulettes de capitaine et pour arme
une épée. Je lui offris une goutte d'eau-de-vie qu'il
accepta, et, comme nous approchions du terrain où on se
battait, je lui pris la main en lui disant adieu. Il me la
serra si affectueusement qu'il me fit mal... »

Le général Hugo, père du grand poète, a aussi vu le

premier grenadier à ce moment et parle de cette rencontre dans ses mémoires :

« La Tour d'Auvergne servait dans la 46ᵉ de ligne comme grenadier, mais avec ses épaulettes de capitaine. Le général Moreau m'ayant chargé de la mission de faire secourir la division Montrichard par celle du général Leclerc, la 46ᵉ se trouva au nombre des corps que cette division détacha. Ayant été porter au général Montrichard l'avis du secours qui marchait à lui, je trouvai le général Lecourbe sur le champ de bataille et j'y restai près de lui pendant plus d'une demi-heure pour juger de l'affaire et pour en donner des nouvelles au général en chef. En retournant à Donawerth sur les huit heures du soir, je rencontrai, à une demi-lieue du champ de bataille, la 46ᵉ qui s'avançait pour ainsi dire au pas de course. La Tour d'Auvergne, que je connaissais particulièrement et qui me croyait Breton, poussant vers moi son petit cheval noir (1) :

— » Eh bien, pays, comment va l'affaire? » me dit-il.

— » Pas mal, lui répondis-je. Encore un coup d'épaule et ce sera fini ».

» Le coup d'épaule fut effectivement donné vers dix heures du soir; la 46ᵉ fut mal engagée, souffrit beaucoup

---

(1) Le général Bigarré dit que La Tour d'Auvergne était à pied, le général Hugo dit qu'il était à cheval. C'est ce dernier qui doit avoir raison, car La Tour d'Auvergne eut un cheval pendant les campagnes de la Révolution comme capitaine âgé de plus de cinquante ans. Cette monture indique suffisamment que le général Hugo se trompe en disant que La Tour d'Auvergne « servait comme grenadier »: il servait comme *volontaire*, mais comme capitaine volontaire à la suite d'une compagnie. L'état des pertes de la 46ᵉ, établi par le conseil d'administration à la suite de la bataille d'Oberhausen, porte la Tour d'Auvergne à son rang, après le chef de brigade Forty et en tête des capitaines, comme plus ancien. (*Archives de la guerre.*)

et parmi ses pertes les plus sensibles, elle compta La Tour
d'Auvergne. »

Les renforts arrivèrent peu à peu au secours de la division Montrichard. Le général Grandjean amena d'abord
un bataillon de la 14ᵉ légère, deux bataillons de la 46ᵉ de
ligne, deux de la 57ᵉ, le 4ᵉ hussards, le 11ᵉ chasseurs et
une compagnie d'artillerie légère. « Lecourbe forma aussitôt, dit le rapport du général Moreau, trois colonnes
d'attaque. La première, dirigée par l'adjudant général
Coëhorn, se porta sur la gauche d'Unterhausen qu'elle
tourna; la seconde, aux ordres du capitaine du génie
Rognac, fut chargée d'attaquer le plateau de front, tandis
que le général Perrin, avec la troisième, eut l'ordre de se
porter sur la gauche pour attaquer la droite de l'ennemi.
Ces trois attaques se firent avec tant de vigueur et de
concert que l'ennemi fut culbuté et forcé d'abandonner
définitivement sa position. Jamais on ne vit un combat
plus acharné. Les colonnes marchaient sans tirer un coup
de fusil, malgré huit pièces d'artillerie qui vomissaient la
mort. La 46ᵉ et la 14ᵉ légère furent longtemps pêle-mêle
avec la cavalerie ennemie, et continuèrent de se battre
avec rage sans s'ébranler un instant. La mêlée fut horrible.
L'ennemi forcé de retirer ses pièces, le combat n'en dura
pas moins. » La lutte n'avait pas cessé au déclin du jour.
Elle continua, toujours aussi ardente, malgré la nuit. « Dans
l'obscurité, on n'entendait plus un coup de feu, mais seulement le cliquetis des armes et les cris des combattants.
C'est là que le chef de brigade Forty (de la 46ᵉ) a été tué,
cruellement sabré par la cavalerie autrichienne. C'est là
que le premier grenadier de l'armée française a péri d'un
coup de lance au cœur. » La 46ᵉ eut quatre officiers tués,

La Tour d'Auvergne.   21

quatre autres blessés, dont trois moururent peu après, et deux capitaines faits prisonniers. Ces pertes prouvent l'acharnement du combat.

Il était dix heures du soir environ quand la 46ᵉ se trouva assaillie par une masse de cavalerie. La Tour d'Auvergne se battait avec intrépidité en avant des grenadiers. Il aperçut un hulan qui portait une enseigne, et s'élança pour la lui arracher, mais un autre accourut au galop et lui porta un furieux coup de lance, donné si violemment que la hampe se brisa (1). Frappé au cœur, le capitaine tomba lourdement. Les grenadiers l'emportèrent derrière les rangs, lui arrachèrent son habit, mais il était déjà mort. Il avait été tué sur le coup, et ne put prononcer un seul mot. Les paroles qu'on lui a attribuées à cet instant ont été imaginées. « Il n'a passé qu'un instant parmi nous, a écrit le général Dessolle, et a péri dans la première affaire où il s'est trouvé. Il combattait à la tête des grenadiers de la 46ᵉ demi-brigade. Il est tombé sans proférer aucune parole, percé d'un coup de lance au cœur. Une pareille mort devait être la récompense d'une aussi belle vie. Des pleurs d'admiration ont coulé sur sa tombe. » (Lettre à Johanneau, du 8 thermidor an VIII.)

Cette journée coûta aux Autrichiens 800 prisonniers, et ils durent recommencer leur retraite plus rapidement. Ils évacuèrent Neubourg pendant la nuit. Le même jour, le général Decaen était entré à Dachau, et, le lendemain, il occupait Munich, après avoir fait avec ses troupes cent

---

(1) Le fer de lance, avec un tronçon de bois rompu à sept ou huit pouces de la douille, est en la possession de M. le lieutenant-colonel du Pontavice de Heussey.

soixante kilomètres en trois jours de marche et soutenu trois combats pendant la route.

Le deuil fut général dans l'armée et dans toute la France quand on apprit la mort du capitaine La Tour d'Auvergne. Le général de division Dessolle, chef d'état-major général, écrivit au ministre de la guerre : « Nous avons ressenti vivement cette perte. Pas un soldat qui n'ait versé des larmes lorsque ses restes, enveloppés de feuilles de chêne et de laurier, ont été déposés aux lieux où il avait reçu la mort. C'est là qu'un grenadier retournant son corps a dit : « Il » faut le placer ainsi, faisant toujours face à l'ennemi. » La mémoire de ce digne grenadier, qui nous a laissé de si grands exemples, vivra longtemps dans le cœur des soldats français. »

Le chef de brigade Lanchantin, nommé en remplacement de Forty, informa également le ministre de la guerre de la mort du premier grenadier de la République : « Parmi les braves qui ont été moissonnés au champ d'honneur, écrivit-il de Nordlingen le 4 thermidor an VIII, vous ne verrez pas, sans éprouver un vif regret, le nom du capitaine La Tour d'Auvergne. Ce respectable militaire, dont la perte afflige sensiblement la demi-brigade, combattait dans les rangs des grenadiers du 2e bataillon, et s'illustrait à leur tête par de nouveaux traits d'héroïsme, lorsqu'il fut atteint d'un coup de lance qui lui traversa le cœur. J'essayerai en vain, citoyen ministre, de vous peindre la douleur que sa mort a imprimée aux officiers et aux soldats. Depuis quatre ans, la 46e avait l'honneur de le compter au nombre de ses grenadiers ; ses vertus militaires, ses rares qualités et son admirable modestie l'avaient rendu à juste titre l'objet de la vénération du corps.

» Ses funérailles ont été faites le 9 messidor à Haulthausen, près Neubourg. Toute la division lui a rendu les derniers devoirs avec un respect religieux. »

Le général Hugo a parlé de l'inhumation : « Étant retourné le lendemain sur le champ de bataille, je fus témoin des obsèques guerrières du brave, de son colonel et de quelques autres officiers du même corps tués comme eux par les hulans. Des grenadiers, précédés de la musique et des tambours, portaient les cadavres sur des brancards recouverts de feuillages ; et, sous l'escorte de soldats qui, la veille, avaient partagé leurs glorieux périls, ces tristes dépouilles allaient prendre leur dernière demeure dans une fosse creusée sur le champ de bataille. »

La Tour d'Auvergne fut enterré, comme le dit le général Hugo, au lieu même où il trouva la mort, sur la hauteur près d'Oberhausen, avec le chef de brigade Forty, le capitaine Delamarre et le sous-lieutenant Allorge, tués le même jour (1). On creusa rapidement une fosse d'un pied et demi de profondeur seulement, parce que le terrain était très rocailleux et que le temps manquait, puis on éleva un petit mur d'un pied et demi, ce qui donna une hauteur totale de trois pieds pour le tombeau, qui était long de six pieds et large de cinq pieds et demi. Dans cet espace étroit, on plaça les quatre cadavres en chemise et sans cercueil. Sépulture plus luxueuse cependant que celle

---

(1) On a cru généralement que les deux morts enterrés avec La Tour d'Auvergne et Forty étaient deux soldats dont on ignorait le nom. Nous sommes parvenu à découvrir quels étaient ces deux morts anonymes. Ces deux officiers qui sont tombés pour la France, après avoir bravement combattu comme La Tour d'Auvergne et Forty dit le Dur (dur plus encore pour lui que pour les autres), méritent bien d'être un peu à l'honneur et de voir leurs noms arrachés à l'oubli.

qui attend d'ordinaire les militaires morts au loin pour la patrie.

Le capitaine de grenadiers fut déposé sur un tas de terre qui l'élevait un peu au-dessus des autres morts, la tête tournée vers le nord, face à l'ennemi, tandis que la tête de tous les autres était tournée vers le sud. A sa gauche, on plaça le chef de brigade Forty, puis les deux derniers officiers.

Un monument fort simple, érigé le 20 septembre 1800 par l'armée du Rhin, fut consacré par le clergé d'Oberhausen. Il était composé d'un grand sarcophage de pierre, dressé sur trois lits de gazon de 18 palmes de haut et entouré de pierres reliées par des chaînes de fer. Il a toujours été respecté, et lorsque les troupes françaises ont passé près de là, elles n'ont jamais manqué de lui rendre les honneurs. En 1809, Oudinot, commandant un corps de grenadiers, y amena ses troupes et prononça quelques paroles émues sur le premier grenadier.

Une ordonnance du 19 février 1837, rendue par le roi de Bavière Louis Ier, prescrivit la restauration du monument qui tombait en ruines. Le 3 août, on ouvrit le tombeau, et on trouva les ossements en bon état de conservation. Les cheveux de La Tour d'Auvergne, réunis en queue, étaient intacts.

Louis Ier, qui était poète, ajouta à la première inscription deux beaux vers :

Wer seinen Todt im heiligen kampf' sand,
Rüht aüch in fremder Erd' im Vaterland.

Le roi de Bavière a merveilleusement exprimé une noble pensée :

Celui qui succombe dans une lutte sacrée
Trouve pour le repos une patrie, même dans la terre étrangère.

Après la disparition de La Tour d'Auvergne, les grenadiers de la demi-brigade voulurent conserver le titre de « premier grenadier », et le donnèrent à l'intrépide Cambronne, alors capitaine à la 46ᵉ. Cet officier, en qui revivaient l'ardeur et les talents militaires de celui qu'on pleurait, refusa avec énergie : « Il n'est pas un homme, dit-il, qui puisse s'appeler le premier grenadier et porter le poids d'un titre qui a été celui de La Tour d'Auvergne. »

Pourtant, à Waterloo, sous la mitraille, devant les sommations des Anglais triomphants, Cambronne prouva qu'il y avait toujours des Français capables d'agir comme La Tour d'Auvergne.

CHAPITRE XVI

Les honneurs que La Tour d'Auvergne repoussait lui
furent justement prodigués après sa mort.

Le général en chef Moreau adressa aux troupes l'ordre
général suivant :

« Augsbourg, 12 messidor an VIII.

» Mes camarades,

» Le brave La Tour d'Auvergne a trouvé une mort glorieuse dans le combat livré le 9 messidor sur les hauteurs
de Neubourg.

» Le *premier grenadier des armées de la République* est
tombé percé d'un coup de lance au cœur. Ses yeux mou-
rants ont vu fuir l'ennemi, et il a expiré satisfait.

» Les soldats à la tête desquels il combattit si souvent lui
doivent un témoignage solennel de regret et d'admiration.
En conséquence, le général en chef ordonne :

» 1º Les tambours des compagnies de grenadiers de toute
l'armée seront, pendant trois jours, voilés d'un crêpe
noir ;

» 2º Le nom de La Tour d'Auvergne sera conservé à la
tête du contrôle de sa compagnie de la 46ᵉ demi-brigade,

où il avait choisi son rang. Sa place ne sera pas remplie, et l'effectif de cette compagnie ne sera plus dorénavant que de 82 hommes;

» 3° Il sera élevé un monument sur la hauteur en arrière d'Oberhausen, au lieu même où La Tour d'Auvergne a été tué. Les restes du chef de brigade Forty, commandant la 46°, qui a reçu la mort à ses côtés, après avoir fait des prodiges de valeur, y seront aussi déposés;

» 4° Ce monument, consacré aux vertus et au courage, est mis sous la sauvegarde des braves de tous les pays.

» Moreau. »

A la séance du Tribunat du 14 juillet 1800, Roujoux prononça l'éloge de La Tour d'Auvergne, et demanda qu'une cérémonie eût lieu en l'honneur du premier grenadier de l'armée. Sa proposition fut renvoyée à une commission de cinq membres, et la musique exécuta le *Chant du Départ*. A la séance du 21 juillet, Jean Debry présenta son rapport : « Un ancien (1) disait qu'un citoyen qui meurt pour son pays le sert plus en un jour qu'il n'a pu le servir pendant toute sa vie. Que dire donc de celui dont les études continuelles se rapportaient à l'utilité publique, et qui, s'oubliant chaque jour de sa vie, les a consacrées toutes à sa patrie ?... La commission a cru honorer, suivant son cœur, cet homme simple, ami sincère de l'égalité, en réunissant dans un hommage commun et La Tour d'Auvergne et ses frères d'armes morts comme lui à la défense de la République... »

Le rapporteur déposa le projet suivant qui fut adopté :

---

(1) Périclès, *Eloge des guerriers.*

« Le Tribunat, sensible à la perte que l'armée française a faite dans la personne de son premier grenadier, voulant honorer à la fois le dévouement et la modestie du brave La Tour d'Auvergne, arrête qu'à l'anniversaire de la fondation de la République, son Président prononcera l'éloge des guerriers français morts pour la défense de la patrie. »

Ce décret fut exécuté le 23 septembre 1800. Le président Andrieux célébra la République, ensuite « les guerriers français morts pour la défense de la patrie ». « Le brave et savant La Tour d'Auvergne » eut son tribut d'éloges avec Dampierre, Dugommier, Marceau, Chérin, Championnet, Joubert, Caffarelli, Desaix et Kléber; puis « le corps de musique, qui avait déjà ouvert la séance, la termina en exécutant les airs de la liberté. » (*Moniteur.*)

La 46ᵉ demi-brigade tint à garder un souvenir du célèbre grenadier, et fit embaumer son cœur qu'elle conserva pieusement. Le chef de brigade Lanchantin écrivit de Dunkerque, le 4 juillet 1803, pour rappeler au général Vandamme, commandant la 16ᵉ division militaire, que « depuis trois ans, le cœur du premier grenadier de la République française » était porté par le fourrier des grenadiers de son ancienne compagnie. Il demanda qu'on transmît au premier consul le désir de la 46ᵉ « de conserver et de porter ostensiblement le cœur de La Tour d'Auvergne », de maintenir son nom sur les contrôles et dans les revues, afin, ajoutait-il, que « ce véhicule soit le trophée du corps en vertu d'un acte du gouvernement ».

Vandamme appuya la proposition. Alors, le premier consul rendit, le 10 juillet 1803, l'arrêté suivant :

ARTICLE PREMIER.

Le cœur de La Tour d'Auvergne, premier grenadier de la République, mort le 8 messidor an VIII, continuera à être porté ostensiblement par le fourrier de la compagnie des grenadiers de la 46ᵉ demi-brigade dans laquelle il servait.

ARTICLE 2.

« Le nom de La Tour d'Auvergne sera maintenu dans les contrôles et dans les revues ; il sera nommé dans tous les appels, et le caporal de l'escouade dont il faisait partie répondra par ces mots : « *Mort au champ d'honneur.* »

» BONAPARTE. »

Le cœur de La Tour d'Auvergne fut conservé dans une double enveloppe de plomb que reçut une urne d'argent de 0ᵐ,30 de haut, surmontée d'une grenade en vermeil et ornée d'un cœur en or traversé par une lance. Sur le sommet, on grava :

LA TOUR D'AUVERGNE-CORRET

PREMIER GRENADIER DE FRANCE

Mort au champ d'honneur le 8 messidor an VIII.

Et au-dessous :

LE BRAVE DES BRAVES

Ces derniers mots entouraient en exergue le coq gaulois dressé sur une couronne de laurier. A la partie inférieure de l'urne on ajouta :

*La Tour d'Auvergne est mort, mais c'est au champ d'honneur.
Envions son trépas et conservons son cœur.*

Enfin, sur le socle :

46e DEMI-BRIGADE

L'urne fut fixée sur un plastron en velours, brodé de palmes en or et imitant la forme d'un cœur. Ce plastron était porté par le fourrier des grenadiers du 2e bataillon du 46e régiment d'infanterie (ancienne 46e demi-brigade). Ce sous-officier marchait à côté du drapeau dans les revues et défilés. Le 46e emporta cette relique pendant ses campagnes, et parvint à la protéger dans tous les combats. Les soldats se dévouaient pour la préserver des atteintes et l'arracher aux mains de l'ennemi, la considérant comme un drapeau du corps.

Le 5 juin 1807, au sanglant combat de Lomitten, où se distinguèrent côte à côte le 46e et le 57e composant la brigade du général Ferey, le fourrier des grenadiers ayant été tué, un caporal « gros, blond et vigoureux » — c'est le seul renseignement qui reste de lui — se précipita pour lui enlever l'urne dont il se chargea. Le soir, les grenadiers appelèrent en vain le caporal et ne voulurent pas se reposer sans l'avoir découvert. Après de longues recherches, il fut trouvé mort au milieu des saules de la Passarge, tenant encore contre sa poitrine l'urne qu'il n'avait pas voulu abandonner malgré le péril et qui avait sans doute causé sa perte. Le maréchal Soult, entendant les cris de joie de la compagnie, s'approcha pour en connaître la cause, et la félicita de conserver avec tant de dévouement le cœur qui lui avait été confié et qui rappelait le souvenir du plus intrépide des grenadiers.

Cet événement inspira de vives inquiétudes au 46e régiment. Il avait déjà ses drapeaux à sauvegarder. Comment, dans cette terrible guerre, pleine de surprises et d'embûches, où la lutte contre les éléments était aussi pénible que la lutte contre l'ennemi, répondre toujours de la conservation de tant d'emblèmes? L'empereur n'admettait pas la perte des drapeaux. Il avait reproché violemment au 4e de ligne d'en avoir laissé un à l'ennemi sur le champ de bataille d'Austerlitz, et ce régiment n'avait obtenu sa grâce qu'en montrant deux autres drapeaux enlevés aux Russes. Le 46e parvint cependant à préserver le cœur de tout accident, malgré les difficultés et les périls de la campagne.

Le 22 juillet 1807, après la paix de Tilsitt, il se trouvait au camp sous Kœnigsberg, lorsqu'il apprit que l'empereur avait ordonné la création d'un Temple de la Gloire consacré aux militaires dont les actions mériteraient d'être conservées à la postérité. C'est la Madeleine, commencée en 1764, continuée en 1777 sur de nouveaux plans et abandonnée pendant la Révolution, qui devait recevoir cette affectation. Pierre Vignon avait repris les travaux sur l'ordre de Napoléon Ier. Ce Temple de la Gloire fut converti en église, dédiée à Sainte-Madeleine, par la Restauration.

Le chef de bataillon Le Mière, commandant le 46e régiment d'infanterie, écrivit à « Monseigneur le maréchal Soult, maréchal d'empire, grand-croix de la Légion d'honneur, commandant le 4e corps de la Grande Armée » :

« Monseigneur,

» Un décret a confié au 46ᵉ régiment de ligne le cœur du brave La Tour d'Auvergne, premier grenadier de France, mort dans nos rangs, au champ d'honneur, le 8 messidor an VIII. Il ne nous a jamais quittés depuis, mais maintenant que Sa Majesté l'Empereur et Roy fait élever un monument à la mémoire des braves, les officiers du 46 régiment désireraient voir le cœur de La Tour d'Auvergne y obtenir une place. Ils sollicitent ce décret comme une nouvelle faveur de Sa Majesté Impériale et Royale, et prient Votre Excellence, par mon organe, d'être l'interprète du 46ᵉ régiment auprès du Grand Napoléon et de vouloir bien mettre à ses pieds l'assurance de notre profond respect, de notre dévouement et de notre reconnaissance.

» J'ai l'honneur d'être,

 » Monseigneur,

  » avec le plus profond respect,

 » de Votre Excellence,

  » le très humble et très obéissant serviteur,

    » Le Mière. »

C'est un spécimen de la correspondance militaire sous le premier Empire ; elle présente un contraste curieux avec celle des officiers de l'ancien régime, généralement simple et digne, et surtout avec celle des officiers de la Révolution.

Soult approuva ce projet dont il fit part « à Son Altesse Sérénissime le prince de Neuchâtel, ministre de la guerre », de Kœnigsberg, le 23 juillet. Il termina ainsi sa lettre : « Je supplie Votre Altesse de vouloir bien mettre ce vœu aux pieds de Sa Majesté et de demander, comme une

grâce qui honorera la mémoire de La Tour d'Auvergne et
de laquelle le 46ᵉ régiment sentira tout le prix, que les
restes de ce brave grenadier soient déposés en pompe à
l'Elysée français aussitôt que le 46ᵉ sera rentré en France. »

La demande avait été formulée à Kœnigsberg en 1807 ;
la réponse arriva de Valladolid en 1809 ! Petit fait qui
évoque une grande époque. L'empereur manda le 16 janvier au ministre de la guerre : « Monsieur le général
Clarke, donnez ordre au 46ᵉ régiment que le grenadier qui
porte l'urne contenant les cendres de La Tour d'Auvergne
se rende à votre ministère, et que l'on cesse un usage qui
distingue ce régiment sans raison. Quel est le régiment à
la tête duquel un général, un colonel, un brave enfin, n'ait
été tué ? J'ai toléré suffisamment de temps cette singularité.
La Tour d'Auvergne était un brave homme. Vous prendrez
mes ordres sur le lieu où il faudra déposer son urne. »

Napoléon, en un tel moment et en un tel lieu, absorbé
par de graves préoccupations, n'avait pas réfléchi à la proposition du 46ᵉ et ne l'avait pas comprise. Ce régiment
voulait un honneur nouveau et plus relevé pour le premier
grenadier et non la condamnation de celui qui existait et
qui était mérité, tout exceptionnel qu'il fût. La Tour d'Auvergne, quoique simple capitaine, était plus populaire que
les colonels et généraux tués dont pouvait s'enorgueillir
l'armée, car il n'était pas seulement « un brave homme »
ou « un brave », il était de plus un modèle de désintéressement et de patriotisme, un citoyen admirable, dont la vie
intègre et le caractère antique méritaient d'être immorta-
lisés. L'empereur avait certainement oublié l'histoire de
La Tour d'Auvergne et son arrêté du 7 floréal an VIII quand
il dicta cette lettre. Il y parlait des cendres au lieu du

cœur. Il dut être mal renseigné par celui qui lui transmit si tard le vœu du 46ᵉ.

Conformément aux ordres de l'empereur, le ministre de la guerre reçut le cœur et l'envoya, le 18 février, au grand chancelier de la Légion d'honneur.

Une ordonnance royale, du 26 mars 1816, prescrivit que les cœurs des généraux Gudin, d'Hautpoul et Gérard dit Vieux, de Bisson et de La Tour d'Auvergne, conservés jusqu'alors par le gouvernement, seraient restitués aux familles. En attendant, toutes ces reliques restèrent en dépôt au palais de la Légion d'honneur.

L'héritage de La Tour d'Auvergne revenait sans nul doute à Mᵐᵉ Guillard de Kersausic. M. Limon du Timeur n'ayant eu que deux filles, dont une était morte, la descendance ne se trouvait continuée que par la seconde fille, Léocadie, dernière nièce de La Tour d'Auvergne. Celle-ci eut, de son mariage avec M. de Kersausie, deux fils et une fille. Les deux fils furent officiers.

L'aîné, Alexandre, né à Guingamp en 1787, entra à l'école militaire de Fontainebleau en 1806, passa sous-lieutenant au 46ᵉ régiment de ligne en 1807, lieutenant en 1809 et fut tué à Enzersdorff le 5 juillet 1809. Petit-neveu de La Tour d'Auvergne, il mourut comme lui et en combattant sous le même drapeau.

Le second fils, Théophile, se distingua en Espagne, en 1823, et y fut décoré. Il parvint au grade de capitaine, et ne resta pas dans l'armée. Entraîné par l'ardeur de ses opinions républicaines, il fit partie des groupes d'opposition et se mêla aux mouvements populaires sous le règne de Louis-Philippe. Il subit une condamnation de prison dans la tour du château de Brest. Il fut quelque temps l'ami du prince Louis-Napoléon, mais protesta contre le coup d'Etat et se vit condamné à l'exil. Il mourut sans enfants.

La fille de M. Guillard de Kersausie épousa M. Olivier du Pontavice de Heussey et, après la mort de ses deux frères, devint l'héritière de La Tour d'Auvergne. Elle recueillit dans sa propriété de la Haye, près de Carhaix, les objets qui lui avaient appartenu et les papiers qu'elle put re-trouver. Elle eut elle-même deux fils et une fille. Le fils aîné, Hyacinthe, eut seul des enfants, au nombre de trois : Jules du Pontavice de Heussey, actuellement lieutenant-colonel d'artillerie, ancien attaché militaire à Londres ; Robert, littérateur distingué, mort en 1894 ; Olivier, di-recteur du haras du Pin.

Au moment où parut l'ordonnance de 1816, la nièce de La Tour d'Auvergne, Mme Guillard de Kersausie, qui vivait à La Haye, n'en eut pas connaissance et ne réclama rien. Mme de La Tour d'Auvergne-Lauraguais, née de Vaudreuil, d'une famille qui n'avait aucun lien avec celle du premier grenadier, demanda le cœur qu'on lui délivra contre un reçu le 20 octobre 1817.

Cette maison de La Tour, originaire du Lauraguais, affir-mait avoir même origine que celle de La Tour d'Auvergne et voulait en relever le nom et les armes depuis la mort du dernier duc de Bouillon (1802). Cette prétention fut com-battue par la maison d'Apchier, qui revendiquait le même privilège et qui semblait, en effet, avoir des titres sérieux, remontant à 1479. De plus, en 1769, le comte de La Tour d'Auvergne d'Apchier (lieutenant général en 1780) avait été institué légataire universel par le duc de Bouillon, avec substitution aux droits du prince de Turenne, son fils. Le prince de La Tour d'Auvergne, comte d'Apchier, fils du lieutenant général, reçut le titre de duc en 1772 et eut pour parrain son cousin le duc de Bouillon. Ce prince, qui était capitaine en 1789, fut nommé colonel du régiment allemand de La Tour d'Auvergne (1er régiment étranger), par Napoléon Ier, en 1805. Il ne fit pas valoir ses droits à la succession du dernier duc de Bouillon, son cousin, et, au congrès de Vienne, elle ne fut disputée que par les maisons de Rohan, de Condé et de la Trémoïlle, qui alléguaient des alliances. Rohan, prince de Guémené, l'emporta. Le prince de La Tour d'Auvergne mourut en 1849, laissant deux fils. Le dernier survivant, qui a été capitaine au 1er régiment de cuirassiers, est décédé en 1895.

Il y eut de longs procès entre les maisons d'Apchier et de La Tour Lauraguais. Les jugements furent contradictoires. Le premier donna gain de cause à la famille d'Apchier, le second (de la cour d'appel) défendit à quiconque de porter le nom de La Tour d'Auvergne, personne n'y ayant plus droit. A la suite d'une nouvelle action judiciaire, un autre tribunal, semblant se désintéresser de la question, n'interdit plus aux La Tour de Lauraguais de s'appeler La Tour d'Auvergne. Ce nom s'est ainsi perpétué dans deux familles différentes. Un descendant des La Tour d'Auvergne-Lauraguais a été évêque d'Arras; un autre, officier d'ordonnance de Napoléon III.

En tout cas, la maison de La Tour d'Auvergne-Lauraguais n'avait aucun droit sur le cœur du premier grenadier. En 1830, le capitaine de Kersausie, du 4e hussards, le réclama, par voie judiciaire, au nom de Mme de Kersausie, sa mère. Ce procès, commencé le 14 juillet 1830, ne prit fin que douze ans après. Le général comte de La Tour d'Auvergne-Lauraguais, animé d'un noble sentiment auquel il faut rendre hommage, invoquant l'honneur et la tradition de son nom, pareil à celui du premier grenadier, disait que, pendant treize ans, il avait pieusement conservé le cœur, non réclamé, qu'il avait défendu la mémoire du célèbre capitaine et qu'il avait gagné cette possession. Avec une ténacité digne du héros, il continua la lutte contre les tribunaux qui lui donnaient toujours tort, ne voulant jamais s'avouer vaincu. Il plaida devant toutes les juridictions, ne négligeant aucun moyen d'appel, d'incompétence, de cassation. Malgré tant d'efforts, il fut condamné par le tribunal de 1re instance de la Seine (jugements des 9 août 1831 et 4 mars 1837), par le tribunal de Castelnaudary (7 juin 1839), par la cour royale de Montpellier (arrêts des 12 août, 31 août et 1er décembre 1840). Tous les jugements donnèrent gain de cause à « Marie-Anne-Michelle Corret, épouse de Limon du Timeur, et à sa descendance ». Alors, le général s'adressa au Conseil d'Etat en invoquant « le texte et l'esprit de l'ordonnance du 26 mars 1816 ». La requête fut rejetée le 7 mai 1842. Il fit appel au ministre de la guerre, puis au roi, sans plus de succès. Il dut rendre le cœur à la véritable famille. Pendant ces combats judiciaires, Mme de Kersausie était morte, et ce fut sa fille, Mme du Pontavice de Heussey, qui le reçut. Son fils aîné, lieutenant-colonel d'artillerie, en est aujourd'hui le gardien et conserve aussi beaucoup d'effets et de papiers laissés par le premier grenadier (1).

---

(1) Il serait désirable que les objets ayant appartenu à La Tour d'Auvergne fussent remis au *Musée historique de l'armée*. N'est-ce pas là que toutes les reliques militaires ont leur place désignée? Nous espérons que M. le général Vanson, fondateur de ce beau musée,

Par un arrêté du 1er thermidor an VIII, Bonaparte ordonna : « Le sabre de La Tour d'Auvergne, *premier grenadier de l'armée*, sera suspendu dans le Temple de Mars. »
Voilà une des premières falsifications du titre honorifique.
On a dit d'abord *premier grenadier de l'armée*, ensuite *premier grenadier de France*, pour supprimer le mot de République.

Le sabre, suspendu dans le Temple de Mars, c'est-à-dire
dans l'église des Invalides, revint au capitaine Théophile
de Kersausie, qui, après la campagne des Deux-Siciles, en
fit don au général Garibaldi en témoignage d'admiration
(1861).

En 1883, ce sabre fut donné à la ville de Paris par les fils
de Garibaldi et déposé au musée Carnavalet, où il se trouve
encore (1).

En 1800, un arrêté des consuls avait autorisé l'érection
de la statue de La Tour d'Auvergne à Carhaix, sa ville
natale. La souscription publique ne procura pas à cette
époque une somme suffisante, et le monument ne put être
achevé qu'en 1841. La statue est en bronze. C'est l'œuvre
du baron Marochetti, qui a représenté le premier grenadier
pressant son sabre d'honneur contre la poitrine et disant,
du regard et du geste, qu'il saura mourir pour le mériter.
Deux bas-reliefs ont pour motif, le premier son entrée
victorieuse à Chambéry, l'épée à la main — ce qui est
une erreur historique, car les Français entrèrent pacifi-
quement dans cette ville — le second, sa mort au combat

---

obtiendra ce sacrifice de la famille. La ville de Paris devrait aussi
donner le sabre d'honneur.

(1) Voir à l'*Appendice* la lettre du capitaine de Kersausie et la réponse
de Garibaldi.

de Neubourg. Par une erreur plus grande, l'artiste a placé un fusil au bas de la statue, avec un havresac, un bonnet à poil et un livre. A l'inauguration, le 27 juin 1841, un détachement du 46e de ligne vint rendre hommage à l'ancien capitaine du régiment. On exécuta une cantate dont les paroles étaient de M. Ourry et la musique de M. Elwart, professeur au Conservatoire. Depuis lors, tous les ans, à la même date, une compagnie d'infanterie, détachée du bataillon qui est en garnison à Morlaix, vient rendre les honneurs à la statue du premier grenadier, au milieu d'une foule recueillie, accourue de tous les points de la province, car la Bretagne a conservé vivace le culte de son glorieux enfant.

Le nom de La Tour d'Auvergne a été inscrit sur l'Arc de Triomphe et son buste, par Corbet, a été placé dans les galeries de Versailles (1). Sur la frontière de l'Est, le fort de Remiremont a été appelé fort de La Tour d'Auvergne. Le lycée de Quimper a pris également le nom de son ancien élève. Et nous espérons qu'il sera donné à la place publique de la capitale où se dressera la statue projetée.

Après la guerre de 1870, le colonel commandant le 46e régiment d'infanterie actuel, pour reprendre la tradition de la 46e demi-brigade, décida que, à l'appel quotidien de onze heures du matin et aux appels pour les prises d'armes

---

(1) Son buste se trouvait aussi dans la salle des maréchaux aux Tuileries. Le musée de Quimper possède un tableau représentant la mort de La Tour d'Auvergne par Moreau de Tours. Ses traits ont été encore reproduits par une médaille frappée en 1816 et par trois gravures datant de 1801 et 1802. Le capitaine refusa, par modestie extrême, d'accorder aucune séance de pose aux artistes qui l'assiégeaient quand il fut devenu populaire. Le sculpteur Corbet, qui fit son buste en marbre, ne put prendre ses traits qu'une seule fois, par surprise, chez Eloi Johanneau à Paris.

et les revues, le sergent-major de la compagnie du drapeau
appellerait le nom de La Tour d'Auvergne et que le plus
ancien sergent répondrait : « Mort au champ d'honneur. »
Cet ordre ne fut jamais abrogé, mais il cessa d'être exécuté, parce que la fréquence de cette cérémonie en amena
peu à peu le discrédit. Au mois de juin 1887, un nouveau
colonel du 46e prescrivit que cet appel en l'honneur de La
Tour d'Auvergne serait repris, mais seulement lorsque le
drapeau sortirait. Le nom du premier grenadier serait
appelé par le capitaine de la compagnie du drapeau, et le
plus ancien sergent de cette compagnie dirait : « Mort
au champ d'honneur. » Cette cérémonie a toujours lieu au
46e régiment.

La République a voulu que les restes du célèbre capitaine
fussent transportés en France et inhumés au Panthéon
avec ceux de Lazare Carnot et de Marceau. Le parlement
a voté la loi de translation des cendres de ces trois officiers,
qui a été promulguée le 10 juillet 1889.

La famille de La Tour d'Auvergne, représentée par ses
derniers descendants, MM. du Pontavice de Heussey, s'est
opposée à l'exécution de cette loi par une lettre dans laquelle nous relevons le passage suivant : « Tout en appré-
ciant la pensée qui a inspiré le gouvernement, nous ne
voulons pas accepter l'honneur de cette translation. Nous
jugeons que, pour un héros modeste comme La Tour d'Auvergne, il n'y a pas de sépulture qui soit préférable au
champ de bataille sur lequel il tomba et où reposent à côté
de lui ceux qu'il anima de son exemple. » Il était trop tard
pour tenir compte de cette protestation. MM. du Pontavice
de Heussey le comprirent et s'inclinèrent.

Le gouvernement bavarois remit, le 1er août 1889, les

cendres de La Tour d'Auvergne au préfet du Doubs, représentant le ministère de l'intérieur, assisté du ministre de France à Munich. Un bataillon d'infanterie bavaroise rendit les honneurs. Les restes du premier grenadier furent placés dans un nouveau cercueil, et les autorités signèrent le procès-verbal d'exhumation. Le président du cercle d'Augsbourg, représentant le gouvernement, prononça en allemand une allocution à laquelle le préfet du Doubs répondit en français. Puis, le convoi se dirigea vers la gare, suivi d'une musique militaire jouant une marche funèbre. Trois salves d'infanterie saluèrent le départ du corps emporté par un train spécial. Les officiers bavarois et les autorités municipales firent déposer des couronnes sur le cercueil. A Munich, le régiment des gardes du corps fournit un piquet. Des honneurs furent rendus jusqu'à la frontière française.

Le cercueil arriva à Paris le 3 août, et la cérémonie d'inhumation des corps de Carnot, Marceau et La Tour d'Auvergne eut lieu le lendemain. Sous la colonnade de l'entrée du Panthéon, était dressé un grand catafalque, qu'entouraient M. Carnot, président de la République, petit-fils de l'ancien ami du premier grenadier, les familles, les présidents de la Chambre et du Sénat, le gouverneur de Paris, les ministres et les différentes autorités civiles et militaires. Toute la garnison rendit les honneurs, contenant avec peine la foule accourue pour assister à cette cérémonie que favorisait un splendide soleil.

De nombreux discours célébrèrent les trois morts populaires qui allaient dormir désormais leur éternel sommeil dans le monument élevé aux grands hommes par la patrie reconnaissante. Son titre de premier grenadier de la République, La Tour d'Auvergne l'avait bien gagné, dit le président du Conseil des ministres. « Homme admirable, plein d'instruction, parlant toutes les langues d'Europe, fier de sa pauvreté, issu de la glorieuse maison de Turenne, grand lui-même comme un homme de Plutarque et qui refusa le mandat de député en disant ce mot qui peint les soldats de cette époque : « Je ne sais pas faire les lois, je ne sais que les défendre... »

Ensuite, les troupes défilèrent, ayant à leur tête le 46e régiment d'infanterie. Les cercueils furent descendus dans les caveaux et placés dans la chambre où était inhumé le représentant du peuple Baudin, tué en 1848, et où a été mis plus tard le président de la République Carnot, assassiné à Lyon en 1894. Singulière coïncidence que cette réunion dans la mort de ces deux noms illustres qui avaient été si fréquemment associés dans l'histoire.

Tous les honneurs qu'on imaginera de rendre au capitaine La Tour d'Auvergne-Corret, premier grenadier des armées de la République, sont légitimes. Il ne saurait être donné trop d'éclat à l'apothéose de cet officier modèle, la plus pure figure de la Révolution.

Son existence entière peut être fouillée. Elle désarme la critique la plus sévère. Après avoir lu tous les hauts faits qu'il accomplit, tous les actes de générosité et de patriotisme qui absorbèrent sa vie, oserait-on lui reprocher d'avoir sollicité le nom de La Tour d'Auvergne pour se réclamer d'un ancêtre célèbre qu'il brûlait d'égaler? Il est mort sur un champ de bataille comme Turenne, dont il est excusable d'avoir revendiqué la parenté, puisqu'il a su vivre encore mieux que le maréchal et finir aussi noblement, en laissant une réputation différente, mais non moins glorieuse.

Il a disparu dans une victoire, ignorant jusqu'à la fin les tristesses et les rancœurs de la défaite. Toujours il a vu triompher avec lui, et souvent grâce à lui, le drapeau de cette France qu'il a tant aimée.

APPENDICE

———

ACTE DE NAISSANCE

Il faut lire, dans les signatures, Tréveret Pourcelet, *adv*ᵗ (avocat), au lieu de *adjoint*.

PROJETS DE DÉPART

L'intention de La Tour d'Auvergne de quitter l'armée, à la suite de nombreux dénis de justice, prouvée par la lettre inédite, du 20 janvier 1790, au maréchal de camp de Wimpfen, que nous avons donnée (chap. IV), est affirmée par une lettre plus ancienne, du 4 juillet 1789, adressée du « château de la Haye » à M. de Beauregard, officier d'Angoumois. Il lui déclare qu'il est décidé à quitter le régiment et qu'il a envoyé un mémoire à cet effet au marquis de Nicolay (son colonel). Il espère être compris dans les prochaines nominations de la croix de Saint-Louis, à laquelle il se croit des droits après vingt-trois ans de services. Sa santé est toujours très mauvaise. Il a l'intention de passer l'hiver à Bayonne, et, s'il obtient l'autorisation de quitter le service, de s'installer dans un pays chaud pour se rétablir. (Catalogue de la Collection des autographes d'Alfred Morrison, vol. 3.)

Cette décoration, sur laquelle il comptait en 1789, ne lui fut accordée que le 6 octobre 1791, malgré ses beaux états de service et seulement après l'intervention de protecteurs influents.

L'ÉMIGRATION

Nos appréciations des sentiments et des opinions de La Tour d'Auvergne au moment de l'émigration, se trouvent appuyées par une lettre de Bayonne, du 15 juin 1792, dans laquelle il dit : « Je suis bien décidé, pour mon propre compte, à garder mon poste jusqu'à la fin des inquiétudes publiques, comme le soldat fidèle garde celui qui lui est confié. Je ne violerai certainement jamais la foi que j'ai donnée, mon serment d'être fidèle à mon Roi et à ma Patrie. Je crois que le plus mauvais de tous les partis serait celui qui ne nous laisserait que la honte et le repentir, après avoir donné le plus grand de tous les scandales. Au reste, comme les opinions sont libres, je ne blâme celle de personne, mais, encore une fois, il m'est impossible de me jouer d'un serment publiquement et librement donné. » (Lettre vendue par la maison d'autographes Eugène Charavay fils. *Revue des autographes*, nº 194.)

LE SABRE DE LA TOUR D'AUVERGNE

Le capitaine de Kersausie offrit le sabre de La Tour d'Auvergne à Garibaldi par la lettre suivante :

« Général,

» J'ai quitté la France en emportant l'épée de La Tour d'Auvergne, héritage sacré de ma famille, avec l'espoir de la ceindre sur la brèche de Gaëte au nom de mon autre famille, la démocratie française.

» Mais puisque vous vous êtes retiré sous votre tente à Caprera en promettant de reparaître bientôt à la tête de vos légions libératrices, je désire que cet héritage héroïque de liberté vous accompagne.

» Cette épée vous sera remise par mon ami, le général polonais Mirolawski, messager de l'alliance indissoluble qui désormais réunit tous les peuples opprimés.

» Que l'éclair qu'elle produira lorsque vos mains la tireront du fourreau soit le signal de la délivrance universelle, et mes neveux renonceront avec orgueil au legs dont les aura privés votre gloire.

» Salut et fraternité.

» Comte DE KERSAUSIE. »

Garibaldi accepta et remercia en ces termes :

« J'ai reçu l'épée de La Tour d'Auvergne, cette épée que les consuls de la République décernèrent au plus brave de l'armée française, cette armée qui foulait sous ses pas de géant et ensevelissait dans la poussière trônes et tyrans de l'Europe! Cet honneur passe tout ce que les aspirations d'un homme peuvent rêver. Je l'accepte non seulement avec toute la gratitude dont je suis capable, mais, de plus, comme un **signe de sympathie** de la France humanitaire aux nationalités opprimées. L'initiative des grandes réformes politiques qui doivent consacrer la fraternité des peuples appartient encore à la France.

» Caprera, 2 janvier 1861.

» GARIBALDI. »

DOCUMENTS ET OUVRAGES CONSULTÉS

Archives historiques et administratives du ministère de la Guerre.

Manuscrits de la Bibliothèque nationale.

Résumé historique de 1793, 1794 et 1795 sur les armées des Pyrénées-Orientales et Occidentales, 2 volumes manuscrits, par C.-L.-M. Poinçot, chef d'escadron. (Archives de la Guerre.)

Notes manuscrites du colonel Brahaut. (Archives de la Guerre.)

Collection du *Moniteur*.

Correspondance générale de Carnot, publiée par Etienne Charavay. (Imprimerie nationale.)

Correspondance de Napoléon Ier.

Recueil des actes du Comité de Salut public, avec la correspondance officielle des représentants en mission et le registre du conseil exécutif provisoire, publié par F.-A. Aulard (Imprimerie nationale), 9 volumes.

Les compagnies de cadets-gentilshommes et les Ecoles militaires, par Léon Hennet, sous-chef aux archives de la guerre. 1 volume in-8, 1889.

Notice historique sur la Tour d'Auvergne-Corret, par Calohar, de Carhaix, 1841, 1 volume in-12 de 120 pages.

Histoire de Théophile-Malo de La Tour d'Auvergne-Corret, par Buhot de Kersers, 1841, 1 volume in-18 de 355 pages.

Les regrets d'un Français de la mort de La Tour d'Auvergne-Corret, par D. Cubières, brochure in-8, Paris, an VIII.

Histoire de La Tour d'Auvergne, par Villenave (1842).

Histoire de La Tour d'Auvergne, par F.-V. Maisonneuve (1874).

Notice, par J.-B. Roux, brochure in-8, an VIII.

Eloge funèbre du citoyen La Tour d'Auvergne, prononcé le 22 messidor an VIII dans le temple de la commune de Passy, par le citoyen Legard, ancien membre du Tribunal de Cassation. Paris, brochure in-8, an VIII.

Notice, par C. Priou, docteur en médecine, brochure. in-8. Nantes, 1842.

La Tour d'Auvergne, par G. Dubreuilh, brochure. Quimper, 1841.

Le premier Grenadier des armées, notice par le citoyen M. (Mangourit), brochure in-8, an IX.

Quelques détails sur La Tour d'Auvergne-Corret, par feu M. Lecoz, publié par l'abbé Grappin. Besançon, brochure in-8, 1815.

Le premier Grenadier de France, par Maufras de Châtellier. Nantes, 1856.

Notice sur La Tour d'Auvergne, par J. Gaudry, avocat, brochure in-8, Paris, 1841.

Biographie bretonne, notice sur La Tour d'Auvergne, par G. L. (Guillaume Lejean), 1857.

Les soldats de la Révolution, par Michelet.

Collection du *Phare de la Loire* (1891).

Magasin pittoresque, collection de 1833 à 1849.

Le premier Grenadier de France, par Paul Déroulède.

Les grands hommes de la France, La Tour d'Auvergne, par Ed. Gœpp, 1 volume in-12. 1884.

Histoire de La Tour d'Auvergne-Corret par le lieutenant Pineau du 46ᵉ régiment d'infanterie, in-8 de 166 pages, 1891.

Mémoires et correspondances des généraux de la Révolution et de l'Empire.

Ouvrages de Jomini, Thiers, Camille Rousset, du duc d'Aumale, du général Foy, d'Albert Duruy, Albert Babeau, etc.

TABLE DES MATIÈRES

CHAPITRE V

CHAPITRE VI

CHAPITRE VII

CHAPITRE VIII

CHAPITRE IX

CHAPITRE X

CHAPITRE XI

CHAPITRE XII

CHAPITRE XIII

CHAPITRE XIV

CHAPITRE XV

CHAPITRE XVI